奥数经典 500 例

数　论

陈　拓　著

电子工业出版社
Publishing House of Electronics Industry
北京·BEIJING

内容简介

本书共有涉及"数论"的 87 个知识点及相关解题方法，按照"数论"的特点和逻辑关系由易到难进行编排。从"多位数的写法与读法"开始，到"厄米特恒等式"结束。每个知识点就是一个神器，帮助学生快速理解知识的由来和运用。每个神器的名称都很鲜明，采用诙谐的顺口溜总结知识要点，通过"神器溯源"，让读者知其然，更知其所以然。每个神器都配有例题精讲和针对性练习。通过对精选例题的学习和针对性练习，希望读者能把一颗颗精美的知识明珠串在一起，进而形成完善的知识体系。

本书适合小学中、高年级学生以及初中学生进行培优学习使用，也可作为数学竞赛者的专题培训教材。

未经许可，不得以任何方式复制或抄袭本书之部分或全部内容。
版权所有，侵权必究。

图书在版编目(CIP)数据

奥数经典 500 例. 数论 / 陈拓著. —北京：电子工业出版社，2022.4
ISBN 978-7-121-43331-3

Ⅰ.①奥… Ⅱ.①陈… Ⅲ.①中学数学课－初中－教学参考资料 Ⅳ.①G634.603

中国版本图书馆 CIP 数据核字(2022)第 070014 号

责任编辑：崔汝泉
印　　刷：保定市中画美凯印刷有限公司
装　　订：保定市中画美凯印刷有限公司
出版发行：电子工业出版社
　　　　　北京市海淀区万寿路 173 信箱　邮编：100036
开　　本：787×1092　1/16　印张：22.25　字数：600 千字
版　　次：2022 年 4 月第 1 版
印　　次：2024 年 11 月第 5 次印刷
定　　价：89.80 元

凡所购买电子工业出版社图书有缺损问题，请向购买书店调换。若书店售缺，请与本社发行部联系，联系及邮购电话：(010)88254888，88258888。
质量投诉请发邮件至 zlts@phei.com.cn，盗版侵权举报请发邮件至 dbqq@phei.com.cn。
本书咨询联系方式：(010)88254407。

Preface

丛书前言

如何提高学生的解题能力？这是一个非常复杂的问题。有人提出了"问题教学法"，在教学中设置一些问题情境，让学生在反复失败中探索数学真知，但学生往往在浪费了大量时间后，在成功之前就丧失了信心。有人提出了"讲授法"，但这种方法往往被称为"填鸭式"教学，学生往往是被动接受，一般不会深刻思考。有人则提出了"练习法"，经过刷题进行提高，找到题感。这些方法都各有优缺点，应根据学习的具体内容以及学生的年龄特征合理选用。

学习的主体是学生，充分发挥学生的主观能动性才是学习之道，传授之道。只有让学生学会自学，学会阅读，理清知识点的来龙去脉，然后去做例题，对照解题过程总结经验和教训，慢慢形成自己的学习方法、学习习惯，才能更好地提高学习效率。这就是"自学阅读法"。

那么问题来啦，学生学习数学，应阅读什么？又应如何阅读？为学生提供一套较好的数学阅读学习资料，且要兼顾例题和练习，的确不是一件容易的事。我在平时的教学中，反复思索这个问题，从知识点入手，从解题方法入手或许是一条捷径。基于此想法，我倾心编写了"奥数经典500例"丛书，把数学学科按照知识体系和方法（不像小学、初中数学内容那样间隔循环提升）由浅入深、环环相扣地编写出来。每一例，都是一个知识点，瑰丽的宝石；每一例，都是一个神器，秒杀的秘诀。为了让学生能掌握各知识点，特设置了"神器溯源"栏目，力争让学生知其然，又知其所以然；既知道公式的结构，又知道公式的推导过程；既知道定理，又掌握定理的证明；既知道数学家的贡献，又了解数学家的故事。为了进一步帮助学生掌握各知识点，我把各知识点浓缩提炼成合辙押韵的顺口溜（这里需要声明一下，有人说，顺口溜太多，学生记不住。我只想说，让学生背顺口溜，本身就是不合时宜的，顺口溜是知识点的精华，其作用是帮助学生理解知识点）。为了帮助学生加深对各知识点的理解，我针对每个知识点精心编写了2~6个例题，来帮助学生加深理解与巩固。为了让学生学有所用，我为每个知识点由易到难编写了3~10个练习题。总之，学生通过认真地阅读和理解，学习例题，完成练习，基本能掌握所学的知识点。

根据数学的特点，"奥数经典500例"丛书分成6册出版，每册一个专题，分别是计算专题、应用题专题、数论专题、几何专题、计数专题、构造论证专题。

由于编写时间仓促，难免有错漏之处，恳请各位读者斧正。

陈 拓

奥数经典500例答疑群

Preface 前言

数论是研究整数理论的一个数学分支，数学被誉为科学领域的皇后，而它则是数学皇后戴的皇冠。

数论中的定理、猜想很多，如哥德巴赫猜想、黎曼猜想等，不管这些猜想是否被验证，但在试图验证这些猜想的过程中，数学家们创新了数学，也促进了数学的发展。希尔伯特在1900年提出的23个问题中的数论问题，引领了一个多世纪的数论潮流。

在数论体系的建立中，凝聚了许多数学家的智慧，留下了他们的足迹。欧几里得、费尔马（费马）、欧拉、高斯等数学家，或发现其中的定理，或创造了一些数论的符号，或建立一些数论理论，为我们今天系统学习数论提供了许多便利。

数论专题，共有87个知识点和相关解题方法。从数的表示法开始，阐述数论题目的数学表达，构建了数的进制理论。系统地介绍整除性、因数与倍数知识，再拓展到一次同余、二次同余理论，拓展并完善了整除。不定方程、裴蜀定理、连分数、高斯取整的广泛应用，增加了数论的活力。

有人说，数论是数学人走进数学殿堂的一条康庄大道，学会数论才能成为真正的数学人。中国数论泰斗柯召被称为中国"近代数论创始人"，"柯氏定理"享誉世界；陈景润被誉为"摘取数学皇冠上明珠的人"，他们都赢得了世人的赞誉。

数论专题编写起点平缓，逐步升高，有理有据，易于接受。对于重点知识采用歌诀形式，转化成易学、易记、易用的韵歌，一目了然。如用"辗转相除法"求两个大数的最大公约数的歌诀："两个数，都很大，寻找因数没办法。大数换成两数差，最大公约不变化。辗转相除在原本，九章更相又减损。"听着歌诀就想试一试，原理、方法都在歌诀中，使人乐学。

由于数论知识精彩绝伦，不是作者能够完全领会的，仅能编辑一些知识和方法，为读者学习数论提供资料，加之稿件编写仓促，难免有错漏之处，恳请各位读者批评指正。

在本书的编写过程中收到柳恒、石荣才、刘华青、刘力涛、杜雪、杨永东、刘春芳、陶源、安禹洵等老师的修改建议，他们对本书的顺利出版作出了很大贡献，在此顺致谢意！

陈　拓

奥数经典500例答疑群

Contents

SL-01	多位数的写法与读法 ……………	(1)
SL-02	准确数与近似数 …………………	(6)
SL-03	科学记数法 ………………………	(10)
SL-04	自然数列 …………………………	(13)
SL-05	连续自然数之和 …………………	(17)
SL-06	乘积大,狂分 3 ……………………	(20)
SL-07	罗马数 ……………………………	(24)
SL-08	位值原则 …………………………	(27)
SL-09	进制的转换 ………………………	(31)
SL-10	进制的运算 ………………………	(35)
SL-11	进制的运用 ………………………	(39)
SL-12	进制下的整数分拆 ………………	(43)

———— ❧❦❧ ————

SL-13	整除符号及性质 …………………	(47)
SL-14	截位相加法 ………………………	(52)
SL-15	截位减加法 ………………………	(55)
SL-16	末尾分析法 ………………………	(59)
SL-17	截尾法整除性判断★ ……………	(63)
SL-18	整除性构造 ………………………	(67)
SL-19	质数与合数 ………………………	(72)
SL-20	埃拉托色尼筛法 …………………	(77)
SL-21	质数与猜想 ………………………	(82)

SL-22	质数与合数构造 …………………	(87)
SL-23	奇数与偶数 ………………………	(91)
SL-24	完全平方数 ………………………	(96)
SL-25	平方数的末尾不变性……………	(101)
SL-26	平方差与平方和…………………	(105)
SL-27	分解质因数 ………………………	(110)
SL-28	约数的个数 $\tau(n)$ ……………	(114)
SL-29	奇偶开关,拉灯问题 ……………	(118)
SL-30	约数之和 $\delta(n)$ ………………	(122)
SL-31	完全数★ …………………………	(127)
SL-32	$2^{2^n \times p} + 1$ (p 为奇数)的因数分解★ ………………………………	(131)
SL-33	最大公约数………………………	(133)
SL-34	辗转相除法………………………	(137)
SL-35	最小公倍数………………………	(142)
SL-36	约数、倍数方程法 ………………	(146)
SL-37	分数的最大公约数与最小公倍数 ………………………………	(149)
SL-38	与最小公倍数有关的计数……	(153)
SL-39	约数与倍数的质因数分析……	(157)
SL-40	裴蜀定理★ ………………………	(160)

———— ❧❦❧ ————

· V ·

SL-41	0 与 1 的妙用	(164)	SL-66	费尔马小定理 (265)
SL-42	2016 的妙用	(167)	SL-67	欧拉定理 (269)
SL-43	凑 24 点	(170)	SL-68	阶与原根★ (272)
SL-44	数字谜之位数分析	(174)	SL-69	威尔逊定理★ (275)
SL-45	数字谜之黄金三角：1、0、9	(177)	SL-70	明码与密码 (278)
SL-46	数字谜之首尾分析	(181)	SL-71	校验码 (283)
SL-47	数字谜之数字和与进位分析	(184)	SL-72	二次同余方程★ (286)
SL-48	数字谜之特殊算式	(188)	SL-73	勒让德符号★ (289)
SL-49	奇偶数字谜	(192)		
SL-50	质合数字谜	(195)	SL-74	二元一次不定方程 (293)
SL-51	小数数字谜	(198)	SL-75	百钱买百鸡 (296)
SL-52	含循环小数的除法竖式谜	(202)	SL-76	多元线性方程 (299)
SL-53	组建分数算式技巧	(206)	SL-77	二次不定方程的双分解 (303)
SL-54	幻方	(209)	SL-78	勾股方程 (306)
SL-55	数独	(216)	SL-79	分数拆分：$\dfrac{1}{n}=\dfrac{1}{a}\pm\dfrac{1}{b}$ (311)
SL-56	聪明格(肯肯数独)	(222)	SL-80	分数拆分：$\dfrac{m}{n}=\dfrac{1}{a}\pm\dfrac{1}{b}$ (316)
			SL-81	多元分数拆分：$\dfrac{1}{n}=\dfrac{1}{a}+\dfrac{1}{b}+\dfrac{1}{c}+\cdots$ (319)
SL-57	带余除法	(230)		
SL-58	同余与运算	(233)	SL-82	邮资问题 (323)
SL-59	一次同余方程	(237)	SL-83	连分数 (327)
SL-60	一次同余方程组	(241)	SL-84	渐近分数 (332)
SL-61	中国剩余定理	(245)	SL-85	高斯取整方程 (338)
SL-62	三个连续两位数★	(251)	SL-86	阶乘中质因数 p 的个数 (342)
SL-63	完全剩余系	(254)	SL-87	厄米特恒等式 (346)
SL-64	欧拉数	(259)		
SL-65	简化剩余系	(262)	注：标记"★"的为选学内容	

SL-01　多位数的写法与读法

神器内容	多于两个数字组成的自然数叫作多位数,从右至左四位一级。分别是个级、万级、亿级、兆级、京级、垓级……,每级从右至左都是个位、十位、百位、千位,为了不混淆,把级名也加在数位名中,这样就出现了个万位(万位)、十万位、百万位、千万位…… 　　读多位数的时候,从右至左四位一级,把级名只在每级的个位读出来,个级的级名不读。 　　"0"的读法: 　　(1)每级前面的"0"连续几个只读一个"零"。 　　(2)每级中间的"0"连续几个只读一个"零"。 　　(3)每级末尾的"0"不读。 　　(4)整级四位都是"0"读一个"零"。 　　(5)连续级都是"0"只读一个"零"。
要点与说明	大数怎么读? 四位为一组。 　　从右至左数,一定记清楚。 　　级名后给出,个级名不读。 　　读零很特殊,四位仍一组。 　　前中连续零,一个读出声。 　　级末零不读,读出太马虎。

神器溯源

　　0、1、2、3、4、5、6、7、8、9这十个数字叫作阿拉伯数字,用这些数字组成的数叫作阿拉伯数。阿拉伯数字是由古印度人发明的,后由阿拉伯人传到欧洲,再经欧洲人将其现代化。

1. 数字写法与读法

数字小写	0	1	2	3	4	5	6	7	8	9
汉　字	零	一	二	三	四	五	六	七	八	九
财务大写	零	壹	贰	叁	肆	伍	陆	柒	捌	玖

　　另外,还有财务大写的数位,分别是:10写作"拾",100写作"佰",1000写作

"仟",10000写作"万"。

2. 数位名与级名

级名	亿级				万级				个级			
数位名	千亿	百亿	十亿	亿	千万	百万	十万	万	千	百	十	个
位置值	10^{11}	10^{10}	10^9	10^8	10^7	10^6	10^5	10^4	10^3	10^2	10^1	10^0
举例				1	0	0	0	2	0	3	0	0	0	6
读法	一百亿零二百零三万零六

注：数字"2"根据所在数位不同,读法不同,有时读作"二",有时读作"两"。一般情况下,可以读作：二、二十、二百(两百)、二千(两千)、二万(两万)、二十万、二百万(两百万)、二千万(两千万)。

对于多位数,如果数位较多、相同数又连续,读数时容易看错,为了提高读数的正确率,经常采用从右向左三位添上一个","或空格来进行分节。如30000560经常分节为30,000,560,或者分节为30 000 560。

分节口诀：一段在百前,二段百万后,三段前面是十亿,四段兆在前……

由于我国的记数规则是从右向左,四位一级,分别为个级、万级、亿级……所以本知识点把多位数四位分一组,留出空格便于读写。本书中除了本知识点,其他知识点的大数都不空。

3. 小数部分数位名

在多位数个位的后面添加小数点,原来的多位数就是小数的整数部分,小数点后面的数就是小数部分,从小数点后第一位开始,依次是十分位、百分位、千分位、万分位、十万分位……读小数部分时,只需按数字依次读出。

例题精讲

例题 1-1 读出下列各数,并写出读法。

(1) 2020 0626,读作：_____。

(2) 87 0002 9200,读作：_____。

(3) 6 0000 1002,读作：_____。

(4) 30 0010 0860,读作：_____。

(5) 20 1080 0000,读作：_____。

答案：见解答。

【解答】(1)二千零二十万零六百二十六　(2)八十七亿零二万九千二百
(3)六亿零一千零二　(4)三十亿零(一)十万零八百六十　(5)二十亿一千零八十万

· 2 ·

例题1-2 根据读法,写出下列各数。

(1)八千六百万零五十,写作:_____。

(2)六亿零八千,写作:_____。

(3)五千零六万零三百零五,写作:_____。

(4)一千二百零三万六千,写作:_____。

(5)两亿零二十万,写作:_____。

答案:见解答。

【解答】在级名上画圈,从右向左四位一组,不够四位用0来补。

(1)8600 0050　(2)6 0000 8000　(3)5006 0305　(4)1203 6000

(5)2 0020 0000

例题2 用数字2、0、2、2、0、6、0、8组数:

(1)最大的八位数:_____。

(2)最小的八位数:_____。

(3)读三个"零"的最大八位数:_____。

(4)读两个"零"的最小八位数:_____。

(5)只读一个"零"的八位数共有_____个。

答案:见解答。

【解答】(1)把数字由大到小排列,最大数在最左。最大八位数为8622 2000。

(2)首位排最小非零数字,接着排所有的零,最后按从小到大的顺序排非零数字,最小八位数为2000 2268。

(3)十万位、千位、十位同时为0,最大为8602 0202,读作:八千六百零二万零二百零二。

(4)把0尽量往左排,最小的数字也往左排,最小为2002 0268,读作二千零二万零二百六十八。

(5)对三个"0"按位置进行分类,如果0已经确定,那么非零数字的排列均为 $C_5^3 \times A_2^2 = 20$ 种。

当三个"0"连续排,则有 □□□□□000□,□□□□0 00□□,□□00 0□□□□,共3种。

当两个"0"连排,另一个单排,则有:

□□□□0□00　□□□□0□00□　□□□□00□□

□□□□0□□00　□□□0□□00□

□0□□ □□00 □□□0 0□□0 □00□ □□□0

共9种。

当三个"0"都不连排,则有□□□0 □0□0,□0□0 □□□0,

共2种。

所以,一共有20×(3+9+2)=280个只读一个"零"的八位数。

针对性练习

练习❶ 读出下列各数,并写出读法。

(1) 8 3001 0000,读作:_____。

(2) 20 0120 3008,读作:_____。

(3) 500 1001 0302,读作:_____。

(4) 300 0200 0000,读作:_____。

(5) 80 2000 1020,读作:_____。

练习❷ 根据读法,写出下列各数。

(1) 四千零三十万零九百,写作:_____。

(2) 五千零三万零一百五十六,写作:_____。

(3) 三十亿四千万六千零八,写作:_____。

(4) 八亿零一百万,写作:_____。

(5) 九十亿零八千零六十,写作:_____。

练习❸ 用数字0、0、0、0、1、1、2、3组数:

(1) 最大的八位数:_____。

(2) 最小的八位数:_____。

(3) 读三个"零"的最小八位数:_____。

(4) 读两个"零"的最大八位数:_____。

(5) 读一个"零"的最大八位数:_____。

练习❹ 用数字0、0、0、0、1、1、2、3组成的八位数中,一个"零"也不读的有_____个。

练习参考答案

练习题号	练习1	练习2	练习3	练习4
参考答案	(1)八亿三千零一万 (2)二十亿零一百二十万三千零八 (3)五百亿一千零一万零三百零二 (4)三百亿零二百万 (5)八十亿二千万一千零二十	(1)4030 0900 (2)5003 0156 (3)30 4000 6008 (4)8 0100 0000 (5)90 0000 8060	(1)3211 0000 (2)1000 0123 (3)1001 0203 (4)3201 0100 (5)3210 0100	48
解答提示	注意零的读法	标记"亿""万"	零的读法规则	零在每级末尾

SL-02　准确数与近似数

神器内容	与实际量大小相同的数叫作准确数。 用符合误差要求的数来代替准确数,则符合误差要求的数叫作近似数。
要点与说明	准确数,不好算,误差要求是关键。 根据误差来近似,四舍五入是常识。 有时也用进一法,去尾有时也用它。

神器溯源

1. 准确数与近似数

与实际量大小相同的数叫作准确数,如π是准确的圆周率,把一根木棒分成三等份,每段长为原长的$\frac{1}{3}$。火箭飞行速度的准确值是无法求得的,不管你使用的测量仪器多么精密,都会产生误差。如果误差符合要求,得到的测量数就是近似数,准确数可以用近似数来代替。

2. 精确度

准确数与近似数的差叫作误差,误差越小说明近似数的精确度越高。精确度一般用数位来衡量,精确度可以精确到百位、十位、个位、十分位等,精确度后面的数位用0补齐,或者加上精确单位。例如,把23591精确到百位,23591≈2.36万,或者23591≈236百。精确到十分位,精确度为0.1;精确到百分位,精确度为0.01。(本知识点为近似数的精确度,除"万""亿"外,还采用了"百""千""十万""百万""十亿"等。)

近似数的精确程度除用精确度来衡量外,有时也用"有效数字"来衡量。一个近似数,从左边第一个不是零的数字开始,到这个数的末位结束,所有数字都是这个近似数的有效数字。例如,0.01030,第一个不是零的数字是1,末位数字是0,所以这个近似数有四个有效数字,分别是1、0、3、0。

3. 近似数的取法

在近似数运算时,加减运算一般考虑精确度,运算的中间过程多保留一位。乘除运算一般考虑有效数字,运算的中间也要多保留一个有效数字。近似数的取舍,常用的方法是进一法、四舍五入法和截尾法。

进一法,把一个数精确度及前面的数字保留,精确度位置上的数字加1,精确度后面的数字都舍去。

例如,把3.14159…精确到0.001,则3.14159…≈3.142。

四舍五入法,把一个数精确度后面的一位数字进行四舍五入,也就是后面一位如果是0~4就舍去,如果是5~9就在精确度位置上的数字加1。

例如,把3.14159…精确到0.001,则3.14159…≈3.142。

截尾法,把一个数精确度及前面的数字保留,精确度后面的数字都舍去。

例如,把3.14159…精确到0.001,则3.14159…≈3.141。

例题精讲

例题1-1 根据精确度或有效数字采用四舍五入法取近似数。

(1)12456783(精确到万位)≈_____

(2)8324558308(精确到千万位)≈_____

(3)102.34025(精确到0.1)≈_____

(4)0.02303205(保留四个有效数字)≈_____

答案:见解答。

【解答】(1)12456783(精确到万位)≈1246万

(2)8324558308(精确到千万位)≈83.2亿

(3)102.34025(精确到0.1)≈102.3

(4)0.02303205(保留四个有效数字)≈0.02303

例题1-2 写出下面近似数的精确度。

(1)21.36万的精确度为_____。

(2)6.8亿的精确度为_____。

(3)21.36的精确度为_____。

(4)632千的精确度为_____。

答案:见解答。

【解答】(1)百位　(2)千万位　(3)百分位　(4)千位

例题2 近似计算。

(1)$2\pi + \dfrac{12}{7} - 6.17\dot{4} + 3.5$(精确到0.01)

(2)$3.6532 \times \dfrac{6}{11} \div 0.82 - 1.36$(保留三个有效数字)

答案：(1)5.32　(2)1.07

【解答】中间过程多保留一位或多一个有效数字。

(1)$2\pi + \dfrac{12}{7} - 6.17\dot{4} + 3.5$(精确到0.01)

$\approx 2 \times 3.142 + 1.714 - 6.175 + 3.5$

$= 6.284 + 1.714 - 6.175 + 3.5$

$= 5.323$

≈ 5.32

(2)$3.6532 \times \dfrac{6}{11} \div 0.82 - 1.36$(保留三个有效数字)

$\approx 3.653 \times 0.5455 \div 0.82 - 1.36$

$\approx 1.993 \div 0.82 - 1.36$

$\approx 2.430 - 1.36$

≈ 1.07

针对性练习

练习❶　采用四舍五入法，按要求取近似数。

(1)136574(精确到万位)≈_____

(2)3569763(精确到千位)≈_____

(3)6320084(精确到十万位)≈_____

(4)0.020046(精确到千分位)≈_____

练习❷　指出下面近似数的精确度。

(1)2345.6 的精确度为_____。

(2)12.31 万的精确度为_____。

(3)2.65 亿的精确度为_____。

(4)81.10 的精确度为_____。

练习❸　近似数 0.0360 有_____个有效数字。

练习❹ 近似计算。

(1) $3\pi - 2\dfrac{3}{7} + 2.1\dot{6}$(精确到百分位)≈ _____

(2) $\pi \times 1.25 \div 2\dfrac{8}{11}$(保留三个有效数字)≈ _____

练习❺ 近似数 6.70 是由准确数 a 四舍五入得到的,那么 a 的取值范围是 _____。

练习参考答案

练习题号	练习1	练习2	练习3
参考答案	(1)14 万 (2)357.0 万(3570 千) (3)63 十万 (4)0.020	(1)十分位 (2)百位 (3)百万位 (4)百分位	3
解答提示	精确度后面一位四舍五入	最后一位在精确度上	基本练习
练习题号	练习4	练习5	
参考答案	(1)9.16 (2)1.44	$6.695 \leqslant a < 6.705$	
解答提示	过程中多保留一位	可以取到 6.695	

SL-03 科学记数法

神器内容	把近似数写成 $a\times 10^n$($1\leqslant a<10$,n 为整数)的形式,这种记数方法叫作科学记数法。
要点与说明	近似数,咋表达,想到科学记数法。 遇到大数不再怕,合理近似就用它。 前面因数要领会,整数部分就一位。 扩大都是 10 整倍,掌握要领我陶醉。

神器溯源

把一个近似数用科学记数法表示,减少了多位数的长度,书写也比较方便。科学记数法就是把近似数写成 $a\times 10^n$($1\leqslant a<10$,n 为整数)的形式。由于现阶段所学知识有限,这里因数 a 的范围为 $1\leqslant a<10$,指数 n 严格来说是正整数,可以理解为小数点移动的位数。今后可以把 a 扩充到负数,但整数部分也一定只有一位。对于一个小数部分很多的小数,也可以用科学记数法表示,只不过 n 的取值是负整数。

例题精讲

例题 1 用科学记数法表示近似数。

(1)456743201(精确到千万位)≈_____

(2)56376445456(精确到亿位)≈_____

(3)3356631(精确到万位)≈_____

(4)23995443(保留三个有效数字)≈_____

答案:见解答。

【解答】根据科学记数法规则,近似如下:

(1)456743201(精确到千万位)≈4.6×10^8

(2)56376445456(精确到亿位)≈5.64×10^{10}

(3)3356631(精确到万位)≈3.36×10^6

(4)23995443(保留三个有效数字)≈2.40×10^7

例题 2 写出下面近似数的精确度。

(1) 2×10^3 的精确度为_____。

(2) 3.20×10^7 的精确度为_____。

(3) 7.013×10^9 的精确度为_____。

答案：见解答。

【解答】把前面因数的小点移动后,观察原来最右边的数字所在数位,这个数位就是它的精确度。

(1) 2×10^3 的精确度为千位。

(2) 3.20×10^7 的精确度为十万位。

(3) 7.013×10^9 的精确度为百万位。

针对性练习

练习❶ 用科学记数法表示近似数。

(1) 346729(精确到万位)≈_____

(2) 4899763(精确到千位)≈_____

(3) 4678084(精确到十万位)≈_____

(4) 33455576(保留三个有效数字)≈_____

练习❷ 写出下面近似数的精确度。

(1) 6×10^5 的精确度为_____。

(2) 2.30×10^8 的精确度为_____。

(3) 3.432×10^9 的精确度为_____。

练习❸ 中国国土面积为 960 万平方公里,用科学记数法表示 960 万为_____。

练习❹ 光在真空中传播的速度近似为 3.0×10^8 米/秒,其有效数字有____个,精确度为精确到____位。

练习❺ 近似数 $5.0×10^7$ 是由准确数 a 四舍五入得到的，a 的最大值存在吗？如果存在，又是多少呢？

练习参考答案

练习题号	练习1	练习2	练习3
参考答案	(1) $3.5×10^5$ (2) $4.900×10^6$ (3) $4.7×10^6$ (4) $3.35×10^7$	(1) 十万位 (2) 百万位 (3) 百万位	$9.60×10^6$
解答提示	精确度后面一位四舍五入	最后一位在精确度上	末位0所在位为精确度数位
练习题号	练习4	练习5	
参考答案	2 千万位	不存在	
解答提示	3.0的0也是有效数字	小于5.05的最大数不存在	

SL-04 自然数列

神器内容	自然数列：0、1、2、3、4、5、⋯ 自然数列从 0 开始，后面的数都比前一个数大 1。 非零自然数列是从 1 开始的，又称正整数列。
要点与说明	自然数，真是棒，序数基数都用上。 数字数码要分清，位数分类不发蒙。

神器溯源

1. 数字、数（自然数）、数码的区别与联系

数字：0、1、2、3、4、5、6、7、8、9。

数：把几个数字写成一排，且首位数字不为 0 就组成一个阿拉伯数。有几个数字就是几位数，一位数、二位数、三位数⋯⋯

数码：几个数字写成一排，且首位数字可以为 0，就组成一个数码。例如，三位数码：001、002、003、⋯。

2. n 个连续自然数的表达：x、$x+1$、$x+2$、⋯、$x+n-1$ $(x \geq 0)$。

3. 非零自然数个数与数字个数

几位数	起止数	自然数个数	数字总个数
一位数	1～9	9 个	1×9=9 个
两位数	10～99	90 个	2×90=180 个
三位数	100～999	900 个	3×900=2700 个
四位数	1000～9999	9000 个	4×9000=36000 个
⋯	⋯	⋯	⋯

4. 基数与序数

如果用自然数表示物体的多少，那么这个自然数就是基数。例如，五年级有 30 名学生，那么 30 就是基数。如果用自然数表示顺序，那么这个自然数就是序数。

例如,一次数学考试,小明排名是第6名,那么6就是序数。对于一个数列,如果能在序号与项的大小之间建立一个等量关系,那么这个关系就是通项公式。例如,数列2、5、8、11、14、…,第1项是2,第2项是5,第3项是8……,序号n与项之间的通项公式为$a_n=3n-1(n≥1)$。

例题精讲

例题1 把非零自然数从1开始,一直写到2025,形成一个多位数,那么这个多位数共有_____位,这个多位数的数字和为_____。

答案: 6993 28179

【解答】(1)按一位数、二位数、三位数、四位数分类,有多少个数字多位数就有多少位。

$1×9+2×90+3×900+4×(2025-1000+1)=6993$位。

(2)前面补上0,数字和最小与最大搭配。

　　　　0~1999
$0+(1+9+9+9)=28$
$1+(1+9+9+8)=28$
$2+(1+9+9+7)=28$
　　　……
$(9+9+9)+(1+0+0+0)=28$
　　　　2000~2019
$(2+0+0+0)+(2+0+1+9)=14$
$(2+0+0+1)+(2+0+1+8)=14$
$(2+0+0+2)+(2+0+1+7)=14$
　　　……
$(2+0+0+9)+(2+0+1+0)=14$
　　　　2020~2025
$(2+0+2+0)+(2+0+2+5)=13$
$(2+0+2+1)+(2+0+2+4)=13$
$(2+0+2+2)+(2+0+2+3)=13$

数字和为$28×1000+14×10+13×3=28179$。

例题2 把自然数从1开始连续写下去123456789101112…，一共写了2025个数字，那么最后写下的数字是_____。

答案：1

【解答】把一位数到三位数都写完，一共应该写下 $1×9+2×90+3×900=2889$ 个数字，可以断定最后一个数字是写三位数时写下的某个数位上的数字，可以都按三位数考虑。

$(2025+2×9+1×90)÷3=711$，这说明第2025个数字恰好是711的个位数字1。

针对性练习

练习❶ 小丽从1开始写自然数，一直写到560，并且排成一个多位数123456789101112…559560，那么这个多位数共有_____个数字，所有数字之和为_____。

练习❷ 把自然数从1开始连续写下去123456789101112…，一共写了1000个数字，那么最后写下的数字是_____。

练习❸ 《奥数三合一》五年级分册的页码是从1开始的，所有页码一共用了948个数字，那么这本书有_____页。

练习❹ 自然数列从1开始，一直写到2025。这些数列的项中含有数字"1"的项有_____个，数字"1"被写了_____次。

练习❺ 数表中的数字是按一定规律排列的，左上角的1所在位置为第1行第1列，那么"200"的数字2，在第_____行，第_____列。

1	2	6	7	2	1	…
3	5	8	1	3	…	
4	9	1	1	…		
1	1	4	…			
0	1	…				
5	…					
…						

练习❻ 下面是小明在做的从1开始的连续自然数加法竖式,那么当他加到100时,一共发生了_____次进位。

```
      1
    + 2
    ---
      3
    + 3
    ---
      6
    +₁4
    ---
    1 0
    ……
```

练习参考答案

练习题号	练习1	练习2	练习3
参考答案	1572　6231	3	352
解答提示	求和时补0搭配	370的百位数字3	都按三位数算
练习题号	练习4	练习5	练习6
参考答案	1283　1613	7　25	99
解答提示	按数位分析	自然数按数字三角排列	每进位一次数字和少9

16

SL-05　连续自然数之和

神器内容	设自然数 $N=2^a\times p_1^{a_1}\times p_2^{a_2}\times\cdots\times p_r^{a_r}$，把 N 表示成 n 个非零连续自然数之和形式。 (1) 共有(N 的奇约数个数 -1)种表示方法。 (2) 当 n 取最大值时，把 $2N$ 分解成的两个因数奇偶不同，且差最小，n 为较小的因数。
要点与说明	自然数，来分拆，连续相加咋出来。 分拆到底有几种？奇约减一你可懂？ 如果加数尽量多，两数之差尽量缩。 分拆之前扩两倍，忘掉扩倍做不对。

神器溯源

把 N 分拆成 n 个非零连续自然数之和的形式，共有多少种不同的分拆方法？加数 n 最大为多少？

设 n 个连续自然数中，最小的自然数是 x，则 $x\geqslant 1$。

$$N=x+(x+1)+(x+2)+\cdots+(x+n-1)=\frac{(2x+n-1)\times n}{2}$$

$2N=(2x+n-1)\times n$

此时注意：$2x+n-1>n$，且一奇一偶。

若 $N=2^a\times p_1^{a_1}\times p_2^{a_2}\times\cdots\times p_r^{a_r}$，则 $2N=2^{a+1}\times p_1^{a_1}\times p_2^{a_2}\times\cdots\times p_r^{a_r}=(2x+n-1)\times n$。

这时，2^{a+1} 不能拆开，否则两个因数不是一奇一偶。可以先求奇约数的个数，两两一组，2^{a+1} 有 2 种搭配。再排除 $n=1$ 的情况，所以分拆方法共有(N 的奇约数个数 -1)种。为了让 n 尽量大，需要两个奇偶不同的因数最接近，n 就是那个较小的因数。

例题精讲

例题 1 把 2020 分拆成 n 个非零连续自然数之和的形式，那么共有_____种不同的分拆方法,加数最多有_____个。

答案:3 40

【解答】设连续自然数中最小的自然数是a,且$a\geq 1$。

$2020=a+(a+1)+(a+2)+\cdots+(a+n-1)=\dfrac{(2a+n-1)\times n}{2}$。

$(2a+n-1)\times n=2\times 2020=2^3\times 5\times 101$。

因为$2a+n-1>n$,且一奇一偶,所以

(1)当$4040=1\times 4040$时,则$n=1$,与题意不符。

(2)当$4040=5\times 808$时,则$n=5$,$2a+5-1=808$,$a=402$。所以$2020=402+403+404+405+406$。

(3)当$4040=8\times 505$时,则$n=8$,$2a+8-1=505$,$a=249$。所以$2020=249+250+251+\cdots+256$。

(4)当$4040=40\times 101$时,则$n=40$,$2a+40-1=101$,$a=31$。所以$2020=31+32+33+\cdots+70$。

综上所述,2020分拆成非零连续自然数之和的分拆方法有3种,n最大为40。

例题2 证明:2048无法表达为连续正整数之和的形式。

答案:见证明。

【证明】采用反证法。

假设2048可以表述为n个正整数之和的形式,其中最小的正整数为a,则

$2048=a+(a+1)+(a+2)+\cdots+(a+n-1)=\dfrac{(2a+n-1)\times n}{2}$,

$(2a+n-1)\times n=2\times 2048=2^{12}$。

因为2^{12}写成两个奇偶不同的因数之积的形式,只有$2^{12}\times 1$。

此时$n=1$,与题意连续正整数,n至少为2不符,所以原结论正确。

针对性练习

练习❶ 把2024写成尽可能多非零连续自然数之和的形式,那么加数最多为_____个,共有_____种不同的分拆方法。

练习❷ 如果2×3^8能表示成k个连续正整数的和,那么当k取最大值时,最小的加数是_____。

· 18 ·

练习❸ 如图所示,15个玻璃球可以摆成三层的等腰梯形,还可以摆成等边三角形,那么210个玻璃球全部用上,可以摆成_____种不同的等腰梯形和等边三角形。

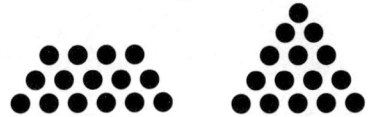

练习❹ 把325表示成连续自然数之和的形式,那么共有_____种不同形式。

练习❺ 把990表示成连续自然数之和的形式,那么共有_____种不同形式。

练习❻ 恰有7种连续自然数之和都等于N,那么N最小为_____。

练习参考答案

练习题号	练习1	练习2	练习3
参考答案	23 3	68	7
解答提示	扩2倍分解	扩2倍分解的两个因数接近	公式的直观表达
练习题号	练习4	练习5	练习6
参考答案	6	12	135
解答提示	从1开始的,也可以从0开始	从1开始的,也可以从0开始	公式逆运用

SL-06　乘积大，狂分3

神器内容	1. 把一个自然数 N 分拆为几个自然数（可以相同）之和，使加数的乘积最大 （1）若 $N=3n$，乘积最大为 3^n。 （2）若 $N=3n+1$，乘积最大为 $4\times 3^{n-1}$。 （3）若 $N=3n+2$，乘积最大为 2×3^n。 2. 把自然数分拆为几个互不相同的自然数之和，使加数的乘积最大。 最小加数为2，且尽量连续，多余部分给较大的几个加数都补上1。
要点与说明	一个数，好奇葩，拆成几数来相加。 加数一一都乘起，仔细计算此乘积。 要想乘积尽量大，狂分3来记住它。 如果出现因数1，浪费这点好可惜。

神器溯源

1. 把一个自然数 N 分拆为几个自然数（可以相同）之和，如果要求所有加数的乘积尽量大。尽量多分因数3，不出现因数1，具体分成三种情况：

（1）若 $N=3n$，乘积最大为 3^n。

（2）若 $N=3n+1$，乘积最大为 $4\times 3^{n-1}$。

（3）若 $N=3n+2$，乘积最大为 2×3^n。

因为和同差小积大，所以

当 $a+b=5$ 时，则 $ab\leqslant 2\times 3=6$。

当 $a+b=6$ 时，则 $ab\leqslant 3\times 3=9$。

当 $a+b=7$ 时，则 $ab\leqslant 4\times 3=12$。

当 $a+b+c=8$ 时，则 $abc\leqslant 2\times 3\times 3=18$。

当 $a+b+c=9$ 时，则 $abc\leqslant 3\times 3\times 3=27$。

……

2. 把一个自然数分拆为几个互不相同的自然数之和，如果要求加数的乘积尽量大，那么最小加数为 2(有可能为 3),且尽量连续,多余部分给较大的几个加数都补上 1。

设 $N=2+3+4+\cdots+n+p,0\leq p\leq n$。

(1)当 $p=0$ 时,所有加数乘积最大为 $n!$。

(2)当 $0<p<n-1$ 时,所有加数乘积最大为 $\dfrac{(n+1)!}{(n+1)-p}$。

(3)当 $p=n-1$ 时,所有加数乘积最大为 $\dfrac{(n+1)!}{2}$。

(4)当 $p=n$ 时,所有加数乘积最大为 $\dfrac{(n+2)!}{2(n+1)}$。

例题精讲

例题 1-1 把一个自然数 N 分拆成几个正整数(可以相同)之和,使得这些加数的乘积尽量大,那么。

(1)当 $N=99$ 时,乘积最大为 _____。

(2)当 $N=100$ 时,乘积最大为 _____。

(3)当 $N=101$ 时,乘积最大为 _____。

答案:(1)3^{33} (2)4×3^{32} (3)2×3^{33}

【解答】根据题意,观察它们分别属于哪种类型?

(1)$99=3\times 33$,那么把 99 分拆为 33 个 3 相加,这些加数乘积最大为 3^{33}。

(2)$100=3\times 33+1$,那么把 100 分拆为 32 个 3 与 1 个 4 相加,这些加数乘积最大为 4×3^{32}。

(3)$101=3\times 33+2$,那么把 100 分拆为 33 个 3 与 1 个 2 相加,这些加数乘积最大为 2×3^{33}。

例题 1-2 把 2025 分拆成互不相同的自然数之和,这些加数的乘积最大为 G,那么 $\dfrac{64!}{G}=$ _____。

答案:54

【解答】因为 $1+2+3+\cdots+63=2016$。所以 $2025=2+3+4+\cdots+63+10=2+3+4+\cdots+64-54$。加数的乘积最大时,$G=\dfrac{64!}{54}$,所以 $\dfrac{64!}{G}=54$。

例题 2 把 2024 表示为 22 项等差数列的正整数之和的形式,那么公差最大为 _____。

答案:8

【解答】设等差数列的首项为a_1,公差为d,则

$a_1+(a_1+d)+(a_1+2d)+\cdots+(a_1+21d)=2024$

$11\times(2a_1+21d)=2024$

$2a_1+21d=184$

由于$a_1\geqslant 1$,$d_{\max}=8$,此时$a_1=8$。$8+16+24+\cdots+176=2024$。

所以,公差最大为8。

针对性练习

练习❶ 几个自然数之和为200,那么这几个自然数的乘积最大为_____。(结果用a^n表示。)

练习❷ 把2023分拆为几个正整数之和的形式,那么这些加数的乘积最大为_____。(结果用a^n表示。)

练习❸ 几个互不相同的自然数之和为100,那么这些自然数的乘积最大为_____。(结果用$n!$表示。)

练习❹ 把229分拆成几个互不相同的自然数之和,这些加数的乘积最大值为_____。(结果用$n!$表示。)

练习❺ $4=1+3$,$8=3+5$,$9=1+3+5$,$12=5+7$,$15=3+5+7$,$\cdots$ 1~100这100个自然数中,能分拆若干个(至少2个)连续奇数之和的有_____个。

练习❻ 一个递增等差数列,从中截取一段,共25项,它们的和为1000,那么这样的数列和截取段共有_____种。

练习参考答案

练习题号	练习 1	练习 2	练习 3
参考答案	2×3^{66}	4×3^{673}	$\dfrac{14!}{4}$
解答提示	狂分因数 3	不用出现因数 1	不含因数 1
练习题号	练习 4	练习 5	练习 6
参考答案	$\dfrac{22!}{42}$	50	3
解答提示	先考虑最大的加数为 20	$4k+2$ 与质数均不行	公差可以是 1、2、3

SL-07　罗马数

神器内容	罗马数字的基本符号共七个,分别对应着阿拉伯数如下：I(1),V(5),X(10),L(50),C(100),D(500),M(1000)。
要点与说明	罗马数,神发明,记数威力大无穷。 阿拉伯数已流行,走下神坛很少用。 别看规则就几条,学好必须多思考。

神器溯源

罗马数起源于古罗马,比阿拉伯数早出现 2000 多年。它仍在罗马钟表盘上、化学元素周期表分族中和音乐的音级中使用。

1. 罗马数字共有七个基本符号,分别与阿拉伯数对应(如下表所示)

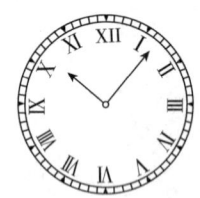

罗马数字	I	V	X	L	C	D	M
阿拉伯数字	1	5	10	50	100	500	1000

2. 罗马数的记数规则

罗马数字组数优先级别原则主要有以下三条：

(1)重写(最多三次)原则。例如,III(3),只适用于 I、X、C、M。

(2)"小大"之间减法原则。例如,IV(5－1＝4),IX(10－1＝9)。

(3)"大小"之间加法原则。例如,XI(10＋1＝11),XV(10＋5＝15)。

根据这些原则我们可以得到 MMCXCVI＝2000＋100＋90＋5＋1＝2196。

虽然罗马数字没有表示 0 的数字,但为了表示一个很大的数,古罗马人也想到了办法。即采用标记横线的方法,在一个数的上面画一条横线,表示扩大 1000 倍,画两条横线,表示扩大 1000000 倍。例如

$\overline{DLXIX}$CCCIV＝(500＋50＋10＋9)×1000＋300＋4＝569304。

1~20阿拉伯数与罗马数对应如下表所示：

阿拉伯数字	1	2	3	4	5	6	7	8	9	10
罗马数字	I	II	III	IV	V	VI	VII	VIII	IX	X
阿拉伯数字	11	12	13	14	15	16	17	18	19	20
罗马数字	XI	XII	XIII	XIV	XV	XVI	XVII	XVIII	XIX	XX

例题精讲

例题1 把下面阿拉伯数转换成罗马数。

(1) 5＝_____   (2) 18＝_____

(3) 49＝_____   (4) 2026＝_____

答案：见解答。

【解答】对照罗马数的规则进行转换。

(1) 5＝V   (2) 18＝XVIII

(3) 49＝XLIX   (4) 2026＝MMXXVI

例题2 把下面罗马数转换为阿拉伯数。

(1) XXXVIII＝_____   (2) CDXCVI＝_____

(3) MDCCLXXXII＝_____   (4) $\overline{\text{LXXVIII}}$DCXXIV＝_____

答案：(1) 38 (2) 496 (3) 1782 (4) 78624

【解答】对照罗马数的规则进行转换。

(1) XXXVIII＝30＋5＋3＝38

(2) CDXCVI＝400＋90＋5＋1＝496

(3) MDCCLXXXII＝1000＋500＋200＋50＋30＋2＝1782

(4) $\overline{\text{LXXVIII}}$DCXXIV＝(50＋20＋5＋3)×1000＋500＋100＋20＋4＝78624

针对性练习

练习❶ 把下面阿拉伯数转换成罗马数。

(1) 56＝_____   (2) 326＝_____

(3) 2340＝_____   (4) 236199＝_____

练习❷ 把下面罗马数转换成阿拉伯数。

(1)CDXVI=_____ (2)DCCLIV=_____

(3)MMCXLII=_____ (4)$\overline{\text{XXXIV}}$CLXX=_____

练习❸ 罗马数运算。(结果用罗马数表示。)

(1)LXII+CVIII=_____ (2) XCV+CXIV=_____

(3)MMCI－CDL=_____ (4) MMCD－DCLIX=_____

练习❹ 罗马数运算。(结果用罗马数表示。)

(1)CIX×LVI=_____ (2)$\overline{\text{CCIX}}$DXCV÷CLVII =_____

练习参考答案

练习题号	练习1	练习2	练习3	练习4
参考答案	(1)LVI (2)CCCXXVI (3)MMCCCXL (4)$\overline{\text{CCXXXVI}}$CXCIX	(1)416 (2)754 (3)2142 (4)34170	(1)CLXX (2)CCIX (3)MDCLI (4)MDCCXLI	(1)$\overline{\text{VI}}$CIV (2)MCCCXXXV
解答提示	基本练习	基本练习	转换为阿拉伯数	转换为阿拉伯数

26

SL-08　位值原则

神器内容	(1) $\overline{ab}=10a+b$，(a、b 为数字，且 $a\neq 0$)。 (2) $\overline{abc}=100a+10b+c$，($a$、$b$、$c$ 为数字，且 $a\neq 0$)。 (3) $\overline{ab}=10^n a+b$，(b 为 n 位数码，且 $a\neq 0$)。
要点与说明	位值原则真重要，学习数论常用到。 位置数值咋知晓，按照数位自对照。 后面数字真捣乱，直接相加都不变。 前面数字受影响，扩大倍数自己想。

神器溯源

位值原则：由数字 0~9 组成的多位数，首位数字不为 0，同一个数字所在数位不同，代表的数值大小也不同。也就是利用位置来表示该数字扩大的倍数，这种记数方法叫作位值原则。对多位数熟练展开或缩写，例如

(1) $123=100+20+3$

(2) $2036=2000+30+6=2\times 1000+0\times 100+3\times 10+6\times 1=2\times 10^3+0\times 10^2+3\times 10^1+6\times 10^0$

(3) $\overline{abc}=100a+10b+c$

(4) $\overline{3a9b}=3000+100a+90+b=3\times 10^3+a\times 10^2+9\times 10^1+b\times 10^0=3090+\overline{a0b}$

(5) 当 $a=123$，$b=45$，则 $\overline{ab}=12345=12300+45=123\times 100+45=a\times 100+b=100a+b$，$\overline{ba}=45123=45000+123=45\times 1000+123=b\times 1000+a=1000b+a$。

例题精讲

例题 1-1 一个三位数，十位数字是 8，个位数字与百位数字互换后，得到的新三位数的 3 倍比原三位数小 18，那么原三位数是_____。

答案：882

【解答】设这个三位数为$\overline{a8b}$,则

$\overline{b8a}×3+18=\overline{a8b}$,$(100b+80+a)×3+18=100a+80+b$,$299b+178=97a$,

数字解为$\begin{cases}a=8\\b=2\end{cases}$。

所以,原来的三位数是882。

注:本题也可以采用数字谜考虑,□8□×3=三位数,这说明其百位数字是1或2,然后分类讨论。

例题 1-2 一个五位数,去掉首位数字6后,在末尾添上数字1得到新五位数,它的2倍比原数大4,那么原来的五位数是_____。

答案:63158

【解答】后四位始终在一起,可以把后四位设为一个未知数。设原五位数为$\overline{6x}$(其中x为四位数),根据题意得

$\overline{6x}=\overline{x1}×2-4$,$60000+x=(10x+1)×2-4$,$19x=60002$,$x=3158$。

所以,原五位数为63158。

例题 2 有四个数字,它们排成的最大四位数与最小四位数之差是"□281",那么这四个数字组成的四位数从小到大排列,第10个数为_____。

答案:3290

【解答】设四个数字为$a≥b≥c≥d≥0$,等号不全成立。两个四位数的数字相同,其差必是9的倍数,故"□"=7。

(1)当$d≠0$时,$\overline{abcd}-\overline{dcba}=7281$

$(1000a+100b+10c+d)-(1000d+100c+10b+a)=7281$

$111(a-d)+10(b-c)=809$

从个位数字分析,$a-d=9$,$b-c=-19$,与数字不符,此种情况不成立。

(2)当$d=0$,$\overline{abc0}-\overline{c0ba}=7281$

$999a+90b-990c=7281$

$111a+10b-110c=809$

从个位数字分析,$a=9$,$19+b=11c$,$b=3$,$c=2$。

四个数字分别为9、3、2、0,从小到大排列出的第10个四位数为3290。

另解:本题也可以转化为数字谜。

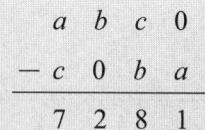

容易先得到 $a=9$，然后 $c=2$，$b=3$。后面步骤略。

针对性练习

练习❶ 一个两位数，如果将个位数字和十位数字互换，所得的数比原数的 3 倍大 5，那么原数为_____。

练习❷ 一个三位数的个位数字是 1，它的百位数字和十位数字之和为 12。交换它的百位数字和十位数字后，得到的新三位数变小了 360，那么原三位数是_____。

练习❸ 一个四位数，减去其数字和的 17 倍，得到的差为 2031，那么这个四位数最大为_____。

练习❹ 一个四位数，把首位数字移到末尾，形成新的四位数的 2 倍比原数大 56，那么原四位数为_____。

练习❺ 一个五位数，从中剪开分成三位数与两位数（也可以是首位为 0 的数码），两种剪法得到的两个数之和分别为 339 和 384，那么原五位数为_____。

练习❻ 一个由非零数字组成的四位数，恰好等于它的数字构成的最大数与最小数的差，那么这个四位数为_____。

练习❼ 汉字数字谜：$\overline{数学我要学} \times 3 = \overline{我要学数学} \times 7$

相同的汉字代表相同数字，不同的汉字代表不同数字，那么"数学我要学"代表的五位数为_____。

练习参考答案

练习题号	练习1	练习2	练习3	练习4
参考答案	29	841	2388	2108
解答提示	位值原则展开	位值原则展开	展开后,极值入手	末三位数打包设元
练习题号	练习5	练习6	练习7	
参考答案	28356 或 38301	6174	85365	
解答提示	两种情况	数字有序,数字谜	分组打包	

SL-09　进制的转换

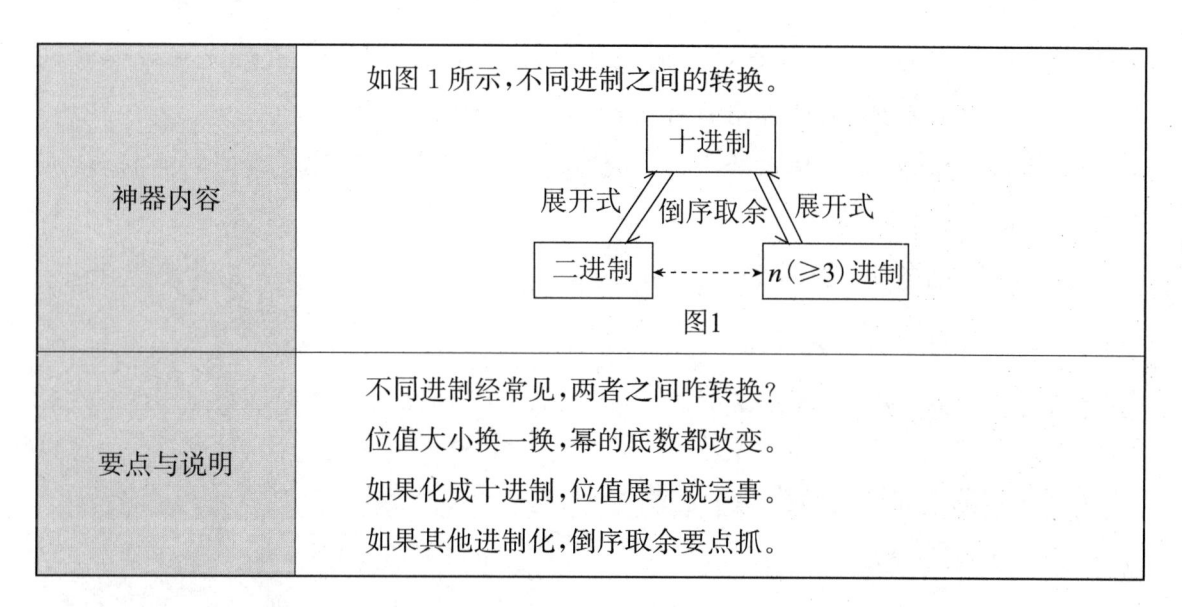

神器内容	如图1所示，不同进制之间的转换。 　　　　　　　　　　十进制 　　　　展开式／倒序取余＼展开式 　　　二进制 ←------→ $n(\geq 3)$进制 　　　　　　　　图1
要点与说明	不同进制经常见，两者之间咋转换？ 位值大小换一换，幂的底数都改变。 如果化成十进制，位值展开就完事。 如果其他进制化，倒序取余要点抓。

神器溯源

根据位值原则，不同的位置值就变成不同的进制，那么不同进制之间如何转换呢？

1. 数的进制对照表

进制	基本数字	位置值	进率	展开式举例
十进制	0～9	…、10^2、10^1、10^0、…	满十进一	$2028=2\times 10^3+0\times 10^2+2\times 10^1+8\times 10^0$
二进制	0、1	…、2^2、2^1、2^0、…	满二进一	$11001_{(2)}=1\times 2^4+1\times 2^3+0\times 2^2+0\times 2^1+1\times 2^0=25$
$n(n\geq 3)$进制	0～$n-1$	…、n^2、n^1、n^0、…	满n进一	$1203_{(5)}=1\times 5^3+2\times 5^2+0\times 5^1+3\times 5^0=178$

你可能会产生疑问，如果大于十进制，那么怎么找基本数字呢？还有26个英文字母和10个数字可以表达三十六进制，字母A就是第11个数字代表10，B就是第12个数字代表11……如果大于三十六进制，那么就用00、01、02、…来表示基本数字。例如，时间与角度都是六十进制，它们的基本"数字"都是00～59。

2. 进制之间的转换

如果是十进制转换为 $n(n\geq 2)$ 进制，用 n 反复除这个数与得到的商，直到商为 0 结束，把得到的余数倒序排出来，就把十进制数转换为 n 进制的数，这种方法简称"倒序取余法"。

如图 1 所示，如果是 $n(n\geq 2)$ 进制转换为十进制，采用上面对照表中展开式规则即可。若非十进制与其他进制之间的转换，一般不直接转换，最好先把开始的进制数转换为十进制数，然后再用目标进制倒序取余。

当然，有时也可以直接在两个进制之间转换，例如，八进制与二进制的转换、三进制与九进制的转换等。

进制的标记还没有统一起来，例如，六进制下的"1025"，有以下几种表达方法。

$1025_{(6)}=(1025)_6=1025_6$。

例题精讲

例题 1-1 把下面进制转换为十进制。

(1) $111001_{(2)}=$ _____ (2) $2025_{(6)}=$ _____

(3) $2025_{(8)}=$ _____ (4) $321.23_{(5)}=$ _____

(5) $\overline{10AB}_{(15)}=$ _____

答案： (1) 57 (2) 449 (3) 1045 (4) $86\frac{13}{25}$ (5) 3536

【解答】按各种进制幂和展开。

(1) $111001_{(2)}=1\times 2^5+1\times 2^4+1\times 2^3+0\times 2^2+0\times 2^1+1\times 2^0=32+16+8+0+0+1=57$。

(2) $2025_{(6)}=2\times 6^3+0\times 6^2+2\times 6^1+5\times 6^0=432+0+12+5=449$。

(3) $2025_{(8)}=2\times 8^3+0\times 8^2+2\times 8^1+5\times 8^0=1024+0+16+5=1045$。

(4) $321.23_{(5)}=3\times 5^2+2\times 5^1+1\times 5^0+2\times 5^{-1}+3\times 5^{-2}=75+10+1+\frac{2}{5}+\frac{3}{25}=86\frac{13}{25}$。

(5) $\overline{10AB}_{(15)}=1\times 15^3+0\times 15^2+10\times 15^1+11\times 15^0=3375+0+150+11=3536$。

例题 1-2 把十进制转换为指定的进制。

(1) $100=$ _____ $_{(2)}$ (2) $3028=$ _____ $_{(7)}$

(3) $3028 = $ _____ $_{(12)}$ (4) $68.4375 = $ _____ $_{(8)}$

(5) $97\frac{7}{12} = $ _____ $_{(6)}$

答案： (1) 1100100   (2) 11554   (3) 1904   (4) 104.34   (5) 241.33

【解答】十进制转换为 $n(\geqslant 2)$ 进制，用 n 作除数进行短除，倒序取余法。

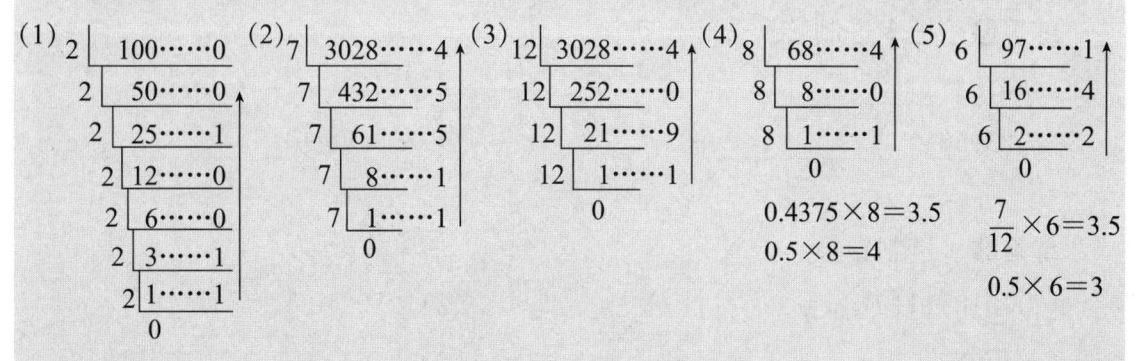

(1)
```
2 | 100 …… 0
2 |  50 …… 0
2 |  25 …… 1
2 |  12 …… 0
2 |   6 …… 0
2 |   3 …… 1
2 |   1 …… 1
        0
```

(2)
```
7 | 3028 …… 4
7 |  432 …… 5
7 |   61 …… 5
7 |    8 …… 1
7 |    1 …… 1
         0
```

(3)
```
12 | 3028 …… 4
12 |  252 …… 0
12 |   21 …… 9
12 |    1 …… 1
         0
```

(4)
```
8 | 68 …… 4
8 |  8 …… 0
8 |  1 …… 1
     0
```
$0.4375 \times 8 = 3.5$
$0.5 \times 8 = 4$

(5)
```
6 | 97 …… 1
6 | 16 …… 4
6 |  2 …… 2
     0
```
$\frac{7}{12} \times 6 = 3.5$
$0.5 \times 6 = 3$

(1) $100 = 1100100_{(2)}$ (2) $3028 = 11554_{(7)}$

(3) $3028 = 1904_{(12)}$ (4) $68.4375 = 104.34_{(8)}$

(5) $97\frac{7}{12} = 241.33_{(6)} = 241\frac{11}{20}_{(6)}$

例题 2 进制转换。

(1) $11110010_{(2)} = $ _____ $_{(8)}$ (2) $\overline{61C}_{(20)} = $ _____ $_{(9)}$

答案： (1) 362   (2) 3302

【解答】(1) 把二进制转换为八进制，可以从右往左三位一截，转换为八进制数字。

$11110010_{(2)} = \overline{11}_{(2)}\overline{110}_{(2)}\overline{010}_{(2)} = 362_{(8)}$。

(2) 二十进制与九进制不能直接转换，利用十进制过渡。

$\overline{61C}_{(20)} = 6 \times 20^2 + 1 \times 20^1 + 12 \times 20^0 = 2432 = 3302_{(9)}$。

```
9 | 2432 …… 2
9 |  270 …… 0
9 |   30 …… 3
9 |    3 …… 3
        0
```

针对性练习

练习 ❶ 把下面进制转换为十进制。

(1) $21021_{(3)} = $ _____   (2) $5034_{(8)} = $ _____

(3) $6321_{(7)} = $ _____   (4) $30241_{(5)} = $ _____

练习❷ 把下面进制转换为十进制。

(1) $342.12_{(5)}$ = _____ (2) $542\frac{12}{35}_{(8)}$ = _____

(3) $\overline{10AC}_{(16)}$ = _____

练习❸ 把十进制转换为指定进制。

(1) 678 = _____$_{(7)}$ (2) 2146 = _____$_{(6)}$

(3) 23056 = _____$_{(15)}$ (4) 360.86 = _____$_{(8)}$

练习❹ 进制转换。

(1) $1010111101_{(2)}$ = _____$_{(8)}$ (2) $1210212_{(3)}$ = _____$_{(9)}$

(3) $1298_{(16)}$ = _____$_{(4)}$ (4) $1534_{(9)}$ = _____$_{(12)}$

练习参考答案

练习题号	练习1	练习2	练习3	练习4
参考答案	(1) 196 (2) 2588 (3) 2220 (4) 1946	(1) 97.28 或 $97\frac{7}{25}$ (2) $354\frac{10}{29}$ (3) 4268	(1) 1656 (2) 13534 (3) $\overline{6C71}$ (4) $550\frac{53}{62}$	(1) 1275 (2) 1725 (3) 1022120 (4) 811
解答提示	幂和展开	小数部分扩倍	倒序取余	三、九进制直接转换

SL-10　进制的运算

神器内容	不同进制下都可以进行加、减、乘、除运算,基本规则与十进制下的四则运算相同,不同的是,在 $n(n \geq 2)$ 进制下,满 n 进1,借1为 n。
要点与说明	同一进制做运算,加减乘除都方便。 计算规则都不变,满 n 进1是关键。

神器溯源

在同一进制下的两个数都可以进行四则运算,在运算过程中,如果都是 $n(n \geq 2)$ 进制,那么就需要满 n 进1,借1为 n。由于除法需要试商,比较困难,可以先转换为十进制下的运算,得到的结果再转换为原来的进制。

例题精讲

例题 1-1 做指定进制下的运算。

(1) $111001_{(2)} + 10101_{(2)} = $ ＿＿＿＿＿$_{(2)}$

(2) $32125_{(6)} + 2534_{(6)} = $ ＿＿＿＿＿$_{(6)}$

(3) $111001_{(2)} - 10101_{(2)} = $ ＿＿＿＿＿$_{(2)}$

(4) $32125_{(6)} - 2534_{(6)} = $ ＿＿＿＿＿$_{(6)}$

答案: (1)1001110　(2)35103　(3)100100　(4)25151

【解答】 列竖式,数位对齐,满 n 进1,借1为 n。

(1) 二进制下
$$\begin{array}{r} 1\,1\,1\,0\,0\,1 \\ +\ \ \ 1\,0\,1\,0\,1 \\ \hline 1\,0\,0\,1\,1\,1\,0 \end{array}$$

(2) 六进制下
$$\begin{array}{r} 3\,2\,1\,2\,5 \\ +\ \ 2\,5\,3\,4 \\ \hline 3\,5\,1\,0\,3 \end{array}$$

(3) 二进制下
$$\begin{array}{r} 1\,1\,1\,0\,0\,1 \\ -\ \ \ 1\,0\,1\,0\,1 \\ \hline 1\,0\,0\,1\,0\,0 \end{array}$$

(4) 六进制下
$$\begin{array}{r} 3\,2\,1\,2\,5 \\ -\ \ 2\,5\,3\,4 \\ \hline 2\,5\,1\,5\,1 \end{array}$$

(1)$111001_{(2)}+10101_{(2)}=1001110_{(2)}$

(2)$32125_{(6)}+2534_{(6)}=35103_{(6)}$

(3)$111001_{(2)}-10101_{(2)}=100100_{(2)}$

(4)$32125_{(6)}-2534_{(6)}=25151_{(6)}$

例题 1-2 做指定进制下的运算。

(1)$2314_{(5)}\times132_{(5)}=$ _____ $_{(5)}$ (2)$612_{(8)}\times534_{(8)}=$ _____ $_{(8)}$

(3)$23102_{(4)}\div103_{(4)}=$ _____ $_{(4)}$

答案：(1)422103　(2)413630　(3)212

【解答】列竖式，数位对齐，满 n 进 1。

(1) 五进制下
```
        2 3 1 4
    ×   1 3 2
    ─────────
      1 0 1 3 3
    1 3 0 0 2
    2 3 1 4
    ─────────
    4 2 2 1 0 3
```

(2) 八进制下
```
        6 1 2
    ×   5 3 4
    ─────────
        3 0 5 0
      2 2 3 6
    3 6 6 2
    ─────────
    4 1 3 6 3 0
```

八进制下
```
        6 1 2
    ×   5 3 4
    ─────────
        24 4 8
      18 3 6
    30 5 10
    ─────────
    30 23 37 10 8
    4  1  3  6  3 0
```

(3) 四进制下
```
            2 1 2
      ┌─────────
  103 │ 2 3 1 0 2
        2 1 2
        ─────
          1 3 0
          1 0 3
          ─────
            2 1 2
            2 1 2
            ─────
                0
```

(1)$2314_{(5)}\times132_{(5)}=422103_{(5)}$　(2)$612_{(8)}\times534_{(8)}=413630_{(8)}$

(3)$23102_{(4)}\div103_{(4)}=212_{(4)}$

例题 2 一个自然数在六进制下表示为 $\overline{abc}$，在八进制下表示为 $\overline{bca}-\overline{bb}$，那么这个数在十进制下表示最大为_____。

答案：202

【解答】根据题意，$\overline{abc}_{(6)}=\overline{bca}_{(8)}-\overline{bb}_{(8)}$。

$36a+6b+c=64b+8c+a-8b-b$

$5a=7b+c$

首先 a 小于 6，最大只能为 5，此时 $b=3,c=4$。

所以 $534_{(6)} = 5 \times 6^2 + 3 \times 6^1 + 4 \times 6^0 = 202$。

针对性练习

练习❶ 做指定进制下的运算。

(1) $32104_{(5)} + 3421_{(5)} = $ _____$_{(5)}$

(2) $72125.4_{(9)} + 2584.7_{(9)} = $ _____$_{(9)}$

(3) $50245_{(7)} - 3456_{(7)} = $ _____$_{(7)}$

(4) $20256_{(8)} - 6554.3_{(8)} = $ _____$_{(8)}$

练习❷ 做指定进制下的运算。

(1) $321_{(4)} \times 123_{(4)} = $ _____$_{(4)}$

(2) $2025_{(6)} \times 36_{(8)} = $ _____$_{(9)}$

(3) $57.4_{(11)} \times 236_{(11)} = $ _____$_{(11)}$

(4) $3452_{(6)} \div 32_{(6)} = $ _____$_{(6)}$

练习❸ 已知算式"$345 \times 543 = 211866$"在 n 进制下成立，那么 $n = $ _____。

练习❹ 已知 $1 \times 5^a + 2 \times 5^b + 3 \times 5^c = 3450$，那么 $\overline{abc} = $ _____。

练习❺ 一个数的七进制表示为 $\overline{abc}$，九进制表示为 $\overline{cba}$，那么这个数的八进制表示为_____。

练习❻ 一个九进制下多位数的数字和为 $2056_{(9)}$，那么这个多位数被 8 除余_____，被 10 除_____。

练习❼ $(3^{2028} + 3^{200} + 1)$ 被 26 除，所得余数为_____。

练习参考答案

练习题号	练习1	练习2	练习3	练习4
参考答案	(1)41030 (2)74721.2 (3)43456 (4)11501.5	(1)120003 (2)20426 (3)12191.2 (4)105……4	9	532
解答提示	满 n 进1,借1为 n	进制转换	个位乘积考虑	五进制
练习题号	练习5	练习6	练习7	
参考答案	370	5 9	11	
解答提示	不同进制下幂和展开	考虑数字和	转换为三进制	

SL-11　进制的运用

神器内容	利用不同进制下数的排列,可以进行计数。
要点与说明	不同进制能计数,不用枚举也能做。 根据进制作对应,准确做对很轻松。

神器溯源

不同进制下,都可以进行计数。每种进制都能构造一个有序的公差为1的等差数列。这个数列与十进制下的自然数列一一对应。例如,四进制下的等差数列为:

0、1、2、3、10、11、12、13、20、21、22、23、30、31、32、33、100、101、102、…

如果是四个不同的数字组数,其对应关系有所变化。例如,四个不同数字是1、2、3、4,观察其组数与四进制的对应规律。

四进制	1	2	3	10	11	12	13	20
组数列	1	2	3	4	11	12	13	14

四进制	21	22	23	30	31	32	33	100
组数列	21	22	23	24	31	32	33	34

四进制	101	102	103	110	111	112	113	120
组数列	41	42	43	44	111	112	113	114

四进制	121	122	123	130	131	132	133	200
组数列	121	122	123	124	131	132	133	134

……

观察对应不同的两个数,错误发生在一个进位而另一个没有进位,见到数字0,做退位处理即可。从数字0前一位借1为n,写到对应位置。如"30"从3上面借1为4,对应为"24"。"100"从1上面借1为4,对应为"34"。"103"从1上面借1为4,对应为"43"。

例题精讲

例题 1-1 用数字 2、0、3、6 组成的非零自然数从小到大排成一列,那么这个数列的第 108 个数是_____,2036 是其中的第_____个。

答案:2360 75

【解答】(1)我们先来写一下这个数列的前几项:

2、3、6、20、22、23、26、30、32、33、36、…

可以把数字 0、2、3、6,对应着四进制的 0、1、2、3,从而数列变为

1、2、3、10、11、12、13、20、21、22、23、…

(2)转换为四进制,数字对应列表:

四进制数字	0	1	2	3
现有数字	0	2	3	6

$108 = 1230_{(4)}$,对应为现有数字组成的数为 2360,所以这个数列的第 108 个数为 2360。

(3)2036 对应着四进制数 1023,又知 $1023_{(4)} = 1 \times 4^3 + 0 \times 4^2 + 2 \times 4^1 + 3 \times 4^0 = 75$。所以,2036 是这个数列的第 75 个数。

例题 1-2 用数字 2、3、5、6、8 组成的自然数从小到大排列成一列,那么这个数列的第 1000 个数是_____,36883 是其中的第_____个。

答案:23668 1902

【解答】(1)我们观察五进制与不含 0 的五个不同数字组数的对应关系,以 1、2、3、4、5 为例,然后按顺序对应着 2、3、5、6、8:

五进制数字	0	1	2	3	4	(10)
12345		1	2	3	4	5
现有数字		2	3	5	6	8

五进制	1	2	3	4	10	11	12	13	14	20
12345	1	2	3	4	5	11	12	13	14	15
23568	2	3	5	6	8	22	23	25	26	28

五进制	21	22	23	24	30	31	32	33	34	40
12345	21	22	23	24	25	31	32	33	34	35
23568	32	33	35	36	38	52	53	55	56	58

观察规律,在数字出现"0"时,需要把原来的进位退回来,在五进制中,每退1成为下一位的5。

(2)$1000=13000_{(5)}$,退位为12445,对应着23668。所以第1000个数为23668。

(3)对于36883,按顺序对应24552,需要对数字"5"进行进位,又对应着五进制的"30102",$30102_{(5)}=3×5^4+1×5^2+2×5^0=1875+25+2=1902$。

所以,36883是这个数列的第1902个数。

另解:本题也可以直接使用无0五进制转换。$1000=12445_{(5)}$,对应着23668。36883,对应着无0五进制$24552_{(5)}=2×5^4+4×5^3+5×5^2+5×5^1+2×5^0=1250+500+125+25+2=1902$。

例题2 将六枚硬币排成如图所示的一行(注意以向上的面为准定顺序)。如果存在字面朝上的硬币,那么可以从字面朝上的硬币中选择一枚,把以这枚硬币为左起第一枚的连续若干枚硬币同时翻面(也可以只翻这一枚),这称为一次操作,那么当所有硬币字面都朝下时,停止操作,最多可以进行_____次操作。

答案:53

【解答】把硬币正面看作1,背面看作0,那么开始状态为二进制六位数110101。

从最简单情况归纳:

$1⇒0$,1次。

$10⇒01⇒00$,2次。

$11⇒10⇒01⇒00$,3次。

$100⇒11⇒10⇒01⇒00$,4次。

$101⇒100⇒11⇒10⇒01⇒00$,5次。

……

每次操作最少减少1,而$110101_{(2)}=32+16+4+1=53$,至少操作53次变为0。

针对性练习

练习❶ 用数字0、3、6组成的非零自然数从小到大排成一列,那么这个数列的第200个数是_____,3036是其中的第_____个数。

练习❷ 用数字1、0、3、6、8组成的非零自然数从小到大排成一列,那么这个数列的第220个数是_____,6138是其中的第_____个数。

练习❸ 用数字1、8、3、6组成的非零自然数从小到大排成一列,那么这个数列的第400个数是_____,36816是其中的第_____个数。

练习❹ 在十进制中,不含数字"0"、"4"和"7"的自然数从小到大排列,第1000个数是_____,6953是其中的第_____个数。

练习❺ 一个数列,每项要么是4的几次方,要么是几个4的几次方的1倍或2倍的和。

1、2、4、5、6、8、9、10、16、17、18、20、21、…

那么这个数列的第200项为_____。

练习❻ 将五枚硬币排成如图所示的一行(注意以向上的面为准定顺序)。如果存在字面朝上的硬币,那么可以从字面朝上的硬币中选择一枚,把以这枚硬币为左起第一枚的连续若干枚硬币同时翻面(也可以只翻这一枚),这称为一次操作,那么当所有硬币字面都朝下时,停止操作,最多可以进行_____次操作。

练习参考答案

练习题号	练习1	练习2	练习3	练习4
参考答案	63306 32	1680 414	11868 775	2828 2089
解答提示	含0 三进制	含0 五进制	无0 四进制	无0 七进制
练习题号	练习5	练习6		
参考答案	594	29		
解答提示	四进制数字看作三进制	二进制		

SL-12　进制下的整数分拆

神器内容	（1）从 1、2、2^2、2^3、2^4、…中选出若干个互不相同的数，它们的和为 N。选数方法就是把 N 转化为二进制，0 代表不选，1 代表选用。 （2）从 1、3、3^2、3^3、3^4、…中选出若干个数（每个数字最多选用 2 次），它们的和为 N。选数方法就是把 N 转化为三进制，0 代表不选，1 代表选用 1 次，2 代表选用 2 次。 （3）从 1、3、3^2、3^3、3^4、…中选出若干个互不相同的数，用它们列出的加减算式的结果为 N。选数方法就是把 N 转化为广义三进制，0 代表不选，1 代表选用且为加数，-1 代表选用且为减数。
要点与说明	自然数，来分拆，等比条件摆出来。 选出之数加或减，是否重复是条件。 根据公比用进制，解答题目很容易。 短除竖式要列出，原来余数可为负。

神器溯源

（1）从 1、2、2^2、2^3、2^4、…中选出若干个互不相同的数，它们的和为 N。

选数方法就是把 N 转化为二进制：

$N = \overline{a_n a_{n-1} \cdots a_1 a_{0}}_{(2)} = a_n \times 2^n + a_{n-1} \times 2^{n-1} + \cdots a_1 \times 2^1 + a_0 \times 1$（$a_i = 0$ 或 1，$i = 0、1、2、\cdots、n$）。

（2）从 1、3、3^2、3^3、3^4、…中选出若干个数（每个数字最多选用 2 次），它们的和为 N。

选数方法就是把 N 转化为三进制：

$N = \overline{a_n a_{n-1} \cdots a_1 a_{0}}_{(3)} = a_n \times 3^n + a_{n-1} \times 3^{n-1} + \cdots a_1 \times 3^1 + a_0 \times 1$（$a_i = 0、1$ 或 2，$i = 0、1、2、\cdots、n$）。

（3）从 1、3、3^2、3^3、3^4、…中选出若干个互不相同的数，用它们列出的加减算式的结果为 N。

选数方法就是把 N 转化为广义三进制，余数可以为 -1：

$N = \overline{a_n a_{n-1} \cdots a_1 a_0}_{(3)} = a_n \times 3^n + a_{n-1} \times 3^{n-1} + \cdots a_1 \times 3^1 + a_0 \times 1 (a_i = 0, 1$ 或 -1，$i = 0、1、2、\cdots、n)$。

例题精讲

例题 1 有七张卡片，分别写有数 1、2、4、8、16、32、64。是否能从中选出几张卡片，使得卡片上的数之和为 100。如果能，给出一种凑法。如果不能，请说明理由。

答案：$100 = 64 + 32 + 4$

【解答】$100 = 1100100_{(2)} = 2^6 + 2^5 + 2^2 = 64 + 32 + 4$

例题 2-1 现有写着 1、3、9、27、81、243、729 的卡片各两张。能否从中取出若干张，使得它们的和为 2023。若能，给出一种取法。若不能，说明理由。

答案：$2023 = 729 + 729 + 243 + 243 + 27 + 27 + 9 + 9 + 3 + 3 + 1$

【解答】$2023 = 2202221_{(3)}$
$= 2 \times 3^6 + 2 \times 3^5 + 2 \times 3^3 + 2 \times 3^2 + 2 \times 3^1 + 1 \times 3^0$
$= 2 \times 729 + 2 \times 243 + 2 \times 27 + 2 \times 9 + 2 \times 3 + 1 \times 1$
$= 729 + 729 + 243 + 243 + 27 + 27 + 9 + 9 + 3 + 3 + 1$

例题 2-2 从 1、3、9、27、81、243、729、2187 中选出若干个不同的整数，组成一个加减混合算式，其结果为 2023，那么这个算式为：$2023 = $ _____。

答案：$2023 = 2187 - 243 + 81 - 3 + 1$

【解答】根据短除，余数不能为 2，却可以为 -1，得到
$2023 = \overline{10(-1)100(-1)1}_{(3)}$
$= 1 \times 3^7 + (-1) \times 3^5 + 1 \times 3^4 + (-1) \times 3^1 + 1 \times 3^0$
$= 2187 - 243 + 81 - 3 + 1$

3	2023	……	1
3	674	……	-1
3	225	……	0
3	75	……	0
3	25	……	1
3	8	……	-1
3	3	……	0
3	1	……	1
	0		

针对性练习

练习 ❶ 有八张卡片，分别写有数 1、2、4、8、16、32、64、128。从中选出几张卡片，使得卡片上的数之和为 180，则 $180 = $ _____。

练习❷　现有写着 1、3、9、27、81、243、729 的卡片各两张。从中取出若干张，使得它们的和为 1234,那么这个算式为 1234＝_____。

练习❸　从 1、3、9、27、81、243、729 中选出若干个不同的整数,组成一个加减混合算式,其结果为 800。这个算式为 800＝_____。

练习❹　有一架天平,两端托盘都能放砝码。有 1 克、3 克、9 克、27 克、81 克的砝码各一个。如何利用这架天平称出 100 克的物品,请给出称量方法。

练习❺　读心术:让一名学生走上讲台,允许他心中想一个 1～30 中的正整数,然后让他观察下面的五张纸条。他只需告诉老师心中所想的数"不在"哪些纸条上,那么老师就能立即知道他心中所想的数是多少。比如他心中所想的数不在第①张、第③张上,那么老师就知道他心中所想的数是 26。你知道老师是怎么计算的吗？请说明其中的道理。

第①张	1	3	5	7	9	11	13	15	17	19	21	23	25	27	29
第②张	2	6	10	14	18	22	26	30	3	7	11	15	19	23	27
第③张	4	6	12	14	20	22	28	30	5	7	13	15	21	23	29
第④张	8	10	12	14	24	26	28	30	9	11	13	15	25	27	29
第⑤张	16	18	20	22	24	26	28	30	17	19	21	23	25	27	29

练习❻ 下面数列从第二项开始,每项都是前项的2倍,这个数列叫作"等倍数列"。

1、2、4、8、16、32、…

从等倍数列中选取几个不同的数(至少2个),按照从大到小的顺序排列,然后在它们之间添上"－、＋、－、＋、…"得到一个算式。

例如:1＝2－1,2＝4－2,3＝4－2＋1＝4－1,4＝8－4,5＝8－4＋1＝8－4＋2－1,…

那么,2026是否可以用这种方式表达出来?若可以,能有几种表达方法?若不能,请说明理由。

练习参考答案

练习题号	练习1	练习2	练习3	练习4
参考答案	180＝128＋32＋16＋4	1234＝729＋243＋243＋9＋9＋1	800＝729＋81－9－1	100＝81＋27－9＋1
解答提示	转换为二进制	转换为三进制	广义三进制	广义三进制
练习题号	练习5	练习6		
参考答案	所在纸条的第一个数相加	2种:2026＝ (1)2048－32＋16－8＋2 (2)2048－32＋16－8＋4－2		
解答提示	"在"记作1,"不在"记作0	大小两边夹		

46

SL-13 整除符号及性质

神器内容	对于整数 a、$b(b\neq 0)$，若 $a\div b=q$，或 $a=b\times q$，则 $b\mid a$。
要点与说明	除法之商可不看，整除定性最关键。 加减除数整数倍，整除结论都不变。 无关因子都去掉，简化分析要熟练。

神器溯源

1. 整除定义

对于两个整数 $a,b(b\neq 0)$，若存在另一个整数 q，使得 $a\div b=q$ 或 $a=b\times q$ 成立，则称 b 能整除 a，或 a 能被 b 整除，记作：$b\mid a$。反之，如果不存在整数 q，使得上面的式子成立，则称 b 不能整除 a，或 a 不能被 b 整除，记作：$b\nmid a$。例如，因为 $20\div 5=4$，所以称 5 能整除 20，或 20 能被 5 整除，记作：$5\mid 20$。

2. 整除性质

(1) $1\mid a$；$b\mid 0(b\neq 0)$；$c\mid c(c\neq 0)$。

1 能整除任意整数；任何非零自然数都能整除 0；任何非零自然数都能整除它本身。

(2) 若 $a\mid b$，$b\mid c$，则 $a\mid c$。

数的整除具有传递性。例如，若 $3\mid 6$，$6\mid 30$，则 $3\mid 30$。

(3) 若 $a\mid b$，则 $a\mid kb$（k 为整数）。

当一个整数能整除另一个整数时，那么另一个整数的任意整数倍也能被这个整数整除，也就是说被除数可以任意变整数倍。如 $3\mid 6$，则 $3\mid 6k$（k 为整数）。

注意：反过来一般不成立。例如，$6\mid 4\times 9$，但 6 不能整除 4 和 9 中的任一个数。只有当 p 为质数时，$p\mid ab$，则 $p\mid a$ 或 $p\mid b$。

(4) 若 $a\mid bc$，且 $(a,b)=1$，则 $a\mid c$。

既然 a 与 b 互质，属于无关因子，可以忽略这个无关因子，转而考虑 a 能整除 c。例如，$7\mid 3(x-2)$，因为 7 与 3 互质，则 $7\mid (x-2)$。

(5) 若 $a\mid b$，则 $a\mid (b\pm ak)$（k 为整数）。

最常用的整除符号推导理论之一：如果 a 整除 b，可以任意增加或减少除数的

整数倍,影响的只是商的大小,而整除符号的使用根本不关心商是多少,只是整除的定性表述,这样不改变原来的整除性。例如,$4|(9x-15) \Rightarrow 4|(9x-15-4x-4x+4\times 3) \Rightarrow 4|(x-3)$。

(6)若$a|b,a|c$,则$a|(mb \pm nc)$(m、n均为整数)。

最常用的整除符号推导理论之二:它是许多整除推理的理论依据。一个数同时整除两个整数,那么一定能整除这两个整数的线性组合。例如,若$9|(20x+37)$,可以先从$20x+37$中减去9的倍数$18x+36$,得到差是$2x+1$,$2x+1$就被9整除。这样式子就化简了,看上去变"小"了。推导过程简写如下:

$9|(20x+37) \Rightarrow 9|(2x+1) \Rightarrow 9|(2x+1+9) \Rightarrow 9|2(x+5) \Rightarrow 9|(x+5)$。

(7)若$a|c,b|c$,则$[a,b]|c$。

特别地,当$(a,b)=1$,即a与b互质,同时只能被1整除时,$ab|c$。

最常用的整除符号推导理论之三:两个整数能同时整除一个整数,那么这两个整数的最小公倍数一定整除这个整数。例如,12的整除特征可以转化为12的因数的整除特征,虽然$12=2\times 6=3\times 4$,但不能认为既能被2整除又能被6整除的数,就能被12整除,因为2和6不互质。数必须既能被3整除又能被4整除,才能保证能被12整除。

(8)若$a \div b = q \cdots\cdots r(r>0)$,则$b|(a-r)$。

带余数的除法也能转化为整除问题,$a-r=b\times q$,被除数减去余数就是除数的倍数,或者采用"余同作差"法。

例题精讲

例题 1-1 整除符号推导,求自然数x的最小值。

(1)$11|(365x-2028)$ (2)$17|\overline{26x8x9}$

答案:(1)2   (2)8

【解答】

(1)$11|(365x-2028) \Rightarrow 11|(365x-2028-363x+2024) \Rightarrow 11|(2x-4) \Rightarrow 11|2(x-2) \Rightarrow 11|(x-2) \Rightarrow x_{\min}=2$。

(2)$17|\overline{26x8x9} \Rightarrow 17|(260809+1010x) \Rightarrow 17|(7x+12) \Rightarrow 17|(-10x+80) \Rightarrow 17|(x-8) \Rightarrow x=8$。

例题 1-2 一个三位数,如果加上3能被11整除。如果减去6是29的倍数,那这个数最大为_____。

答案：789

【解答】 设这个三位数为 $29x+6$，则
$11|(29x+6+3) \Rightarrow 11|(9-4x) \Rightarrow 11|(-2-4x) \Rightarrow 11|(2x+1) \Rightarrow 11|(2x+12) \Rightarrow 11|(x+6) \Rightarrow x=5$。

这个三位数最小为 $29 \times 5 + 6 = 151$。

这个三位数最大为 $151 + [11,29] \times 2 = 789$。

例题 2 利用整除符号，求不定方程的自然数解。

(1) $12x + 29y = 520$ (2) $11x - 37y = 699$

答案：(1) $\begin{cases} x=24 \\ y=8 \end{cases}$ (2) $\begin{cases} x=77 \\ y=4 \end{cases}, \begin{cases} x=114 \\ y=15 \end{cases}, \begin{cases} x=151 \\ y=26 \end{cases}, \begin{cases} x=188 \\ y=37 \end{cases}, \cdots$

【解答】 (1) $12|(520-29y) \Rightarrow 12|(4-5y) \Rightarrow 12|(40-5y) \Rightarrow 12|(8-y)$，$y=8+12k$（$k$ 为整数）。

当 $y=8$ 时，$x=(520-29\times 8)\div 12=24$，$x=24-29k$。

所以，不定方程的解为 $\begin{cases} x=24-29k \\ y=8+12k \end{cases}$。

此不定方程的自然数解为 $\begin{cases} x=24 \\ y=8 \end{cases}$。

(2) $11|(699+37y) \Rightarrow 11|(6+4y) \Rightarrow 11|(3+2y) \Rightarrow 11|(2y-8) \Rightarrow 11|(y-4)$，$y=4+11k$（$k$ 为整数）。

当 $y=4$ 时，$x=(699+37\times 4)\div 11=77$，$x=77+37k$。

所以，不定方程的解为 $\begin{cases} x=77+37k \\ y=4+11k \end{cases}$。

当 $k=0、1、2、3、\cdots$，此时得到不定方程的自然数解为 $\begin{cases} x=77 \\ y=4 \end{cases}, \begin{cases} x=114 \\ y=15 \end{cases}, \begin{cases} x=151 \\ y=26 \end{cases}, \begin{cases} x=188 \\ y=37 \end{cases}, \cdots$。

两者之差为定值，被减数增加一个 37，对应着减数增加 11。所以这个不定方程有无数个自然数解。

针对性练习

练习❶ 整除符号推导,求自然数 x 的最小值。

(1) $5 \mid (156x+213)$ 　　　　(2) $9 \mid (218-125x)$

练习❷ 整除符号推导,求自然数 x 的值。

(1) $8 \mid \overline{6x3x}$ 　　　　(2) $19 \mid \overline{5xx35}$

练习❸ 已知 $21 \mid \overline{6a7b8}$,那么 $a+b$ 最小值为_____。

练习❹ 解不定方程,判断是否有自然数解,若有,请求出来。

(1) $6x+17y=148$ 　　(2) $35x-19y=36$ 　　(3) $35x+14y=234$

练习❺ 一个两位数,如果加上8能被9整除,如果加上9能被11整除,那么这个数加上11被8除余_____。

练习❻ 一个自然数,如果扩大到5倍再减去1能被19整除,如果扩大到2倍再加上4是17的倍数,那么这个自然数最小为_____。

练习参考答案

练习题号	练习1	练习2	练习3	练习4
参考答案	(1)2 (2)7	(1)2 (2)4	6	(1) $\begin{cases} x=2 \\ y=8 \end{cases}$, $\begin{cases} x=19 \\ y=2 \end{cases}$ (2) $\begin{cases} x=7+19t \\ y=11+35t \end{cases}$ (t 为整数) (3)无自然数解
解答提示	每次加减除数的整数倍	位值原则展开	分成3和7推导	(1)(2)整除符号推导。 (3)与7倍矛盾
练习题号	练习5	练习6		
参考答案	1	270		
解答提示	两位数答案唯一	整除符号推导		

SL-14 截位相加法

神器内容	(10^n-1)的整除特征：从右向左 n 位一截相加，得到的和能被(10^n-1)整除时，这个数就能被(10^n-1)整除。
要点与说明	n 个9，去整除，右边截位要清楚。 n 位一截来相加，余数判断能秒杀。 此数其实是队长，约数整除用得上。

神器溯源

(10^n-1)的整除特征：从右向左 n 位一截相加，得到的和能被(10^n-1)整除时，这个数就能被(10^n-1)整除。

当 $n=1$ 时，一位一截来相加，和被9除的余数等于原数被9除的余数，或者9个9个扔弃，弃九法。

当 $n=2$ 时，两位一截来相加，和被99除的余数等于原数被99除的余数。

当 $n=3$ 时，三位一截来相加，和被999除的余数等于原数被999除的余数。

……

每个数的整除特征，也适用于它的约数的整除特征。如999的整除特征是三位一截相加求和判断，那么999的约数333、111、37、27的整除性质也可以三位一截求和判断，甚至9、3的整除特征也可以三位一截求和判断。

下面以99的整除特征为例，举此特例来推导两位一截求和判断的理论依据。

设 $N=\overline{abcd}$（b、c、d 均为两位数，a 的位数不限），则

$$N=\overline{abcd}=1000000a+10000b+100c+d$$
$$=(999999a+9999b+99c)+(a+b+c+d)$$
$$=99(10101a+101b+c)+(a+b+c+d)$$

若 $99|N$，则

$99|N \Rightarrow 99|\overline{abcd} \Rightarrow 99|[99(10101a+101b+c)+(a+b+c+d)] \Rightarrow 99|(a+b+c+d)$。

若 $99|(a+b+c+d)$，则

$99|(a+b+c+d) \Rightarrow 99|[99(10101a+101b+c)+(a+b+c+d)] \Rightarrow 99|\overline{abcd} \Rightarrow 99|N$。

例题精讲

例题 1 根据条件求值。

(1) 已知 $\overline{1a2b3c}$ 被 9 整除,那么 $a+b+c$ 的最大值为_____。

(2) 已知 $\overline{20ab028}$ 被 99 除,余数为 16,那么 $\overline{ab}=$ _____。

答案:(1) 21　(2) 58

【解答】(1) $9|\overline{1a2b3c} \Rightarrow 9|(1+a+2+b+3+c) \Rightarrow 9|(a+b+c+6) \Rightarrow a+b+c=9\times 3-6=21$。

所以,$a+b+c$ 的最大值为 21。

其实,如果不是求最大值,$a+b+c$ 的取值可以是 3、12 和 21。共有 $C_5^2+(C_{14}^1-C_3^1\times C_4^2)+C_8^2=111$ 种填法。

(2) $99|(\overline{20ab028}-16) \Rightarrow 99|\overline{20ab0120} \Rightarrow 99|(20+\overline{ab}+01+20) \Rightarrow 99|(\overline{ab}+41) \Rightarrow \overline{ab}=58$。

例题 2 $\underbrace{202520252025\cdots 2025}_{2000个2025}$ 被 37 除,所得余数为_____。

答案:1

【解答】(1) 因为 37 是 999 的约数,可以从右至左三位一截相加求和判断余数。而多位数是四位一组,所以可以得到 12 个数字为一个周期。

$202+520+252+025=999$,$999\div 37=27$。$2000\div 3=666\cdots\cdots 2$。

现在去掉 666 个周期,只需考虑 20252025 被 37 除所得的余数:

$20+252+025=297$,$297\div 37=8\cdots\cdots 1$。

所以,这个数被 37 除,余数为 1。

另解:设这个数被 37 除,余数为 r,则

$37|(\underbrace{202520252025\cdots 2025}_{2000个2025}-r) \Rightarrow 37|(20252025-r) \Rightarrow 37|(20+252+025-r) \Rightarrow 37|(1-r) \Rightarrow r=1$。

针对性练习

练习❶ 求下列各数被指定除数除所得的余数。
(1) 23563(除数 9)　　　　　　(2) 4955122(除数 99)
(3) 47892(除数 27)　　　　　　(4) 2003321(除数 37)

练习❷ (1) 已知 $9 | \overline{6aa8aa}$，则 $a = $ _____。
(2) 已知 $99 | \overline{135ab246}$，则 $\overline{ab} = $ _____。

练习❸ 已知 $37^2 | \underbrace{111\cdots1}_{n个1}$，则 n 的最小值为 _____。

练习❹ 已知 $a = \underbrace{156915691569\cdots1569}_{100个1569}$，那么 a 被 999 除，所得余数为 _____。

练习❺ 把自然数从 100 写到 0，排成一个 193 位数 10099989796959493…6543210，那么这个数被 99 除，所得余数为 _____。

练习参考答案

练习题号	练习1	练习2	练习3	练习4	练习5
参考答案	(1) 1 (2) 73 (3) 21 (4) 30	(1) 1 (2) 78	111	570	28
解答提示	基本练习	截位相加	三位一截	两位一截	两位一截

SL-15　截位减加法

神器内容	(10^n+1)的整除特征：从右向左n位一截并进行减加，得到的结果能被(10^n+1)整除时，这个数就能被(10^n+1)整除。
要点与说明	两个1，在两端，几个0，在中间。 此类数，来整除，右边截位记清楚。 n位一截来减加，余数判断能秒杀。 此数其实是队长，约数整除用得上。

神器溯源

(10^n+1)的整除特征：从右向左n位一截，进行一减一加，交替进行，得到的结果能被(10^n+1)整除时，这个数就能被(10^n+1)整除。

当$n=1$时，一位一截来减加，结果被11除的余数等于原数被11除的余数，就是奇数位上数字之和减去偶数位上数字之和的差被11除余几，这个数就被11除余几。

当$n=2$时，两位一截来减加，结果被101除的余数等于原数被101除的余数。

当$n=3$时，三位一截来减加，结果被1001除的余数等于原数被1001除的余数。

……

每个数的整除特征，也适用于它的约数的整除特征。如1001的整除特征是三位一截减加判断，那么1001的约数143、91、77、13、11、7的整除性质也可以三位一截减加判断。

下面以1001的整除特征为例，举此特例来推导三位一截减加判断的理论依据。

设$N=\overline{abcd}$（b、c、d均为三位数，a的位数不限），则

$$N=\overline{abcd}=10^9 a+10^6 b+10^3 c+d$$
$$=(10^9+1)a+(10^6-1)b+(10^3+1)c+(-a+b-c+d)$$
$$=1001[(10^6-10^3+1)a+(10^3-1)b+c]+(-a+b-c+d)$$

若 $1001|N$，则

$1001|N \Rightarrow 1001|\overline{abcd} \Rightarrow 1001|(-a+b-c+d)$。

若 $1001|(-a+b-c+d)$，则

$1001|(-a+b-c+d) \Rightarrow 1001|1001[(10^6-10^3+1)a+(10^3-1)b+c]+(-a+b-c+d) \Rightarrow 1001|\overline{abcd} \Rightarrow 1001|N$。

我们把7、9、11的整除特征总结如下：

(1) $7|\overline{aaaaaa}$，$7|\overline{ababab}$，$7|\overline{abcabc}$，$7|\overline{abcdabcdabcd}$。

(2) 9的整除特征是可以任意截开，然后相加。

(3) 11的整除特征是奇数位一组截开，然后一减一加。偶数位一组截开，然后相加。

例题精讲

例题1 根据条件求值。

(1) 已知 $\overline{1a2b3c}$ 被11整除，那么 $a+b+c$ 的最大值为_____。

(2) 已知 $\overline{20ab028}$ 被101除，余数为15，那么 $\overline{ab}=$ _____。

答案：(1) 17　(2) 92

【解答】(1) $11|\overline{1a2b3c} \Rightarrow 11|(-1+a-2+b-3+c) \Rightarrow 11|[(a+b+c)-(1+2+3)] \Rightarrow 11|[(a+b+c)-6]$。

所以，$a+b+c$ 的最大值为 $11+6=17$。

(2) $101|(\overline{20ab028}-15) \Rightarrow 101|\overline{20ab013} \Rightarrow 101|(-2+\overline{0a}-\overline{b0}+13) \Rightarrow 101|(a+11-10b) \Rightarrow \overline{ab}=92$。

例题2 $\underbrace{202520252025\cdots2025}_{2000个2025}$ 被77除，所得余数为_____。

答案：31

【解答】(1) 因为77是1001的约数，所以可以从右至左三位一截减加判断余数。而多位数是四位一组，所以可以得到12个数字为一个周期。

$-202+520-252+025=91$，$91 \div 77 = 1 \cdots\cdots 14$。$2000 \div 3 = 666 \cdots\cdots 2$。

现在只需考虑 $20-252+025+666 \times 14 = 9117$ 被77除所得的余数：

$9117 \div 77 = 118 \cdots\cdots 31$

所以，这个数被77除，余数为31。

另解：设这个数被77除，余数为 r，则

$$77 \mid (\underbrace{20252025 2025\cdots 2025}_{2000个2025} - r) \Rightarrow 77 \mid (20-252+025+666\times 14-r) \Rightarrow$$
$$77\mid(9117-r) \Rightarrow 77\mid(31-r) \Rightarrow r=31。$$

针对性练习

练习❶ 求下列各数被指定除数除所得的余数。
(1)23563(除数 11)   (2)4955122(除数 101)
(3)47895(除数 143)   (4)2023586(除数 91)

练习❷ (1)已知 $11\mid \overline{62a8aa}$，则 $a=$ _____。
(2)已知 $13\mid \overline{135aa243}$，则 $a=$ _____。

练习❸ 已知 $117\mid \underbrace{111\cdots 1}_{n个1}$，则 n 的最小值为 _____。

练习❹ 已知 $a=\underbrace{123412341234\cdots 1234}_{100个1234}$，那么 a 被 91 除，所得余数为 _____。

练习❺ 甲、乙、丙、丁、戊和小明六人做猜数游戏。神通的小明设计猜数过程如下：
①小明让甲偷偷地写了一个三位数，并把这个数告诉了乙。
②小明让乙把这个三位数重复写一遍放在后面，形成的六位数告诉丙。
③小明让丙把得到的六位数除以 7，得到的商告诉丁。
④小明让丁把得到的结果除以 11，然后加上 13 的和告诉戊。
⑤小明让戊把得到的结果除以 13，得到的商告诉他(小明)。
甲写的三位数和小明得到的结果有什么关系吗？

练习❻ 把自然数从100写到0,排成一个193位数10099989796959493…6543210,那么这个数被101除,所得余数为_____。

练习❼ 一个不含重复数字的三位数,前两位是9的倍数,后两位是13的倍数,那么这样的三位数有_____个。

练习参考答案

练习题号	练习1	练习2	练习3	练习4
参考答案	(1)1 (2)62 (3)133 (4)19	(1)4 (2)5	18	51
解答提示	基本练习	截位减加	9和13分开考虑	12位为一周期
练习题号	练习5	练习6	练习7	
参考答案	小明得到的结果比甲写的三位数大1	100	6	
解答提示	1001的整除特征	两位一截减加	分类枚举	

SL-16　末尾分析法

神器内容	一个多位数 $\overline{ab}$（b 为 n 位数）被 10^n 除，所得余数是 b。即 $10^n \mid (\overline{ab}-b)$。
要点与说明	10 的整除特征看，个位为 0 是必然。 个位是几就余几，10 的整除不费力。 100 整除看两位，右边两位肯定对。 此数其实是队长，约数整除用得上。

神器溯源

末尾分析法可以是判断 10、100、1000 等的整除特征。10 整除的数末尾一定是 0，100 整除的数末尾一定是 00，1000 整除的数末尾一定是 000，……

2 和 5 的整除特征遵循它们的最小公倍数 10 的整除特征。4 和 25 的整除特征遵循它们的最小公倍数 100 的整除特征。8 和 125 的整除特征遵循它们的最小公倍数 1000 的整除特征……

末尾分析法推导整除特征如下：

设一个多位数 $\overline{ab}$（b 为 n 位数），则

$\overline{ab}-b=10^n a+b-b=10^n a$，$10^n \mid (\overline{ab}-b)$。

这说明 $\overline{ab}$（b 为 n 位数）被 10^n 去除，所得余数是 b。

末尾分析法还用于 $n!$ 的末尾连续 "0" 的个数计算中。由于 $n!$ 在分解质因数时，质因数 2 的个数比质因数 5 的个数多，只需考虑质因数 5 的个数。质因数 5 的个数就是末尾连续 "0" 的个数。

例题精讲

例题 1-1　已知六位数 $\overline{21ab47}$ 被 504 除，所得余数为 11，那么 $\overline{ab}=$ _____。

答案：87

【解答】(1) $\overline{21ab47}-11=\overline{21ab36}$，能被 504 整除。

(2) $504=7\times 8\times 9$，则 $8\mid \overline{b36}$，b 为奇数字，$9\mid \overline{21ab36}$，$a+b=6$ 或 15。

(3)当$\overline{ab}$=15、33、51、69、87时,验证7的整除性。

211536,536－211＝325,不符。213336,336－213＝123,不符。

215136,136－215＝－79,不符。216936,936－216＝720,不符。

218736,736－218＝518＝7×74。

所以$\overline{ab}$=87。

另解：504|($\overline{21ab47}$－11)⇒504|($\overline{210036}$+100$\overline{ab}$)⇒504|(372+100$\overline{ab}$)⇒504|(1860+500$\overline{ab}$)⇒504|(1860－4$\overline{ab}$)⇒504|(348－4$\overline{ab}$)⇒126|(87－$\overline{ab}$)⇒$\overline{ab}$=87。

例题 1-2 图1中最上排有四个数,将相邻两个数的乘积写在它们下面的圆圈内,第二排的三个数填好,再次填入第三行、第四行,那么最下面的数的末尾有_____个"0"。

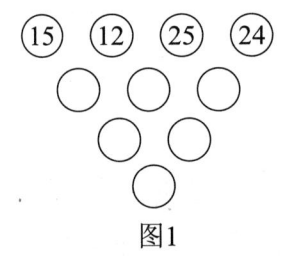

图1

答案：7

【解答】 分别统计因数2和5的个数,末尾连续"0"的个数取决于较小个数,如图2和图3所示。

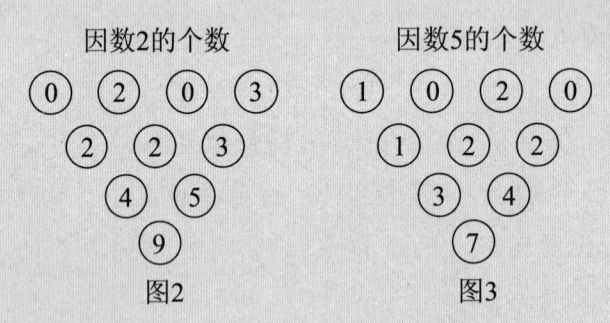

图2   图3

因数2有9个,因数5有7个,所以最下面的数的末尾有7个"0"。

例题 2 把许多连续的自然数1、2、3、4、…乘到一起,如果这个乘积的末尾连续1000位恰好都是"0",那么最后出现的自然数最大应是_____。

答案：4009

【解答】(1)从1开始的连续自然数的乘积,因数2比因数5多,只需考虑因数5的个数,有一个因数5,配一个因数2,就会在乘积的末尾出现一个"0"。

(2)进行估算,如果写到4000,那么因数5的个数为800+160+32+6+1=999,还差1个。

所写的自然数最小为4005,最大为4009。

针对性练习

练习❶ 余数填空:

被除数	5201314														
除数	2	3	4	5	6	7	8	9	10	11	12	13	14	15	16
余数															

练习❷ 在下面方框中填入十个互不相同的数字,使得每个算式成立。所填数字按顺序形成的十位数是_____。

$2\overline{)123\Box}$, $3\overline{)234\Box}$, $4\overline{)345\Box}$, $5\overline{)456\Box}$, $6\overline{)567\Box}$, $7\overline{)678\Box}$, $8\overline{)789\Box}$, $9\overline{)890\Box}$, $11\overline{)103\Box}$, $13\overline{)167\Box}$。

练习❸ 如果七位数 $2026\overline{\Box\Box\Box}$ 能被225整除,而被44除余18,那么它的后三位数是_____。

练习❹ 2055^{1000} 化成多位数时,末两位数是_____。

练习❺ 阶乘1000!的末尾有_____个连续的"0"。

练习❻ 如果 $\underbrace{133\cdots332}_{n\text{个}3}$ 能被1188整除,那么 n 的最小值为_____。

练习参考答案

练习题号	练习1	练习2	练习3	练习4
参考答案	从左至右依次填：0、1、2、4、4、6、2、7、4、8、10、1、6、4、2	8925036147	350	25
解答提示	基本练习	基本练习	先考虑225的倍数	被4除的余数找规律
练习题号	练习5	练习6		
参考答案	249	17		
解答提示	找因数5的个数	27与11分开判断		

SL-17　截尾法整除性判断★

神器内容	一个多位数 $\overline{ab}$(b 为数字)，如果 $p\mid(10k\pm1)$，则 $p\mid(a\mp kb)$ [p 为质数，$(10,p)=1$，k 为整数]。
要点与说明	截去末位看，10 倍已出现。 适当来扩倍，整除能做对。 不要有余数，不然会出错。 整除截尾法，兴趣来激发。

神器溯源

之前的知识点已经学习了 2~16 的整除特征，合数的整除特征又能根据整除性质得到，那么大于 16 的质数是否有整除特征？如果有，是否有通用的方法？有的，那就是截尾整除判断法。

设一个多位数 $N=\overline{ab}$(b 为数字)，p 为质数，k 为整数，则

$N=\overline{ab}=10a+b=10a\pm10kb\mp10kb+b=10(a\pm kb)\mp(10k\mp1)b$

前提条件是 $(10,p)=1$，$p\mid(10k\mp1)$。

如果 $p\mid N$，那么 $p\mid N\Rightarrow p\mid\overline{ab}\Rightarrow p\mid[10(a\pm kb)\mp(10k\mp1)b]\Rightarrow p\mid10(a\pm kb)\Rightarrow p\mid(a\pm kb)$。

如果 $p\mid(a\pm kb)$，那么 $p\mid(a\pm kb)\Rightarrow p\mid[10(a\pm kb)\mp(10k\mp1)b]\Rightarrow p\mid(10a+b)\Rightarrow p\mid\overline{ab}\Rightarrow p\mid N$。

当 $p=17$ 时，$3\times17=50+1$，则 17 的整除特征为 $p\mid(a-5b)$。

当 $p=19$ 时，$1\times19=20-1$，则 19 的整除特征为 $p\mid(a+2b)$。

当 $p=23$ 时，$3\times23=70-1$，则 23 的整除特征为 $p\mid(a+7b)$。

当 $p=29$ 时，$1\times29=30-1$，则 29 的整除特征为 $p\mid(a+3b)$。

当 $p=31$ 时，$1\times31=30+1$，则 31 的整除特征为 $p\mid(a-3b)$。

当 $p=37$ 时，$3\times37=110+1$，则 31 的整除特征为 $p\mid(a-11b)$（当然，也可以按 999 的约数进行三位一截）。

当 $p=41$ 时，$1\times41=40+1$，则 41 的整除特征为 $p\mid(a-4b)$。

......

注意：

(1)截尾判断法，只适用于整除判断，不适用于余数判断，用于余数判断会出错。

(2)截尾整除法可以连续使用。

(3)依照此方法，可以得到截末两位整除分析。

例题精讲

例题 1-1 证明：一个多位数如果能被59整除，那么这个数截去个位后，再加上个位数字的6倍能被59整除。

答案：见证明。

【证明】设多位数 $N=\overline{ab}$（b 为数字），$(59,10)=1$，则

$N=\overline{ab}=10a+b=10a+60b-60b+b=(10a+60b)-(60b-b)=10(a+6b)-59b$。

当 $59|N \Rightarrow 59|\overline{ab} \Rightarrow 59|[10(a+6b)-59b] \Rightarrow 59|10(a+6b) \Rightarrow 59|(a+6b)$。

反之，当 $59|(a+6b) \Rightarrow 59|10(a+6b) \Rightarrow 59|[10(a+6b)-59b] \Rightarrow 59|\overline{ab} \Rightarrow 59|N$。

所以 $59|N \Leftrightarrow 59|(a+6b)$。

例题 1-2 利用截尾法的整除性，验证下面各数。

(1)417656能被17整除。　　　　(2)656792能被19整除。

答案：见证明。

【证明】设多位数为 $\overline{ab}$（b 为数字），则 $17|\overline{ab} \Leftrightarrow 17|(a-5b)$，$19|\overline{ab} \Leftrightarrow 19|(a+2b)$。

```
 41765|6  ×5         65679|2  ×2
   -30                  +4
 4173|5   ×5         6568|3   ×2
  -25                  +6
 414|8    ×5         657|4    ×2
 -40                  +8
 37|4     ×5         66|5     ×2
 -20                 +10
 17                  76
```

∵17能整除17，所以17能整除417656。　　∵19能整除76，所以19能整除656792。

64

例题 2 一个多位数截去末两位数码，再减去末两位数码的 2 倍。如果得到的差是 67 的倍数，那么原多位数一定是 67 的倍数。

答案：见证明。

【证明】设多位数 $N=\overline{ab}$（b 为两位数码），$(67,100)=1$，则

$N=\overline{ab}=100a+b=100a-200b+200b+b=(100a-200b)+(200b+b)=100(a-2b)+3\times 67b$。

当 $67\mid N\Rightarrow 67\mid\overline{ab}\Rightarrow 67\mid[100(a-2b)+3\times 67b]\Rightarrow 67\mid 100(a-2b)\Rightarrow 67\mid(a-2b)$。

反之，当 $67\mid(a-2b)\Rightarrow 67\mid 100(a-2b)\Rightarrow 67\mid[100(a-2b)+201b]\Rightarrow 67\mid\overline{ab}\Rightarrow 67\mid N$。

所以 $67\mid N\Leftrightarrow 67\mid(a-2b)$。

针对性练习

练习❶ 利用整除特征，判断下列各数是否能被 23 整除。

(1) 126109　　　　　　　　　　(2) 288628

练习❷ 利用整除特征，判断下列各数是否能被 31 整除。

(1) 388089　　　　　　　　　　(2) 288628

练习❸ 整除性推导：一个多位数截去末位数字，再减去末位数字的 4 倍。如果得到的差是 41 的倍数，那么原多位数一定是 41 的倍数。

练习❹ 利用截尾法,探索 43 的整除特征。

练习参考答案

练习题号	练习1	练习2	练习3	练习4
参考答案	(1)能 (2)否	(1)能 (2)否	略	略
解答提示	$23\mid(a+7b)$	$31\mid(a-3b)$	$41\mid(a-4b)$	$43\mid(a+13b)$

SL-18　整除性构造

神器内容	给定数字或限定位数的多位数整除性构造，10、100、1000 的约数优先，其次是 9、99、999 的约数，最后考虑 101、1001 的约数。
要点与说明	整除构造不一般，多种情况是条件。 条件满足有先后，实在不明就去凑。

神器溯源

对于一些给定数字或限定位数，同时满足整除性的多位数构造，往往先考虑尾系 10、100、1000 的约数；其次考虑和系 9、99、999 的约数，其实有时不用考虑和系的情况，它们的位置可以随意调换；最后考虑差系 101、1001 的约数。

例题精讲

例题 1-1 能被 396 整除且各位数字互不相同的十位数中，最小是_____，最大是_____。

答案： 1024375968　9876523140

【解答】(1) $396=4\times9\times11$，0~9 各使用一次。因为数字和 45 为 9 的倍数，所以不论怎么排都是 9 的倍数。如图 1 所示，设奇数位上五个数字之和为 a，偶数位上五个数字之和为 b，则 $\begin{cases}a+b=45\\a-b=11\end{cases}$，$\begin{cases}a=28\\b=17\end{cases}$，如此能保证是 11 和 9 的倍数。然后从极端的最小值和最大值出发，满足条件逐步调整。

图1

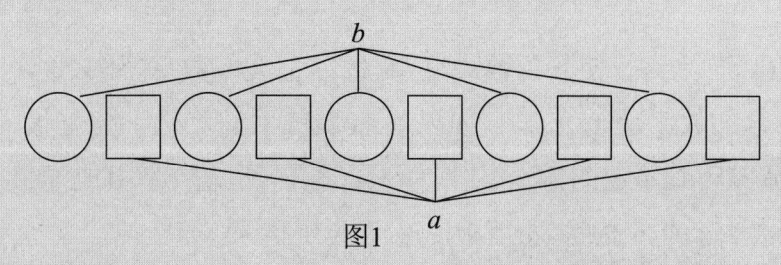

(2) 如图 2 所示，最小的十位数是 1023456789，偶数位的数字之和为 $1+2+4+6+8=21$，与目标 17 相差 $21-17=4$。$8+6+4$ 调整为 $6+5+3$，从而进一步得到 1023456789，再把末两位调整为 4 的倍数，满足所有条件的最小十位数为

67

1024375968，如图3所示。

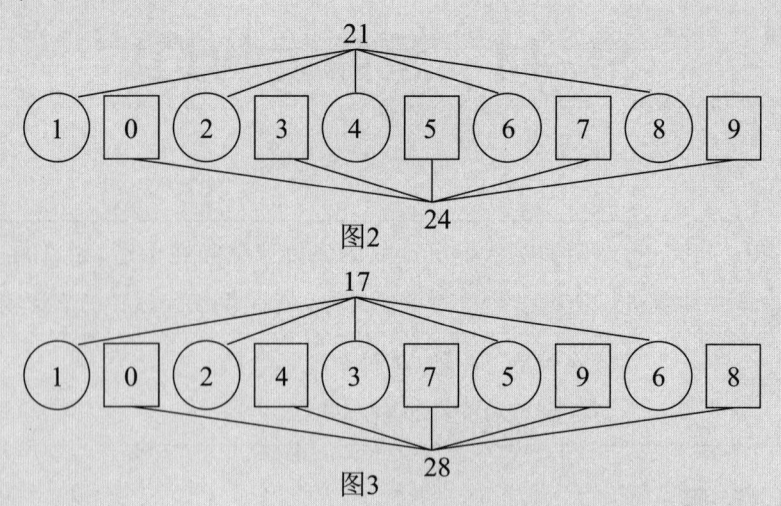

```
         21
    ┌─────┼─────┐
  ①─□─①─□─①─□─①─□─①─□
  1  0  2  3  4  5  6  7  8  9
         │     │
         └──24─┘
        图2
```

```
         17
    ┌─────┼─────┐
  ①─□─①─□─①─□─①─□─①─□
  1  0  2  4  3  7  5  9  6  8
            │  │
            └28┘
        图3
```

(3)最大的十位数是9876543210，奇数位数字之和为8+6+4+2+0=20，与目标17相差20-17=3。如图4所示，4+2+0调整为2+1+0，从而进一步得到满足所有条件的最大十位数为9876523140。

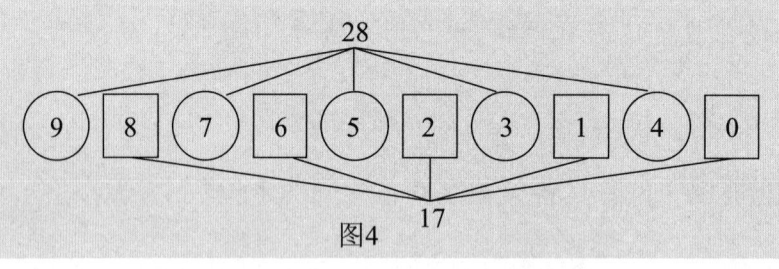

```
         28
    ┌─────┼─────┐
  ①─□─①─□─①─□─①─□─①─□
  9  8  7  6  5  2  3  1  4  0
            │
           17
        图4
```

例题1-2 从1~9这九个数字中选出五个互不相同的数字，组成一个五位数。

(1)选中的数字都不能整除这个数，不选的数字都能整除这个数，那么这个五位数最大为_____。

(2)选中的数字都能整除这个数，不选的数字都不能整除这个数，那么这个五位数最大为_____。

答案：(1)98754　(2)72184

【解答】(1)首先为了使五位数最大，应选尽量大的数字，那么这个五位数最大为98765，不选的数字是1、2、3、4，如果不选2和3，这个数一定能被6整除，所以也不选6。调整得到不选的四个数字为1、2、3、6，所选数字组成的最大五位数为98754，恰能被1、2、3、6整除，不能被9、8、7、5、4整除。

综上所述，这个五位数最大为98754。

(2)已知若所选数字能整除这个五位数，则必选数字1，下面按最大数字讨论。

如果最大数字为9，则这个数能被9整除，也一定是3的倍数，确定了数字1、

· 68 ·

3、9,剩下的两个数字和只能为5或14。若数字和为5=1+4=2+3,则必有重复的数字。若数字和为14=8+6,则这个数是8的倍数,也一定是2和4的倍数,必选2和4,而此时只有9、8、6、2、1,与结果矛盾。

如果最大数字为8,则这个五位数一定被8、4、2、1整除,再从3、5、6、7、9中选一个数字。若选3,则这个数是2和3的倍数,与必选6矛盾。若选5,则所选数字必有0,也矛盾。若选6,则五位数也必是3的倍数,矛盾。又知不能选9,所以另一个数字只能选7。这样得到五位数的数字是8、7、4、2、1。

从五位数最大开始枚举8的倍数,然后验证是否被7整除:

84712,81472,74128,72184,71824,…

从左至右验证得到,能被7整除的最大五位数为72184。

综上所述,满足条件的最大五位数为72184。

例题 2-1 从1~8各一次组成一个八位数,从左至右看,它的前$n(=1、2、3、…、8)$位组成的n位数都能被n整除,那么这个八位数是_____。

答案:38165472

【解答】(1)能被2、4、6、8整除的数的个位数字一定是偶数字,八位数的奇偶排列为:

奇偶奇偶奇偶奇偶

(2)前5位能被5整除,所以第5位数字为5:奇偶奇偶5偶奇偶。

(3)前3位能被3整除,前3位的数字和为3的倍数。前6位能被6整除,前6位数字和也是3的倍数,从而中间的第4、5、6位数字和也是3的倍数。只能为654、258。奇偶奇654奇偶,奇偶奇258奇偶。

(4)后两位一定被3和4整除,且后三位能被8整除,只能为:奇偶奇65472。

(5)第二位上一定是数字8,从而有两种可能:18365472或38165472。

(6)前七位组成的七位数为1836547或3816547,只有3816547能被7整除。

综上所述,这个八位数是38165472。

例题 2-2 已知13能整除$\overline{abcd}$,11能整除$\overline{bcda}$,9能整除$\overline{cdab}$,7能整除$\overline{dabc}$。且不同的字母代表不同的数字,那么$\overline{abcd}=$_____。

答案:3861

【解答】(1)13|$\overline{abcd}$。

(2)11|$\overline{bcda}$⇒11|$(a+c-b-d)$⇒11|$(1001a+99b+11c-a-c+b+d)$⇒

$11|(1000a+100b+10c+d) \Rightarrow 11|\overline{abcd}$。

(3) $9|\overline{cdab} \Rightarrow 9|\overline{abcd}$,所以 $[13,11,9]|\overline{abcd} \Rightarrow 1287|\overline{abcd}$。

(4) 又知 $7|\overline{dabc} \Rightarrow 7|(\overline{abc}-d)$,验证 1287、2574、3861、5148、6435、7722、9009,只有 $7|(386-1) \Rightarrow 7|385$。

综上所述,得到 $\overline{abcd}=3861$。

针对性练习

练习❶ 已知"7□3×3□5"能被 99 整除,那么这个数被 99 整除的商为_____。

练习❷ 将 2、3、4、5、6、7 这六个数字组成一个被 334 整除的六位数,那么这样六位数有_____个。

练习❸ 有 11 户人家乔迁新居,他们的门牌号依次是 01~11。每家给安装一部电话,电话号码也是依次增大且连续的六位数 388□□□,每家都说自己家的电话号码恰好能被自家的门牌号整除。检查发现只有门牌号相邻三家的整除性判断出错,那么门牌号为 10 的这家电话号码为_____。

练习❹ 一个不含重复数字的八位数能被 396 整除,那么这个数最小为_____,最大为_____。

练习❺ 一个七位数的数字互不相同,它能同时被 5、7、9、11、13 整除,那么这个七位数为_____。

练习❻ 1~7 各用一次组成七位数 $\overline{abcdefg}$,满足 $7|\overline{abc}$、$6|\overline{bcd}$、$5|\overline{cde}$、$4|\overline{def}$、$3|\overline{efg}$,那么这个七位数为_____。

练习❼ 一个多位数不含重复数字,它能被它的每个数字整除,那么这个最大为_____。

练习❽ 一类不同数字组成的多位数,相邻两个数字按原来顺序组成的两位数被一位数整除,得到的商仍然是一位数。例如,3564 符合条件,而 130 就不符合条件,那么这样的多位数最大为_____。

练习❾ 已知 a、b、c、d、e、f 是六个互不相同的非零数字,满足 $\dfrac{\overline{abcdef}}{2}=\dfrac{\overline{fabcde}}{3}=\dfrac{\overline{cdefab}}{4}=\dfrac{\overline{defabc}}{5}$,那么 $\overline{abcdef}=$ _____。

练习参考答案

练习题号	练习1	练习2	练习3	练习4	练习5
参考答案	3045	4	388750	10238976 98752104	6801795
解答提示	分别被9和11整除	267534, 273546, 327654, 763524	不能被7、8、9整除	不选两数和为9	从1001入手

练习题号	练习6	练习7	练习8	练习9	
参考答案	4132567	9867312	728163549	285714	
解答提示	首位数字只能为1、4或7	不含0、4、5	0与9都在个位,72⋯49	走马灯数	

· 71 ·

SL-19　质数与合数

神器内容	质数：2、3、5、7、11、13、17、19、23、29、31、37、… 合数：4、6、8、9、10、12、14、15、16、18、20、… 偶质数只有一个：2。
要点与说明	质数理论很重要，数论问题常用到。 它与乘除都有关，分解质数第一步。 质数存在无规律，一百以内要熟记。

神器溯源

对于一个自然数，如果只能写成 1 和它本身相乘的形式，那么这个自然数叫作质数，又称素数。反之，如果还有其他的相乘形式，则称这个自然数为合数。例如，因为 2 只能写成为 2＝1×2，3 只能写成为 3＝1×3，5 只能分解为 5＝1×5，所以 2、3、5 都是质数；因为 4＝2×2，6＝2×3，所以 4、6 都是合数。

也可以从一个自然数的因数的个数来定义质数与合数，对自然数进行分类：

(1) 0：有无数多个因数。（除了 0 本身，其他自然数都是它本身的因数。）

(2) 1：只有一个因数。（1 和本身都是它自己。）

(3) 质数：只有两个因数的自然数。100 以内共有 25 个质数：

2、3、5、7、11、13、17、19、23、29、31、37、41、43、47、53、59、61、67、71、73、79、83、89、97。

(4) 合数：至少有三个因数的自然数。（当然其约数只会有有限多个。）

质数与合数是一组相对的概念，今后学习中不再扩充。奇数与偶数是一组相对的概念，初中的学习中，有负奇数：－1、－3、－5、…；还有负偶数：－2、－4、－6、…。在小学阶段，不论是校内题目还是竞赛题目，一般不考虑负奇数与负偶数。

在自然数的范围内，"质数与合数""奇数与偶数"的关系如下图所示：

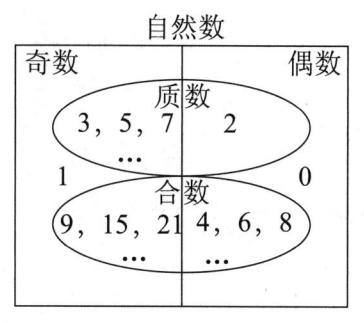

```
              自然数
    奇数              偶数
         质数
      3，5，7    2
        ...
    1             0
         合数
      9，15，21  4，6，8
        ...       ...
```

由图可以看出，既是偶数又是质数的数只有2，其他的质数都是奇质数。利用奇偶性，还能得到下面的结论：

(1)若质数＋质数＝奇数，则其中必有一个质数为2。

(2)若质数＋质数＋质数＝偶数，则其中必有一个质数为2。

例题精讲

例题 1-1 三个质数的乘积比这三个质数之和的7倍大224，那么这三个质数分别是_____、_____、_____。

答案：2　7　41（或5　7　11）

【解答】设这三个质数分别 a、b、c，则

$abc=7(a+b+c)+224$

$abc=7(a+b+c+32)$

因为7能整除 abc，所以必有一个质数为7，不妨设 $a=7$，则

$bc=b+c+39$

$(b-1)(c-1)=40$

由于 b、c 可不分大小，共有以下4种情况：

$\begin{cases}b-1=1\\c-1=40\end{cases}$, $\begin{cases}b-1=2\\c-1=20\end{cases}$, $\begin{cases}b-1=4\\c-1=10\end{cases}$, $\begin{cases}b-1=5\\c-1=8\end{cases}$。

$\begin{cases}b=2\\c=41\end{cases}$, $\begin{cases}b=3\\c=21\end{cases}$, $\begin{cases}b=5\\c=11\end{cases}$, $\begin{cases}b=6\\c=9\end{cases}$。

所以，这三个质数可以为2、7、41，或者5、7、11。

例题 1-2 已知 p 为两位质数，且 $p+12$、$p+14$、$p+18$、$p+30$ 均为质数，那么 p 最大为_____。

答案：29

【解答】(1)首先考虑 p 是被3除余几的质数,12、14、18、30都是被3除余0或2,那么 p 一定是被3除余2,即 $3|(p-2)$,因为当 p 被3除余0时,则 $p+12$、$p+18$、$p+30$ 都是3的倍数。当 p 被3除余1时,则 $p+14$ 是3的倍数。

(2)再把 p 按被5除所得的余数进行分类:

当 p 被5除余0时,则 $5|(p+30)$。

当 p 被5除余1时,则 $5|(p+14)$。

当 p 被5除余2时,则 $5|(p+18)$。

当 p 被5除余3时,则 $5|(p+12)$。

所以,p 是被5除余4的质数,即 $5|(p-4)$。

这样 $3|(p-2)$,$5|(p-4)$,则 $3|(p-14)$,$5|(p-14)$,$15|(p-14)$。p 最小为14,最大为 $14+15\times5=89$。

验证:$89+12=101,89+14=103,89+18=107,89+30=119$,而119不是质数。

退而求其次,当 $p=59$ 时,$59+12=71,59+14=73,59+18=77,59+30=89$,而77不是质数。

当 $p=29$ 时,$29+12=41,29+14=43,29+18=47,29+30=59$,都是质数。

所以,两位质数 p 最大为29。

例题2 一个质数,它的数字任意调换位置,得到的新数仍是质数,那么这样的质数称为"乱序质数"。如31是乱序质数,因为31和13都是质数。59不是乱序质数,因为 $95=19\times5$ 不是质数。113是乱序质数,因为113、131、311都是质数。

(1)三位乱序质数最大为_____。

(2)是否存在四个不同数字(每个数字可以多次使用)组成的乱序质数。如果存在,请举一例。如果不存在,请说明理由。

答案:(1)991 (2)见解答。

【解答】(1)若997为乱序质数,则 $979=11\times89$,不符。

若991为乱序质数,验证919,199都是质数。

所以,最大的乱序质数为991。

(2)不存在含有四个不同质数的乱序质数。反证法,理由如下:

如果有四个不同数字组成乱序质数,那么这四个数字一定没有偶数字,从而四个不同的数字是1、3、7、9(不含5,想想为什么?)。

假设这样的乱序质数是存在的,可以设 n 为1、3、7、9中的一个或几个组成的自然数。我们来考察下面7个多位数:

1379、1793、3719、1739、1397、1937、1973

它们依次被 7 除,所得余数为 0~6。不管 10000n 被 7 除余几,那么下面七个多位数:$\overline{n1379}$、$\overline{n1793}$、$\overline{n3719}$、$\overline{n1739}$、$\overline{n1397}$、$\overline{n1937}$、$\overline{n1973}$,其中必有一个数能被 7 整除。从而不满足乱序质数的条件。

综上所述,含四个不同数字的乱序质数是不存在的。

针对性练习

练习❶ 已知 a、b 均为质数,且 $a^b+b=2059$,那么 $ab=$ _____。

练习❷ 三个质数的乘积恰好等于这三个质数之和的 17 倍,那么这三个质数并排成一个多位数,其最大值为 _____。

练习❸ 三个质数从小到大排列,形成一个公差为 20 的等差数列,那么这个等差数列的首项为 _____。

练习❹ 设 201 个非零连续自然数之和为 N,且存在四个不同的质数 a、b、c、d,满足 $N=a^2bcd$,那么 $a+b+c+d$ 的最小值为 _____。

练习❺ 已知 p 为质数,且 $p+6$、$p+12$、$p+18$、$p+24$ 都是质数,则 $p=$ _____。

练习❻ 由数字 1 和 0 交替排列的多位数,形成一个数列:101、10101、1010101、101010101、⋯,那么这个数列中共有 _____ 个质数,并证明你的结论。

练习❼ 所有小于自然数 n 的质数之积为 N,又知 $N-2n=16$,那么 $n=$ _____。

练习参考答案

练习题号	练习1	练习2	练习3	练习4
参考答案	22	21917	3	82
解答提示	必有偶质数2	双分解	公差不是3的倍数	$3^2 \times 5 \times 7 \times 67$
练习题号	练习5	练习6	练习7	
参考答案	5	1	7	
解答提示	5不在公差中	按1的个数分类证明	把9作为零点讨论	

SL-20　埃拉托色尼筛法

神器内容	埃拉托色尼筛法操作过程： (1) 若自然数 N 满足 $a^2 \leqslant N < (a+1)^2$，先写下 $2 \sim N$ 中的所有自然数。 (2) 判断质数 2：若 $2 \mid N$，则 N 是合数，且 N 能分解成 $2k$（k 为大于 1 的自然数）形式。若 $2 \nmid N$，则保留 2，筛去 $2 \sim N$ 中 2 的其他倍数。 (3) 判断质数 3：若 $3 \mid N$，则 N 是合数，且 N 能分解成 $3k$（k 为大于 1 的自然数）形式。若 $3 \nmid N$，则保留 3，筛去 $2 \sim N$ 中 3 的其他倍数。 …… 到 $2 \sim N$ 中的最大质数为止，保留下来的数就是不大于 N 的所有质数。
要点与说明	埃拉托色尼，生在昔兰尼。 受过好教育，著名哲学家。 质数大筛法，数学贡献大。 地理学之父，天文有专著。

神器溯源

埃拉托色尼（Eratosthenes，公元前 275—公元前 193 年）生于希腊殖民地昔兰尼（今利比亚），是一位博学的哲学家、诗人、天文学家和地理学家，被称为地理学之父。他在数学上的贡献主要是数论中寻找质数的筛法。

找出 1～100 之间的所有质数，埃拉托色尼筛法操作如下：

①首先把 1 到 100 按顺序写出来。
②画去 1。
③保留 2，画去 2 的其他倍数。
④依次保留 3、5、7（因为 $100 = 10 \times 10$，只需考虑小于 10 的质数），而画去 3、5、7 的其他倍数。

埃拉托色尼

① 2 3 4̶ 5 6̶ 7 8̶ 9̶ 1̶0̶ 11 1̶2̶ 13 1̶4̶ 1̶5̶ 1̶6̶ 17 1̶8̶ 19 2̶0̶
2̶1̶ 2̶2̶ 23 2̶4̶ 2̶5̶ 2̶6̶ 2̶7̶ 2̶8̶ 29 3̶0̶ 31 3̶2̶ 3̶3̶ 3̶4̶ 3̶5̶ 3̶6̶ 37 3̶8̶ 3̶9̶ 4̶0̶
41 4̶2̶ 43 4̶4̶ 4̶5̶ 4̶6̶ 47 4̶8̶ 4̶9̶ 5̶0̶ 51 5̶2̶ 53 5̶4̶ 5̶5̶ 5̶6̶ 5̶7̶ 58 59 6̶0̶
61 6̶2̶ 6̶3̶ 6̶4̶ 6̶5̶ 6̶6̶ 67 6̶8̶ 6̶9̶ 7̶0̶ 71 7̶2̶ 73 7̶4̶ 7̶5̶ 7̶6̶ 7̶7̶ 7̶8̶ 79 8̶0̶
81 82 83 8̶4̶ 8̶5̶ 86 87 88 89 9̶0̶ 9̶1̶ 92 93 94 9̶5̶ 96 97 9̶8̶ 99 1̶0̶0̶

从上面可以看出，经过四次"过筛子"，最后筛子里只剩下了 25 个质数。当然，如果在相当大的数中寻找质数，这种方法的工作量是非常巨大的。

埃拉托色尼筛法，依托于下面的定理：

任何一个合数 N，满足 $a^2 \leqslant N < (a+1)^2$，必有一个大于 1 而不大于 a 的约数。

证明：设 N 为合数，可以表示为 $N=m \times n$ $(m \geqslant n > 1)$ 的形式。假设不存在小于或等于 a 的因数，也就是 $n > a$，$n \geqslant a+1$。又知 $m \geqslant n$，则 $m \geqslant a+1$，那么 $N = m \times n \geqslant (a+1)^2 > N$。这样得到 $N > N$，不成立。

所以，一定存在一个因数大于 1 而不大于 a。

对于一个自然数，除了 0 和 1，如果证明一个自然数是合数，只需给出一个乘积分解（较小因数大于 1）即可。如 $51 = 3 \times 17$，所以 51 是合数。如果证明一个数 N 是质数，其中 $a^2 \leqslant N < (a+1)^2$，就可以利用埃拉托色尼筛法，把不大于 a 的所有质数验证一遍，它们都不是 N 的因数，从而得到 N 是质数。但是，如果 N 是非常大的自然数，那么这种筛法的验证工作量极大。

下面是 1~100 的质数的乌拉姆螺旋分布图。发现除了质数 2，其他质数都在某一条斜线上。

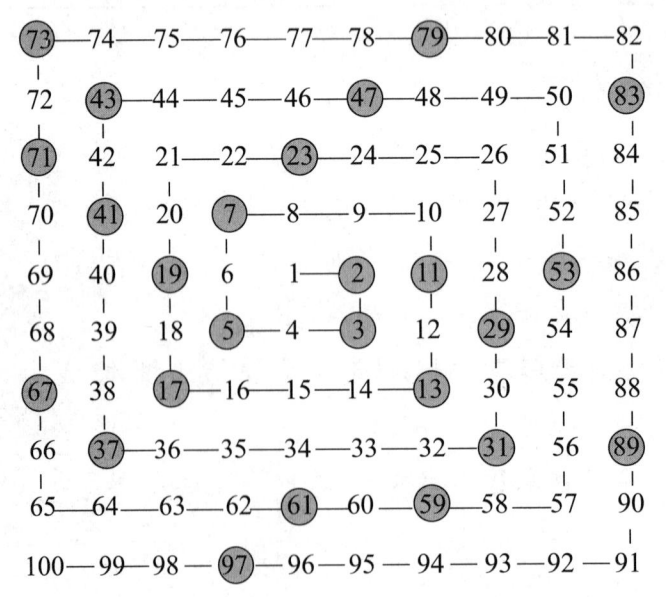

例题精讲

例题 1-1 判断下面各数是质数还是合数。如果是合数,求出最小质因数。如果是质数,给出理由。

(1) 2501   (2) 1117

答案:(1) 合数   (2) 质数

【解答】(1) 如果 2501 是合数,则必能分成两个大于 1 的自然数的乘积,个位数字为 1×1 或 3×7 或 9×9,较小因数不大于 50。验证得到 $2501=41\times 61$,所以 2501 是合数。

(2) 1117 是质数,反证法证明:

假设 1117 不是质数,而是合数,则 1117 一定能表示为两个大于 1 的自然数 m、n 乘积的形式,且 $m\geq n$,即 $1117=m\times n(m\geq n)$。

由于 $33^2=1089<1117<1156=34^2$,得到 n 的取值范围是 $2\leq n\leq 33$。按道理,应该把 $2\leq n\leq 33$ 之间的所有自然数都验证一下,看是否有整除 1117 的数,但比较麻烦。根据埃拉托色尼筛法,只需验证其中的质数 2、3、5、7、11、13、17、19、23、29、31。这 11 个数都不能整除 1117。

从而 1117 表示成两个都大于 1 的自然数乘积的形式的假设是错误的,所以 1117 是质数。

例题 1-2 采用埃拉托色尼筛法在自然数中"筛出"质数。

①画掉 1。

②画掉除 2 外所有 2 的倍数。

③画掉除 3 外所有 3 的倍数。

④画掉除 5 外所有 5 的倍数。

……

如果采用以上方法筛出 1~500 之间的质数,那么最后一个被画掉的数是_____。

答案:437

【证明】因为 $22^2=484<500<529=23^2$,所以最后一次用的质数筛子为小于 22 的最大质数 19。$500\div 19\approx 26.3$,最后一个被画掉的数为 $19\times 23=437$。

例题 2 证明:质数有无数多个。

答案:见证明。

【证明】假设质数为有限个,不妨设只有 k 个质数,从小到大它们分别是 p_1、p_2、p_3、$\cdots$、p_k。

现在我们构造一个新自然数 $N=p_1\times p_2\times p_3\times\cdots\times p_k+1=p+1$,其中 $p=p_1\times p_2\times p_3\times\cdots\times p_k$。

因为任何质数 $p_i|(p_1\times p_2\times p_3\times\cdots\times p_k)$,$1\leq i\leq k$,所以 $p_i|p$。又因为任何质数都不能整除 1(注意:不是被 1 整除哦!),$p_i\nmid 1$,$p_i\nmid(p+1)$,$p_i\nmid N(i=1,2,3,\cdots,k)$。

所以,N 不能被 p_1、p_2、p_3、$\cdots$、p_k 中任一个质数整除,得到 N 是一个新质数,与只有 k 个质数矛盾。

从而假设是不成立的,所以质数有无数个。

针对性练习

练习❶ 判断下面各数是质数还是合数。如果是合数,求出最小质因数。如果是质数,给出理由。

(1)341   (2)457   (3)667

练习❷ 判断下面各数是质数还是合数。如果是合数,求出最小质因数;如果是质数,给出理由。

(1)3881   (2)8111   (3)9017

练习❸ 采用埃拉托色尼筛法在自然数中"筛出"质数。

①画掉 1。

②画掉除 2 以外所有 2 的倍数。

③画掉除 3 以外所有 3 的倍数。

④画掉除 5 以外所有 5 的倍数。

……

如果采用以上方法筛出 1～800 之间的质数,那么最后一个被画掉的数是_____。

练习❹ 用埃拉托色尼筛法找到1～2023之间的所有质数,第1次过质数2的筛子,保留2,同时把2的其他倍数筛去。第2次过质数3的筛子,保留3,同时把3的其他倍数筛去。第3次过质数5的筛子,保留5,同时把5的其他倍数筛去……

那么最少过_____次筛子,此时过的筛子是质数_____。

练习❺ 已知正整数 p、q 都为质数,且 $7p+13q$、$pq+17$ 也为质数。则 $p+q=$ _____。

练习参考答案

练习题号	练习1	练习2	练习3
参考答案	(1)合数。$341=11\times31$ (2)457是质数 (3)合数。$667=23\times29$	(1)3881是质数 (2)8111是质数 (3)合数。$9017=71\times127$	713
解答提示	筛法判断	筛法判断	小于28的最大质数为23
练习题号	练习4	练习5	
参考答案	14 43	5	
解答提示	小于45的最大质数	必含质数2	

81

SL-21　质数与猜想

神器内容	(1) 哥德巴赫猜想:每个大于或等于6的偶数都能表示成两个奇质数之和的形式。 (2) 费尔马猜想:形如 $F_n = 2^{2^n} + 1$(n 为自然数)的自然数都是质数。
要点与说明	数学猜想真是棒,引领证明有方向。 猜想仅仅是预感,可能正确需验算。 只有证明其正确,才是完美被解决。

神器溯源

1. 哥德巴赫猜想(大名鼎鼎的"1+1")

1742年,德国数学家哥德巴赫在给当时住在德国的大数学家欧拉(Euler)的一封信中,提出了一个整数能表示成质数之和的推测,这就是数学上赫赫有名的"哥德巴赫猜想",它可以严谨地表述为下面两个命题:

命题A:每个大于或等于6的偶数,都能表示成两个奇质数之和的形式。也可以表述为:

$N = p_1 + p_2$($N \geqslant 6$),p_1、p_2 为奇质数,此命题被称为"1+1"。

歌德巴赫(Goldbach,1690—1764年),德国数学家

命题B:每个大于或等于9的奇数,都能表示成三个奇质数之和的形式。也可以表述为:

$N = p_1 + p_2 + p_3$($N \geqslant 9$),p_1、p_2、p_3 为奇质数,此命题被称为"1+1+1"。

哥德巴赫于1725—1742年在彼得堡科学院工作,为该科学院院士。他在研究正整数表示为质数之和时,反向得到了此猜想,但自己无法证明它的正确性,也不能否定此猜想,而在偶数不太大时,此命题又是完全正确的。例如:

6=3+3

8=3+5

10＝3＋7＝5＋5
12＝5＋7
14＝3＋11＝7＋7

……

因为目前还不能证明此命题的对错,它只是一种猜测,所以现在人们将其称为猜想。

显然,如果命题 A 是正确的,则命题 B 很容易证明。证明如下:

设 $N \geqslant 9$（N 为奇数）,则 $N-3 \geqslant 6$,而且 $N-3$ 是偶数。

由命题 A 可得,$N-3=p_1+p_2$（p_1,p_2 为奇质数）,所以 $N=3+p_1+p_2$,命题 B 则成立。

由此可见,证明命题 A 是最关键的一步。

为了证明"1＋1",几百年来吸引了无数数学家和数学爱好者来研究它,但都没有太大的进展。在证明的过程中,人们甚至提出了结论较弱的命题 C,如果命题 C 能被证明,那么命题 A 就有希望被证明。

命题 C:存在正整数 n 和 m,使得每个大于 2 的偶数 N,都可以表示为两个乘积之和的形式,其中一个乘积不超过 n 个质因数,另一个乘积不超过 m 个质因数。被称为"$n+m$"。

1920 年挪威数学家布朗利用埃拉托色尼筛法证明了"9＋9",后来有人陆续证明了"7＋7"、"6＋6"、…、"3＋3"等。我国数学家王元、潘承洞和陈景润一起或独自证明了"1＋5"、"1＋4"、"3＋4"、"2＋3"和"1＋2",其中陈景润证明的"1＋2"距离"1＋1"只有一步之遥了。

我国对哥德巴赫猜想的研究开始于 20 世纪 30 年代,在华罗庚、闵嗣鹤教授的指导下,一批数学工作者研究此猜想,并取得了很大的成绩。1973 年陈景润证明了"每个充分大的偶数,都可以表示为一个奇质数与一个不超过两个质数乘积之和的形式",这就是"1＋2"。

虽然"1＋1"问题还没有被圆满解决,但在研究这个问题的同时,开辟了许多新的数学园地,使得古老的猜想又焕发了生机,注入了新的活力。因此新方法的创造与运用往往比问题本身的解决更具有价值和意义。

2. 已被否定的费尔马猜想

自然数 $F_n=2^{2^n}+1$ 被称为费尔马数。数学家费尔马猜想这样的整数都是质数,曾经被称为费尔马数猜想。人们验证了前 5 个数都是质数。

$F_0=2^{2^0}+1=2+1=3$

$F_1 = 2^{2^1} + 1 = 4 + 1 = 5$

$F_2 = 2^{2^2} + 1 = 16 + 1 = 17$

$F_3 = 2^{2^3} + 1 = 256 + 1 = 257$

$F_4 = 2^{2^4} + 1 = 1024 \times 64 + 1 = 65536 + 1 = 65537$

由此,就连数学家费尔马也猜测这些数都是质数。不幸的是,下一个费尔马数 F_5 就是合数。1732 年被欧拉给出分解证明,它是 641 的倍数。

3. 孪生质数

若 p 为质数,则 $p+2$ 也是质数,那么把这对质数称为孪生质数。例如,"3 与 5""5 与 7"。100 以内的孪生质数共有 8 对:

(3,5)、(5,7)、(11,13)、(17,19)、(29,31)、(41,43)、(59,61)、(71,73)。

有人猜想,孪生质数有无数多对,但至今无人能够证明此猜想。

4. 梅森质数

整数 $M_p = 2^p - 1$ 叫作梅森数,其中当 p 为质数,$M_p = 2^p - 1$ 也是质数时,则称 M_p 为梅森质数。p 是质数,并不是 M_p 为质数的充分条件。如 $p=11$ 是质数,而 $M_{11} = 2^{11} - 1 = 2047 = 23 \times 89$,$M_{11}$ 不是质数。

$\pi(N)$ 表示不大于 n 的所有质数的个数。其规律是一个逐渐上升的有序点束,说明质数有无数多个,且越来越稀疏。$\pi(10)=4,\pi(20)=8,\pi(30)=10,\pi(40)=12,\pi(50)=15,\cdots$。

$\pi(N)$ 的公式表达需要容斥原理,这里给出一个近似表达,可以从筛法得到:

设 $a^2 \leq N < (a+1)^2$,不大于 a 的连续质数依次为 2、3、5、7、11、$\cdots$、p_m,则

$$\pi(N) = \left[N \times \frac{2-1}{2} \times \frac{3-1}{3} \times \frac{5-1}{5} \times \cdots \times \frac{p_m - 1}{p_m} \right] + m - 1。([x] 为取整符号,此公式有时不严谨。)$$

除了给定范围的质数个数,质数的公式表达也是数学家探索的问题。一般采用逼近的方法,黎曼猜想是质数逼近的依据。

例题精讲

例题 1 自然数 1 到 100 之间,共有_____个质数。

答案: 25

【解答】(1) $10^2 = 100 < 121 = 11^2$,小于 10 的质数有 2、3、5、7。

$\pi(100) = \left[100 \times \frac{1}{2} \times \frac{2}{3} \times \frac{4}{5} \times \frac{6}{7} \right] + 4 - 1 = 25$ 个。

注: $\pi(110)=28$(实际为 29),$\pi(120)=31$(实际为 30),$\pi(140)=33$(实际为 33)。

对于 $\pi(110)=29$ 可以采用容斥原理,准确计算:

$\pi(110)=110-55-36-22-15+18+11+7+7+5+3-3-2-1-1+0+4-1=29$。

例题 2-1 证明:费尔马数 $F_5=2^{2^5}+1=2^{32}+1$ 为合数。

答案: 见证明。

【证明】因为 $641=5\times 2^7+1=2^4+5^4$,

而 $F_5=2^{2^5}+1=2^{32}+1=2^4\times 2^{28}+1$

$=(641-5^4)\times 2^{28}+1$

$=641\times 2^{28}-5^4\times 2^{28}+1$

$=641\times 2^{28}-(5\times 2^7)^4+1$

$=641\times 2^{28}-(641-1)^4+1$

$=641\times 2^{28}+1^2-(640^2)^2$

$=641\times 2^{28}+(1-640^2)(1+640^2)$

$=641\times 2^{28}-641\times 639\times(1+640^2)$

$=641\times[2^{28}-639\times(1+640^2)]$

$=641\times 6700417$

所以,F_5 是合数。(后来人们发现后面连续几个费尔马数都是合数。)

例题 2-2 证明:如果 p、q 是一对孪生质数,则 $(p+q)|(p^p+q^q)$。

答案: 见证明。

【证明】由于 p、q 是一对孪生质数,可知它们都是奇数,不妨设 $p=q+2$,则 $p+q=(q+2)+q=2(q+1)$,$p-1=q+1$。

$p^p-1=(p-1)(p^{p-1}+p^{p-2}+p^{p-3}+\cdots+1)=(p-1)(2k-1)$,其中奇数 $2k-1=p^{p-1}+p^{p-2}+p^{p-3}+\cdots+1$。

同理:$q^q+1=(q+1)(2m-1)$,其中 $2m-1$ 表示奇数。

$p^p+q^q=(p^p-1)+(q^q+1)$

$=(p-1)(2k-1)+(q+1)(2m-1)$

$=(q+1)(2k-1)+(q+1)(2m-1)$

$=(q+1)(2k-1+2m-1)$

$=2(q+1)(k+m-1)=(p+q)(k+m-1)$

所以,$(p+q)|(p^p+q^q)$。

针对性练习

练习 ❶ 利用质数近似公式计算并验证 π(80)= _____ 。

练习 ❷ 把 120 写成两个质数之和的形式,共有 _____ 种。

练习 ❸ 如果 p 与 $p+2$ 都是质数,那么这两个数被称为孪生质数,那么 1~100 之间,共有 _____ 对孪生质数。

练习 ❹ 已知连续质数数列 2、3、5、7、11、13、⋯。$2\times3-1=5$,$2\times3+1=7$,5 和 7 是一对孪生质数。

猜测:从 2 开始的连续 $n(\geqslant 2)$ 个质数之积±1,都是孪生质数。请验证此猜测是否正确。若都是孪生质数,给出理由。若不是孪生质数,举出反例。

练习参考答案

练习题号	练习1	练习2	练习3	练习4
参考答案	22	12	8	错误
解答提示	近似加枚举验证	筛法判断	枚举即可	$2\times3\times5\times7-1=209=11\times19$

SL-22　质数与合数构造

神器内容	(1)构造连续 n 个自然数都是合数：$(n+1)!+2$～$(n+1)!+(n+1)$。 (2)构造质数项等差数列：设等差数列有 n 项，公差为 d，则小于 n 的质数 p，满足 $p=a_1$ 或 $p\mid d$。
要点与说明	连续合数怎么找？体现质数很稀少。 根据项数造阶乘，有限项数都可行。 等差数列均质数，公差条件要记住。 质数若比项数小，放入公差最为高。 要么把它作首项，构造数列棒棒棒。

神器溯源

质数具有稀疏性，尽管稀疏，但仍然有无数多个。合数具有有限连续性，适当多个合数之中必有质数插入，甚至任意两个连续平方数之间必有两个质数（勒让德-杰波夫猜想）。

1. 构造连续 n 个自然数都是合数

$(n+1)!+2$、$(n+1)!+3$、$(n+1)!+4$、…、$(n+1)!+(n+1)$。

这是因为 $(n+1)!=1\times 2\times 3\times\cdots\times(n+1)$，

所以 $2\mid[(n+1)!+2]$、$3\mid[(n+1)!+3]$、$4\mid[(n+1)!+4]$、…、$(n+1)\mid[(n+1)!+(n+1)]$。

此种构造合数的方法仅是最方便的，答案并不唯一。

2. 构造质数项等差数列

设等差数列有 n 项，公差为 d，则小于 n 的质数 p，满足 $p=a_1$ 或 $p\mid d$。

证明：对于等差数列 a_1、a_1+d、a_1+2d、…、$a_1+(n-1)d$，质数 p 满足 $2\leqslant p\leqslant n$。

若 $p=a_1$，则结论成立。

若 $p\neq a_1$，且 $p\nmid d$，则有 0、d、$2d$、$3d$、…、$(p-1)d$ 被 p 除，余数互不相同，进一步 a_1、a_1+d、a_1+2d、…、$a_1+(p-1)d$ 被 p 除，余数互不相同。而 p 个余数为 0、1、

2、3、…、$p-1$,所以必有一项被质数 p 除,说明此项不是质数,与数列的项都是质数矛盾。

所以在 $p\neq a_1$ 时,则有 $p|d$。

按照上面方法可以构造任意有限项都是质数的等差数列,但不能无限项都是等差数列。

若等差数列无限项都是质数,公差为大于1的正整数,则有 $m\geq 2$,$a_m>1$,观察第 (a_m+m) 项:

$$a_{a_m+m}=a_1+(a_m+m-1)d=a_1+a_md+(m-1)d=a_md+[a_1+(m-1)d]=a_md+a_m=(d+1)a_m$$

这说明此项能分解为 $(d+1)$ 与 a_m 的乘积,故不是质数。

例题精讲

例题 1-1 一个数字互不相同的多位数,

(1)若相邻两个数字之和都是质数,这个多位数最大为_____。

(2)若相邻两个数字组成的两位数都是质数,这个多位数最大为_____。

答案:(1)9856743021　(2)89731

【解答】(1)数字互不相同的多位数最大是十位数,且不大于9876543210,从最高位入手满足数字尽量大,且相邻两个数字之和是质数,得到9856743021。

(2)相邻两位数都是质数,那么偶数字不能连续,否则一定是偶数。偶数字也不能接在奇数字后面,否则也是偶数。从而偶数字最多有一个,且只能排在首位。

得到符合条件的多位数最多是五个奇数字和一个偶数字排成六位数,可是奇数字 5 也是不能排在相邻两位的个位位置,否则一定是 5 的倍数,这样数字 5 也必须排在首位。

首位数字在最大偶数字 8 与奇数字 5 之间选择,再考虑尽量大,所以是首位数字为 8 的五位数,尝试验证得到符合条件的最大多位数是89731。

例题 1-2 用数字 0~9 各一次组成几个质数,那么所有质数之和最小为_____。

答案:567

【解答】(1)为了质数之和最小,那么每个质数位数应尽量少,一位质数有 2、3、5、7。

(2)0、4、5、6、8 都不能在个位,至少有一个三位数:□0□、□□□、□□□、或□0□、□□□、□□□。

先填偶数字:20□、4□、6□、8□、5。
　　　　　40□、2□、6□、8□、5。
　　　　　40□、5□、6□、8□、2。
由于"20□"没有质数,得到两组填法:401、23、67、89、5 或 401、29、67、83、5。其中 23 可分为 2 和 3,故所得质数和最小为 2+3+5+67+89+401=567。

例题 2-1 是否存在连续 100 个自然数都是合数?如果存在,举出一例。如果不存在,说明理由。

答案:存在。理由见解答。

【解答】存在,例如 101!+2 到 101!+101。这 100 个自然数依次能被 2、3、4、…、101 整除。

例题 2-2 一个 7 项的等差数列,每一项都是质数,那么这个等差数列的公差最小为_____,请举出一例。

答案:210

【解答】(1)先考虑首项为 7,公差为 2×3×5=30 的 7 项等差数列:7、37、67、97、127、157、187。但 187=11×17 不是质数。

(2)公差为 30 不行,必然最小为 30×7=210,7 项等差数列可以构造如下,结果不唯一。

47、257、467、677、887、1097、1307。

针对性练习

练习❶ 连续 13 个自然数是合数,那么它们的和最小为_____。

练习❷ 请举例:连续 200 个自然数都是合数。

练习❸ 一个数字互不相同的多位数,
(1)若相邻两个数字之和都是合数,这个多位数最大为_____。
(2)若相邻两个数字组成的两位数都是合数,这个多位数最大为_____。

练习❹ 用数字 1~8 各一次组数,

(1)组成几个质数,它们的和最小为_____。

(2)组成几个合数,它们的和最小为_____。

练习❺ 一个质数,它分别加上 42、84、126、168 都是质数,那么原来的质数是_____。

练习❻ 用数字 0~9 各一次组成几个合数,那么所有合数之和最小为_____。

练习参考答案

练习题号	练习1	练习2	练习3	练习4
参考答案	1560	201!+2 到 201!+201	(1)9782604531 (2)9876354210	(1)198 (2)90
解答提示	114~126	注意尽量不要 201!+1	从最大开始调整	个数与位数尽量少
练习题号	练习5	练习6		
参考答案	5	99		
解答提示	5个数成等差,5不在公差的质因数中	4、6、8、9、10、27、35		

90

SL-23　奇数与偶数

神器内容	(1)奇数,偶数。 (2)奇偶运算性质:$(a+b)$与$(a-b)$的奇偶性相同。
要点与说明	整数怎么来分类？奇数偶数是一对。 奇偶运算怎么办？列表给出自己看。 奇偶论证要熟练,得到矛盾就圆满。

神器溯源

把整数按照被 2 除所得余数分类:如果余数为 0(整除),则称这样的整数为偶数;如果余数为 1,则称这样的整数为奇数。偶数组成的集合与奇数组成的集合两者互斥且排中,也就是说任意一个整数要么是奇数,要么是偶数,奇数≠偶数。

用"0"代表偶数,用"1"代表奇数,加减法、乘法运算的奇偶性如表所示:

±	0	1
0	0	1
1	1	0

×	0	1
0	0	0
1	0	1

在整数的加、减法中,主要看奇数个数。当奇数的个数是奇数时,结果为奇数,反之结果为偶数。

在乘法中,只要有偶因数,乘积就为偶数。若乘积结果是奇数,则每个乘数都是奇数。

对于任意两个自然数 a、b,则$(a+b)$与$(a-b)$具有相同的奇偶性。

有限个自然数,无论怎样填"+"或"-",其结果的奇偶性不变。

例如:在下面两个数之间填"+"或"-",能使等式成立吗？

$$6\ 5\ 4\ 3\ 2\ 1=12$$

答案是不能。因为左边有 3 个奇数,无论怎么填"+"或"-",结果都是奇数,不可能得到 12。

偶数个质数的和为奇数,或者奇数个质数的和为偶数,则必有一个质数是 2。

在证明方法中有一种奇偶论证,常见的否定结论:奇数=偶数,得到矛盾。

例题精讲

例题 1-1 一个口袋中有黑棋子 60 枚、白子 40 枚，每次从中摸出两枚棋子。如果摸到的棋子同色，摸到的棋子取出并放一枚白棋子回去。如果摸到的棋子颜色不同，摸到的棋子取出并放一枚黑棋子回去。经过 99 次摸棋子，最后剩下一枚棋子的颜色为_____色。

答案： 白

【解答】（1）如果摸出两个同色棋子，则放回一枚白色棋子，这说明若是"白白"，则白的少 1 枚，黑色棋子减少 0（偶数）枚。若是"黑黑"，则白的少增加 1 枚，黑色棋子减少 2（偶数）枚。每次黑色棋子都是减少偶数枚。

（2）如果摸到的棋子颜色不同，就放回一枚黑棋子，说明黑棋子减少 0（偶数）枚。

所以，不管是什么情况，每次黑色棋子都是减少偶数枚，由于开始黑色棋子有 60（偶数）枚，所以每次减少 0 枚或 2 枚，经过 99 次摸棋子，剩下一枚棋子，而此时黑棋子一定剩下偶数枚，所以这枚棋子是白色。

例题 1-2 某次运动会有 15 个国家代表团参加，这些国家代表团分别记为 A_1、A_2、A_3、…、A_{15}。其人数依次为 50 人、49 人、48 人、…、36 人。其中每个国家代表团都从中选取一名作为团长，开幕式中代表团成员依次入场，团长走在每个队的队尾。按入场顺序给每个代表团中的每个人从 1 开始编号：1、2、3、4、…。现在调整各个国家代表团的入场顺序，则编号是奇数的团长最多有_____个，最少有_____个。

答案： 12 4

【解答】 把每个国家代表团各自编号，代表团有偶数人的，其团长编号为偶数。代表团有奇数人的，其团长编号为奇数，一共得到 7 个奇数和 8 个偶数。

（1）根据奇偶加减运算，奇数±奇数＝偶数，奇数±偶数＝奇数，偶数±偶数＝偶数。为了让团长编号为奇数的尽量多，可以如下安排：

代表团人数：奇偶偶偶偶偶偶偶奇奇奇奇奇奇奇
　　　　　　↕ ↕ ↕ ↕ ↕ ↕ ↕ ↕ ↕ ↕ ↕ ↕ ↕ ↕ ↕
团长编号奇偶：奇奇奇奇奇奇奇偶奇偶奇偶奇

所以团长编号为奇数的最多有 12 个。

（2）为了让团长编号为奇数的尽量少，可以如下安排：

代表团人数：偶偶偶偶偶偶偶奇奇奇奇奇奇奇奇
　　　　　　↕ ↕ ↕ ↕ ↕ ↕ ↕ ↕ ↕ ↕ ↕ ↕ ↕ ↕ ↕
团长编号奇偶：偶偶偶偶偶偶偶奇偶奇偶奇偶奇

92

所以团长编号为奇数的最少有 4 个。

例题 2 如图 1 所示,在乘法竖式谜中,方框中的所缺的数字都是奇数,那么乘积为 _____。

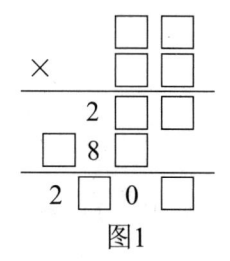

图1

答案:2109

【解答】(1)如图 2 所示,首先根据奇偶性分析,$D_{41}=D_{51}=1$,$D_{42}=1、3、5、7、9$。只有 $185=37×5$ 符合,$183=61×3$,$189=21×9$ 代入均不符。

(2)如图 3 所示,乘法算式为 $37×57=2109$。

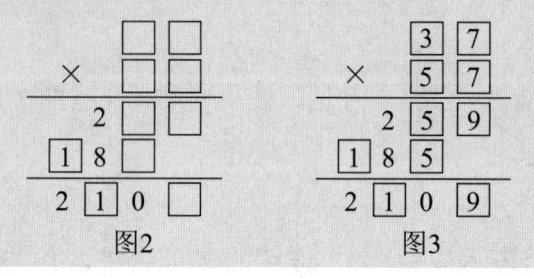

图2　　图3

针对性练习

练习❶ 已知质数 a、b,满足 $(3a+b+5)×b=476$,那么 $a+b=$ _____。

练习❷ 请在下面相邻两个数字之间都添上"+"或"-",使得算式结果为 30。这样的算式是否存在。如果存在,请给出一种添符号的方法。如果不存在,请说明理由。

9　8　7　6　5　4　3　2　1

练习❸ 桌上放有 5 枚正面向上的硬币,第一次翻动其中 1 枚,第二次翻动其中 2 枚,第三次翻动其中 3 枚,第四次翻动其中 4 枚,第五次翻动其中 5 枚。能否找

93

到一种翻动硬币的方法,使得最后所有的硬币都翻过来。如果能,请给出一种翻动方法。如果不能,请说明理由。

练习❹　请在下面竖式的方框中填入奇数字,使得算式成立,那么乘积最大为_____。

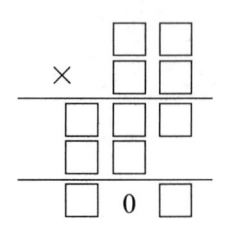

$$\begin{array}{r} \square\square \\ \times\ \square\square \\ \hline \square\square \\ \square\square\ \ \\ \hline \square 0\square \end{array}$$

练习❺　一个两位数,它的平方是一个四位数,且这两个数共6个数字都是偶数,那么这个两位数是_____。

练习❻　99^{99}能否表示成为99个连续的奇自然数之和的形式?能则构造一个例子。不能则请说明理由。

练习❼　在下面表格第二行中填入1~6各一个,使得上、下两个数之差(大减小)互不相同。这样的填法是否存在?如果存在,第二行从左至右形成的六位数最大是多少?如果不存在,请说明理由。

6	5	4	3	2	1

练习参考答案

练习题号	练习1	练习2	练习3	练习4
参考答案	19	不存在,因为数字中奇数个数为5个,其算式结果一定为奇数	可以,具体翻动略	901
解答提示	两因数奇偶性不同	奇≠偶	5个奇数和可以是15	$53×17=901$
练习题号	练习5	练习6	练习7	
参考答案	68	能	不存在	
解答提示	奇偶分析	$\cdots$、$99^{98}-2$、99^{98}、$99^{98}+2$、$\cdots$	奇−奇≠15	

SL-24　完全平方数

神器内容	(1)平方数的末位数字为 0、1、4、5、6、9。 (2)偶平方数被 4 整除，奇平方数被 8 除余 1。 (3)平方数的十位数字是奇数，个位数字是 6。 (4)没有被 3 除余 2 的平方数。
要点与说明	平方数，性质多，一个一个跟你说。 奇数末位 1、5、9，偶数末位 0、4、6。 偶方一定是 4 倍，出现余数做不对。 奇方除以 8 余 1，这个必须记清晰。 十位数字是奇数，个位是 6 要锁住。 平方约数奇数个，常常难题它攻克。

神器溯源

完全平方数，简称平方数，是一个自然数自身的乘积，1000 以内的完全平方数共有 32 个：

0、1、4、9、16、25、36、49、64、81、100、121、144、169、196、225、256、289、324、361、400、441、484、529、576、625、676、729、784、841、900、961。

通过观察上面的平方数，可发现以下平方数的性质：

1. 末位数字为 0、1、4、5、6、9

这个性质是平方数的必要但不充分条件。例如，211 虽然个位数字是 1，但并不是平方数。根据这个性质可以否定一些数是平方数。例如，458 一定不是平方数，因为没有个位数字为 8 的平方数。

2. 偶平方数必为 4n，奇平方数必为 8n+1（n 为自然数）

下面证明奇平方数必为 $8n+1$（n 为自然数）。

设奇数为 $2k-1$（k 为非零自然数），则 $(2k-1)^2=4k^2-4k+1=4k(k-1)+1$。

因为 k 与 $k-1$ 是连续自然数，必有一个为偶数，所以 $4k(k-1)$ 是 8 的倍数，不妨设 $4k(k-1)=8n$，则 $(2k-1)^2=8n+1$（n 为自然数）。

这条性质也可用来证明一个多位数不是平方数。例如,36323不是平方数,因为这个数被8除余3,不是被8除余1。自然数被8除余1,也是平方数的必要但不充分条件。

3. 十位上数字为奇数,则个位数字为6

如果一个自然数的个位数字为4或6,那么这个数的平方的末位数字一定是6,且十位数字是奇数。

设 $n=\overline{a4}$,则 $n^2=(\overline{a4})^2=(10a+4)^2=100a^2+10(8a+1)+6=\overline{(a^2)(8a+1)6}$。平方数的十位数字为$(8a+1)$的个位,一定是奇数。

反之,如果一个平方数的十位是奇数,那么必有个位的平方向十位进位奇数次。从0~9中逐个验证,只有4向前进位1次,6向前进位3次,它们平方的个位都是6。

4. 数字和被9除余0、1、4、7

当判断一个数是否为平方数,可以从数字和分析。数字和被9除余0、1、4、7,也可以说被3除余2的自然数一定不是平方数。

5. 完全平方数有奇数个约数

平方数都有奇数个约数,有偶数个约数的一定不是平方数。这个性质可以在后面学习过约数的个数公式后,自己证明。

例题精讲

例题 1-1 对于一个不大于1000的非零自然数 n。如果存在一个平方数 a^2,使得 a^2 的数字和 $S(a^2)=n$,n 就是"好数"。例如,$5^2=25$ 的数字和为 $2+5=7$,7 就是"好数",那么符合条件的"好数"有_____个。

答案:445

【解答】因为平方数的数字和被9除余0、1、4、7。又知 $1000÷9=111……1$,所以"好数"有 $111×4+1=445$。

对于前面 n 项构造如下:
$1=S(1^2)$、$4=S(2^2)$、$7=S(4^2)$、$9=S(6^2)$、$10=S(8^2)$、$13=S(7^2)$、$16=S(13^2)$、$18=S(27^2)$、…。

例题 1-2 一些相同的正方形卡片共奇数张,全用上可以平铺成一个正方形图案。把这些卡片平均分给8位小朋友,结果仅剩下几张(多于2张而不足10张)卡片,那么剩下的卡片有_____张。

答案: 9

【解答】卡片数是奇平方数,被 8 除余 1,所以,剩下的卡片有 1+8=9 张。

例题 2-1 三个质数的平方和为 4518,那么这三个质数之和为_____。

答案: 74

【解答】设三个质数为 a、b、c,则 $a^2+b^2+c^2=4518$。

(1)奇偶质数分析,必有偶质数 2,设 $a=2$,则 $b^2+c^2=4514$。

(2)奇平方数的个位数字为 1、5、9,说明两个质数的个位为 5 和 9,必有质数 5,设 $b=5$,则 $c^2=4489$。

(3)c 是一个两位质数,范围是 $60<c<70$,个位为 3 或 7,这样的质数只有 67,验证 $67^2=4489$,$c=67$。

所以,2+5+67=74。

例题 2-2 一个平方数,截去末四位后还是一个平方数,那么原来的平方数最大为_____。

答案: 24019801

【解答】设这个平方数为 a^2,去掉后四位后是 b^2,后四位为 c,则 $a^2=\overline{(b^2)c}=10000b^2+c$,$a^2-(100b)^2=c$,$(a+100b)(a-100b)=c$。

为了使 a^2 尽量大,则 c 尽量大,且 $(a+100b)$ 与 $(a-100b)$ 的差为 200 的整数倍,且个位数字相同,最大的组合为 9801×1,则 $a=4901$,$b=49$,$c=9801$。

所以,这个平方数为 $10000\times49^2+9801=24019801$。

针对性练习

练习❶ 一个不大于 2025 的自然数乘 84 得到的积是平方数,那么这样的自然数共有_____个。

练习❷ 把平方数 1、4、9、16、25、36、…按照数列先后顺序排成一个 350 位的自然数,那么这个自然数的个位数字是_____。

练习❸ 已知数列 $8\times0+1$、$8\times1+1$、$8\times2+1$、…、$8\times2000+1$,这个数列共有_____项是平方数。

练习❹ 2025 是一个平方数,那么在 2025 的前面添上一个两位数,得到的六位数仍是平方数,那么前面添上的两位数是_____。

练习❺ 甲、乙两人贩卖家禽,先把两人共有的一群鹅卖掉,每只鹅的价钱等于鹅的头数。他们用卖鹅所得的全部钱买回一群鸭子和一只鸡,每只鸭子 10 元,鸡不到 10 元。两人把鸭子平分后,发现还剩下一只鸭子和那只鸡。为了公平起见,甲分得最后一只鸭子,乙分得那只鸡,那么甲应该再给乙_____元钱。

练习❻ 如图 1 所示,把自然数 1~10 可以排成一个正三角形阵。如图 2 所示,把自然数 1~9 可以排成一个正方形阵,那么既能排成正三角形阵,又能排成正方形阵且小于 2000 的自然数有_____和_____。(一个数不为阵)

```
      1
     2 3
    4 5 6
   7 8 9 10
    ......
     图1
```

```
   1 2 9
   4 3 8 …
   5 6 7
    ......
     图2
```

练习❼ 是否存在一个平方数,它的数字和为 S?若存在,请举一例;若不存在,请说明理由。
(1) $S=98$ (2) $S=99$ (3) $S=100$

练习参考答案

练习题号	练习1	练习2	练习3	练习4
参考答案	10	9	63	91
解答提示	$0 \leqslant 21k^2 \leqslant 2025$	按位数分析	$4n(n+1)+1=(2n+1)^2$	双分解搭配

练习题号	练习5	练习6	练习7	
参考答案	2	36　1225	不存在。$\underbrace{99\cdots9}_{11个9}^2$　$\underbrace{199\cdots9}_{11个9}^2$	
解答提示	十位是奇数的平方数个位是6	对平方数分奇偶讨论	平方数被9除，余0、1、4、7	

SL-25　平方数的末尾不变性

神器内容	(1)若 $10 \mid (a^2-a)$，则 $a=0$、1、5 或 6。 (2)若 $100 \mid (a^2-a)$，则 $a=00$、01、25 或 76。
要点与说明	平方数，性质多，末尾不变跟你说。 奇数末位 1、5、9，偶数就是 0、4、6。 末两位，要不变，25、76 要先验。 3、7、6、6、2、5，三位不变记清楚。 末尾四位都不变，9、3、7、6 乐翻天。

神器溯源

有些完全平方数的末尾不变，下面先推导一下，请理解并记下来，能帮助节省解题时间。

1. 平方数的末尾不变性

(1)若 $10 \mid (a^2-a)$，则 $a=0$、1、5 或 6。

$10 \mid (a^2-a) \Rightarrow 10 \mid a(a-1) \Rightarrow 5 \mid a(a-1)$，$a=0$、1、5 或 6。也就是说，一个数的平方的个位不变，那么其个位数字一定是 0、1、5 或 6。

(2)若 $100 \mid (a^2-a)$，则 $a=00$、01、25 或 76。

$100 \mid (a^2-a) \Rightarrow 100 \mid a(a-1) \Rightarrow \begin{cases} 4 \mid a \\ 25 \mid (a-1) \end{cases}$ 或 $\begin{cases} 4 \mid (a-1) \\ 25 \mid a \end{cases}$，$a=00$、01、25 或 76。

也就是说，一个数的平方的末两位不变，那么其末两位一定是 00、01、25 或 76。

(3)若 $1000 \mid (a^2-a)$，则 $a=000$、001、625 或 376。

(4)若 $10000 \mid (a^2-a)$，则 $a=0000$、0001、0625 或 9376。

这里记住：$625^2=390625$，$376^2=141376$，$9376^2=87909376$。

2. 立方数的末尾不变性

一个自然数自乘三次，得到的结果就是立方数。立方数的末尾不变的情况较多，按位数分类：

(1)末一位不变：0、1、4、5、6 或 9。

(2)末两位不变：00、01、24、25、49、51、75、76 或 99。

(3)末三位不变：000、001、624、125、625、249、749、251、751、375、875、376 或 999。

例题精讲

例题 1-1 一个三位数的平方是五位数，且末两位数不变，那么这个三位数有_____个。

答案：10

【解答】(1) 3位×3位＝5位，首位相乘不进位，也就是不到10，百位数字可能是1、2或3。

(2)末两位不变的有00、01、25 或 76，分别验证得

$100^2=10000, 200^2=40000, 300^2=90000,$

$101^2=10201, 201^2=40401, 301^2=90601,$

$125^2=15625, 225^2=50625,$

$176^2=30976, 276^2=76176。$

所以，一共有10个。

例题 1-2 一个两位数 $\overline{de}$，$(\overline{de})^3=\overline{abcde}$，相同字母代表相同数字，不同字母代表不同数字，那么 $\overline{de}=$_____。

答案：24

【解答】(1) 2位×2位×2位＝5位，且是同一个两位数，首位数字是1或2，首位是1或2，末两位不变的只有24和25。

(2) $24^3=13824, 25^3=15625$，符合条件的是 $\overline{de}=24$。

例题 2 一个形如 $a\underbrace{bb\cdots b}_{n个b}$ 的平方数，其中 a 的位数不限，b 是一个非零数字，那么 n 的最大值为_____。当 n 最大时，这个平方数最小为_____。

答案：3　1444

【解答】根据平方数的尾数性质，其末位数字只能是0、1、4、5、6、9，又知 $b\neq 0$，则

①当 $b=1$ 时，$(\overline{x1})^2=(10x+1)^2=100x^2+20x+1$，

或者 $(\overline{x9})^2=(10x+9)^2=100x^2+180x+81=100x^2+(18x+8)\times 10+1$，其末两位为偶1，故 n 最大为1。

102

②当$b=5$时,$(\overline{x5})^2=(10x+5)^2=100x^2+100x+25$,其末两位为25,故$n$最大为1。

③当$b=6$时,$(\overline{x6})^2=(10x+6)^2=100x^2+120x+36=100x^2+(12x+3)\times10+6$,

或者$(\overline{x4})^2=(10x+4)^2=100x^2+80x+16=100x^2+(8x+1)\times10+6$,其末两位为奇6,故$n$最大为1。

④当$b=9$时,$(\overline{x3})^2=(10x+3)^2=100x^2+60x+9$,

或者$(\overline{x7})^2=(10x+7)^2=100x^2+140x+49=100x^2+(14x+4)\times10+9$,其末两位为偶9,故$n$最大为1。

看来只有$b=4$时可以重复写2次,如$144(=12^2)$,是否可以重写3次呢?重写4次呢?

首先,假设存在平方数$\overline{a4444}$,则$\overline{a4444}=10000a+4444=4\times(2500x+1111)$,$2500x+1111$是平方数,而此奇数被8除余3或7,只有被8除余1的才是平方数,得到矛盾。所以,$n=4$的平方数不存在。

那么$n=3$时,首先444不是平方数,最小为$1444=38^2$。

综上所述,n最大为3,此时平方数最小为1444。

针对性练习

练习❶ 一个两位数的平方,末两位数还是这个两位数,那么这个两位数是_____。

练习❷ 一个两位数的立方,末两位数还是这个两位数,那么这个两位数有_____个。

练习❸ 一个平方数形如"$\overline{aabb}$",相同字母代表相同数字,不同字母代表不同数字,那么这个平方数是_____。

练习❹ 已知"$(\overline{奇偶})^2=\overline{偶奇奇偶}$",那么这样的平方数为_____。

练习❺ 在下列乘法竖式谜中,相同字母代表相同数字,不同字母代表不同数字,那么$\overline{abc}$=_____。

		□	a	b	c
×			a	b	c
	□	□	□	□	
	□	c	c	□	
□	□	□			
	□	□	a	b	c

练习❻ 一个两位数的立方是互不相同的数字组成的六位数,其末两位数仍是这个两位数,且数字和为37,那么这个两位数是_____。

练习参考答案

练习题号	练习1	练习2	练习3	练习4
参考答案	25 或 76	7	7744	2916
解答提示	平方数末两位不变性	分别是 24、25、49、51、75、76、99	平方数的末两位重复,只能是 44	两位的末尾为 4 或 6

练习题号	练习5	练习6		
参考答案	376	76		
解答提示	末三位的平方不变	从立方数的末尾不变性入手		

SL-26 平方差与平方和

神器内容	(1)若自然数 $n=a^2-b^2$，a、b 均为整数，则 $n\neq 4k+2$（k 为整数）。 (2)若自然数 $n=a^2+b^2$，a、b 均为整数，则 $n\neq 4k+3$（k 为整数）。 (3)任何一个自然数，都能表达成四个自然数的平方和的形式。
要点与说明	平方差，平方和，两者分拆技巧多。 平方和，平方差，分拆成功笑哈哈。 分拆是否能成功，除以 4 后余看清。 有时考虑奇偶性，分解因数也常用。

神器溯源

1. 把一个自然数 n 分拆成两个整数的平方差 $n=a^2-b^2$，a、b 均为整数，那么 $n\neq 4k+2$（k 为整数）。

$n=a^2-b^2=(a+b)(a-b)$，$(a+b)$ 与 $(a-b)$ 具有相同的奇偶性。

当 $a=2s$，$b=2t$ 时，$n=a^2-b^2=(2s)^2-(2t)^2=4(s+t)(s-t)$，$4|n$。

当 $a=2s-1$，$b=2t$ 时，$n=a^2-b^2=(2s-1)^2-(2t)^2=4s^2-4s+1-4t^2=4(s^2-s-t^2)+1$，$4|(n-1)$。

当 $a=2s$，$b=2t-1$ 时，$n=a^2-b^2=(2s)^2-(2t-1)^2=4s^2-4t^2+4t-1=4(s^2-t^2+t)-1$，$4|(n+1)$。

当 $a=2s-1$，$b=2t-1$ 时，$n=a^2-b^2=(2s-1)^2-(2t-1)^2=4(s^2-s-t^2+t)=4(s-t)(s+t-1)$，$8|n$。

可见，如果自然数 $n=4k+2$（k 为整数），那么一定不能分拆两数的平方差形式。

2. 把一个自然数 n 分拆成两个整数的平方和 $n=a^2+b^2$，a、b 均为整数，那么 $n\neq 4k+3$（k 为整数）。

当 $a=2s$，$b=2t$ 时，$n=a^2+b^2=(2s)^2+(2t)^2=4(s^2+t^2)$，$4|n$。

当 $a=2s-1$，$b=2t$ 时，$n=a^2+b^2=(2s-1)^2+(2t)^2=4s^2-4s+1+4t^2=4(s^2+t^2-s)+1$，$4|(n-1)$。

当 $a=2s-1, b=2t-1$ 时，$n=a^2+b^2=(2s-1)^2+(2t-1)^2=4(s^2+t^2-s-t)+2$，$4\mid(n-2)$。

可见，如果自然数 $n=4k+3$（k 为整数），那么一定不能分拆两数的平方和形式。

如果两个数都能表达成两个数的平方和形式，那么这两个数的乘积也一定能表达成两个数的平方和的形式。这是因为：

设 $n=a^2+b^2, m=c^2+d^2$，则
$$nm=(a^2+b^2)(c^2+d^2)$$
$$=a^2c^2+a^2d^2+b^2c^2+b^2d^2$$
$$=a^2c^2+2abcd+b^2d^2+a^2d^2-2abcd+b^2c^2$$
$$=(ac+bd)^2+(ad-bc)^2$$

或者
$$nm=(a^2+b^2)(c^2+d^2)$$
$$=a^2c^2+a^2d^2+b^2c^2+b^2d^2$$
$$=a^2c^2-2abcd+b^2d^2+a^2d^2+2abcd+b^2c^2$$
$$=(ac-bd)^2+(ad+bc)^2$$

注意：上面的条件仅是自然数 n 表达为两个自然数平方差或平方和的必要不充分条件。例如 $12\neq 4k+3$（k 为整数），但是 12 不能表达为两个自然数的平方和形式。这是因为 $12=2^2\times 3$，由于 3 不能表达成两个自然数平方和形式，从而 12 也不能表达为两个自然数的平方和形式。

一般地，对于自然数 $n=a^2\times p$（p 为质数），

若 $p=4k+3$（k 为整数），则 n 不能表达为两个自然数的平方和形式。

若 $p\neq 4k+3$（k 为整数），则 n 可以表达为两个自然数的平方和形式。

3. 任何一个自然数，一定能表达为不多于 4 个数的平方和的形式，这就是四方定理，又称拉格朗日定理。一般地，一个自然数能表达成几个数的 n 次方的形式，这就是华林问题。可见四方定理是华林问题 $n=2$ 的特殊情况。

例题精讲

例题 1-1 一个自然数，减去 123 是一个平方数，加上 321 也是一个平方数，那么这个自然数是 _____ 。

答案：1279 或 12223

【解答】设这个数为 x,$x-123$ 设为 a^2,$x+321$ 设为 b^2,则

$$\begin{cases} x-123=a^2\cdots(1) \\ x+321=b^2\cdots(2) \end{cases}$$,(2)-(1)得 $b^2-a^2=444$,$(b+a)(b-a)=2^2\times3\times37$。

由于 $(b+a)$ 与 $(b-a)$ 具有相同的奇偶性,得到

$$\begin{cases} b+a=222 \\ b-a=2 \end{cases} 或 \begin{cases} b+a=74 \\ b-a=6 \end{cases},解得 \begin{cases} a=110 \\ b=112 \end{cases} 或 \begin{cases} a=34 \\ b=40 \end{cases}。$$

$x=110^2+123=12223$,或 $x=40^2-321=1279$。

例题 1-2 在 1～200 中,不能表达成两个非零自然数平方差的自然数共有_____个。

答案:52

【解答】(1)一个数被4除余2的都不能表达成两个自然数的平方差形式。这些数是 2、6、10、…、198,共计 $(198-2)\div4+1=50$ 个。

(2)另外,$1=1^2-0^2$,$4=2^2-0^2$,即 1 和 4 的平方差表示中都含有自然数 0。所以不能表达成两个非零自然数平方差的自然数共有 $50+2=52$ 个。

例题 2-1 把 3233 表达成两个自然数的平方和形式,那么这两个自然数之和为_____。

答案:75 或 79

【解答】因为 $3233=53\times61$,而 $53=2^2+7^2$,$61=5^2+6^2$。所以,
$3233=53\times61=(2^2+7^2)(5^2+6^2)=(2\times5-7\times6)^2+(2\times6+7\times5)^2=32^2+47^2$。

$3233=53\times61=(2^2+7^2)(5^2+6^2)=(2\times5+7\times6)^2+(2\times6-7\times5)^2=52^2+23^2$。

$32+47=79$ 或 $52+23=75$。

例题 2-2 在 1～100 中,不能表达成两个自然数平方和形式的自然数共有_____个。

答案:57

【解答】(1)首先 $(4k+3)$(k 为整数)型的数都不是两个自然数的平方和,有 3、7、11…、99,共 25 个。

(2) 在 $4k+2$(k 为整数)型的数中,$4k+2=(4m+3)(4n+2)$(m、n 为整数)。

107

这样的数还有 3×2、3×10、3×14、3×18、3×22、3×26、7×2、7×10、11×2、19×2、23×2、31×2、43×2、47×2，共 14 个。

(3)在 $4k+1$（k 为整数）型的数中，$4k+1=(4m+3)(4n+3)$（m,n 为整数）。

这样的数还有 3×7、3×11、3×19、3×23、3×31、7×11，共 6 个。

(4)在 $4k$（k 为整数）型的数中，$4k=(4m+3)(4n)$（m,n 为整数）。

这样的数还有 3×4、3×8、3×16、3×20、3×28、3×32、7×4、7×8、11×4、11×8、19×4、23×4，共 12 个。

所以，一共有 25+14+6+12=57 个不能表达两个自然数的平方和形式。

针对性练习

练习❶ 一个平方数，加上 68 仍是一个平方数，那么这个平方数减去 68 是 _____。

练习❷ 一个三位数加上 861 是一个平方数，减去 168 也是一个平方数，那么这个三位数是 _____。

练习❸ 两个两位数的差为 4，两者并排形成一个四位平方数，那么这个平方数是 _____。

练习❹ 把 2117 表达成"a^2+b^2"的形式，那么 $a+b$ 最大为 _____。（$a、b$ 均为整数）

练习❺ 在 1～50 的自然数中，能表达成两个自然数平方和的有 _____ 个。

练习❻ 用铁丝扎成三个正方形边框，其面积之和为 2004 平方厘米，那么三个正方形的边长之和的最大值为 _____ 厘米。

练习❼ 2016 既能表达为 n 个互不相同正整数的平方和，又能表达为 m 个互不相同正整数的立方和，那么 $n+m$ 的最大值为 _____。

练习参考答案

练习题号	练习1	练习2	练习3	练习4
参考答案	188	364	6561	65
解答提示	平方差,双分解	平方差,双分解	平方差,双分解	$2117=29\times73$

练习题号	练习5	练习6	练习7
参考答案	24	54	22
解答提示	反面排除$4k+3$(k为整数),27特殊	$2+8+44=54$	连续自然数平方和、立方和

SL-27 分解质因数

神器内容	分解质因数定理:任意一个合数分成质数的乘积,如果质数从小到大排列,相同质因数写成幂的形式,那么合数的分解形式唯一。
要点与说明	算术基本定理好,因数问题常用到。 合数分解都唯一,除非做错查仔细。 分解质因咋提速,方便快捷是短除。 不管几数谁乘谁,分解质因再搭配。

神器溯源

把合数分解成质数乘积的形式,乘积中的质数叫作质因数,这个过程叫作合数分解质因数。如果把相同质因数写成幂的形式,不同质因数从小到大排列,就得到了合数 n 的标准分解形式。

设合数 n 有 k 个不同的质数从小到大排列为 $p_1<p_2<p_3<\cdots<p_k$,每个质因数的个数依次是 a_1、a_2、a_3、$\cdots$、a_k,则 n 的标准分解式为 $n=p_1^{a_1}\times p_2^{a_2}\times p_3^{a_3}\times\cdots\times p_k^{a_k}$。

证明:假设合数 n 的标准分解式有两种。

$n=p_1^{a_1}\times p_2^{a_2}\times p_3^{a_3}\times\cdots\times p_k^{a_k}$,$p_1<p_2<p_3<\cdots<p_k$。

$n=q_1^{b_1}\times q_2^{b_2}\times q_3^{b_3}\times\cdots\times q_m^{b_m}$,$q_1<q_2<q_3<\cdots<q_m$。

任意一个合数的最小质因数是确定的,必有 $p_1=q_1$。则 $p_1^{a_1-b_1}\times p_2^{a_2}\times p_3^{a_3}\times\cdots\times p_k^{a_k}=q_2^{b_2}\times q_3^{b_3}\times\cdots\times q_m^{b_m}$,后面每个质因数都大于 p_1,必有 $p_1^{a_1-b_1}=1$,所以 $a_1=b_1$。

$p_2^{a_2}\times p_3^{a_3}\times\cdots\times p_k^{a_k}=q_2^{b_2}\times q_3^{b_3}\times\cdots\times q_m^{b_m}$,如果 $p_2\neq q_2$,则与它们都是比 p_1 大的最小质数矛盾,故 $p_2=q_2$,$p_2^{a_2-b_2}\times p_3^{a_3}\times\cdots\times p_k^{a_k}=q_3^{b_3}\times\cdots\times q_m^{b_m}$,后面每个质因数都大于 p_2,必有 $p_2^{a_2-b_2}=1$,所以 $a_2=b_2$。

如此下去,不妨设 $m>k$,则 $1=q_{k+1}^{b_{k+1}}\times q_{k+2}^{b_{k+2}}\times\cdots\times q_m^{b_m}$,得到 $b_{k+1}=b_{k+2}=\cdots=b_m=0$,$m=k$。

两个分解式的质因数相同,对应质因数的指数也相同,为同一种质因数分解式,所以标准分解式表达形式唯一。

为了对合数进行分解质因数,最常用的方法就是短除法。

例如,360 的标准分解式为 $360=2^3\times3^2\times5$,225 的标准分解式为 $225=3^2\times5^2$。

```
2 | 360
2 | 180
2 |  90
3 |  45
3 |  15
       5
```

```
3 | 225
3 |  75
5 |  25
       5
```

例题精讲

例题 1-1 利用短除法,求下面各数的标准分解式。

(1) 2025 (2) 41184

答案: (1) $3^4\times5^2$ (2) $2^5\times3^2\times11\times13$

【解答】为了短除提速,可以先分解因数。

(1) $2025=3\times3\times3\times3\times25=3^4\times5^2$

(2) $41184=8\times4\times9\times11\times13=2^5\times3^2\times11\times13$

```
3 | 2025
3 |  675
3 |  225
3 |   75
       25
```

```
8 | 41184
4 |  5148
9 |  1287
11|   143
       13
```

例题 1-2 在每个方框中填入一个数字,使得算式成立,同时算式中出现的数字互不相同。

$29\times\square\square\square=\square\square\times\square\square$。

那么其中的三位数为_____。

答案: 134 或 146

【解答】从乘积的位数考虑,可以先确定下面两种情况:

$29\times1\square\square=58\times\square\square$ 或 $29\times1\square\square=87\times\square\square$

验证得到 $29\times134=58\times67$ 或 $29\times146=58\times73$。

所以,这个三位数为 134 或 146。

例题 2-1 甲、乙两名战士进行步枪射击比赛。每人射击 5 发子弹,都没有脱靶,每次射击环数为 1～10 之间的自然数。结果发现他们两人的环数乘积都是 3528,

但是乙比甲少 5 环,那么乙射击 5 次的环数之和为_____。

答案:27

【解答】(1)因为 $3528=2^3\times3^2\times7^2$,质因数 7 必须是单独射击环数,甲、乙两人都是 $7\times7\times\square\times\square\times\square$。

搭配得到 $9\times8\times1=6\times4\times3$,相差 $(9+8+1)-(6+4+3)=5$ 环。

(2)乙射击环数之和为 $7+7+6+4+3=27$ 环。

例题 2-2 连续四个自然数乘积为 1413720,那么其中最大的自然数为_____。

答案:36

【解答】(1)四个连续自然数乘积为七位数,则每个自然数是两位数。分解质因数 $1413720=2^3\times3^3\times5\times7\times11\times17$。

(2)质因数搭配,11 和 17 必是两个自然数的因数,且必须扩倍,两者差不大于 3,得到 11×3 与 17×2,得到 $11\times3,17\times2,5\times7,2\times2\times3\times3$。

所以,其中最大的自然数是 $2\times2\times3\times3=36$。

针对性练习

练习❶ 把下列合数分解成标准形式。

(1)720　　　　(2)2016　　　　(3)6732

练习❷ 四个连续偶数乘积为 $abcabc$,那么这四个偶数的和为_____。

练习❸ 把 1~9 各一次填入下面方框中,使得算式成立,那么三位数是_____。

$5568=\square\square\square\times\square\square=\square\square\times\square\square$。

练习❹ 五个不同数字之积为 4536,它们组成的五位数最小为_____,这样的五位数共有_____个。

练习❺ 把 39、45、49、56、60、70、78、84、91 分成三组,每组三个数。每组三个数的乘积都相同,那么 39 所在组三个数之和为_____。

练习❻ 在除法竖式谜的方框中填入合适数字,使得算式成立,那么得到的商为_____。

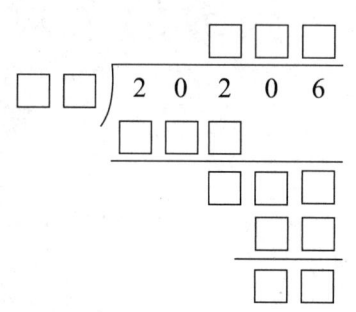

练习❼ 两个学生抄写同一个乘法算式,两个乘数都是两位数。他们各抄错了一个数字,但计算结果都是969。如果正确的结果也是三位数,那么结果应该是_____。

练习❽ 甲同学先在刚擦干净的黑板上写上数2,乙同学每次写下黑板上的最大数乘2的结果,丙同学每次写下黑板上的最大数乘1.5的结果。最后得到的最大数为3888,那么乙比丙多运算_____次。

练习参考答案

练习题号	练习1	练习2	练习3	练习4
参考答案	(1)$2^4 \times 3^2 \times 5$ (2)$2^5 \times 3^2 \times 7$ (3)$2^2 \times 3^2 \times 11 \times 17$	100	174	34679 120
解答提示	基本练习	从1001入手	分解质因数搭配	分解质因数搭配
练习题号	练习5	练习6	练习7	练习8
参考答案	193	301	867	3
解答提示	39+70+84	对201分解质因数	分解质因数搭配	$2 \times 2^8 \times 1.5^5$

SL-28　约数的个数 $\tau(n)$

神器内容	合数 $n = p_1^{a_1} \times p_2^{a_2} \times p_3^{a_3} \times \cdots \times p_k^{a_k}$，其中 p_1、p_2、p_3、$\cdots$、p_k 为质数，那么 n 的约数个数 $\tau(n) = (a_1+1)(a_2+1)(a_3+1) \cdot \cdots \cdot (a_k+1)$。
要点与说明	合数约数有几个？首先分解质因数。 标准分解要看清，指数加1再连乘。 这个公式会逆用，反推最小很流行。

神器溯源

对于两个整数 $a, b(b \neq 0)$，存在一个整数 c，使得 $a = b \times c$ 成立，那么 a 叫作 b 的倍数，b 叫作 a 的因数，又叫约数。例如，$10 = 2 \times 5$，那么 10 既是 2 的倍数，又是 5 的倍数，2 是 10 的因数（约数），5 也是 10 的因数（约数）。

下面按约数个数对自然数进行分类：

0：有无数个约数，除了 0 本身，其他自然数都是它的约数。

1：只有 1 个约数，这个约数就是它本身。

2：有 2 个约数，一个是大家都有的约数 1，一个就是它本身。这两个约数都是自然数的平凡约数，这样的自然数就是质数。

4：有 3 个约数，除了 1 和它本身，还有另一个约数。多于 2 个约数的自然数叫作合数。

以 360 为例：360 有多少个约数？

$360 = 2^3 \times 3^2 \times 5 = 2 \times 2 \times 2 \times 3 \times 3 \times 5$。

3 个质因数 2，2 个质因数 3，1 个质因数 5，就像有 6 个乒乓球，请你挑几个放到盘子里吧，如图所示。

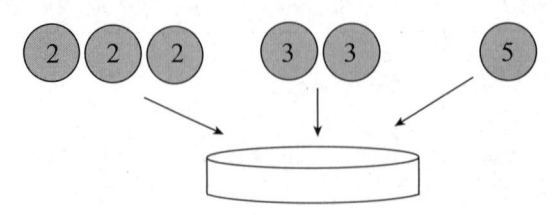

3 个 2 号球放入方法：不放，放 1 个，放 2 个，放 3 个，共 4 种。

2 个 3 号球放入方法：不放，放 1 个，放 2 个，共 3 种。

1个5号球放入方法：不放，放1个，共2种。

这是个计数问题，根据乘法原理，一共有 $4\times3\times2=24$ 种，也就是各自的指数加1再相乘。

如何确定360的偶数约数有多少个呢？至少选1个2号球放入盘子，故不能给质因数2的个数加1，得到360的偶约数共有 $3\times3\times2=18$ 个。

一个自然数 n 的约数个数，记作 $\tau(n)$。如果合数 $n=p_1^{a_1}\times p_2^{a_2}\times p_3^{a_3}\times\cdots\times p_k^{a_k}$，其中 p_1、p_2、p_3、$\cdots$、p_k 为质数，那么合数 n 的约数个数 $\tau(n)=(a_1+1)(a_2+1)(a_3+1)\cdot\cdots\cdot(a_k+1)$。

$\tau(360)=\tau(2^3\times3^2\times5)=(3+1)(2+1)(1+1)=24$，

$\tau(100)=\tau(2^2\times5^2)=(2+1)(2+1)=9$。

约数的个数 $\tau(n)$ 满足可积性，当 a、b 互质时，则有 $\tau(ab)=\tau(a)\tau(b)$。（证明略）

例题精讲

例题 1-1 求下列各数的约数个数。

(1) 73　　　　　(2) 280　　　　　(3) 2025

答案：(1) 2　(2) 16　(3) 15

【解答】(1) $\tau(73)=1+1=2$。

(2) $\tau(280)=\tau(2^3\times5\times7)=(3+1)(1+1)(1+1)=16$。

(3) $\tau(2025)=\tau(3^4\times5^2)=(4+1)(2+1)=15$。

例题 1-2 6048共有_____个约数，其中能被3整除的约数共有_____个。

答案：48　36

【解答】(1) $6048=2^5\times3^3\times7$。

(2) $\tau(6048)=(5+1)(3+1)(1+1)=48$。

(3) 6048能被3整除的约数个数为：$\tau(6048)=(5+1)\times3\times(1+1)=36$。

例题 2 在一个自然数的约数中，有10个是连续的自然数，那么这个数最少有_____个约数。

答案：48

【解答】(1) 10个连续自然数，一定有8的倍数，9的倍数，7的倍数，5的倍数，那么这个数最小也是 $8\times9\times7\times5=2^3\times3^2\times5\times7$。

(2) $\tau(2^3\times3^2\times5\times7)=(3+1)(2+1)(1+1)(1+1)=48$。

针对性练习

练习❶ 求下列各数约数的个数。
(1) 84 (2) 396 (3) 8316

练习❷ 7728 共有_____个约数,其中能被 23 整除的约数共有_____个。

练习❸ 一个自然数是 18 的倍数,且有 18 个约数,那么这个自然数最小为_____。

练习❹ 一类两位数有 12 个约数,乘 81 后有 36 个约数,那么所有这样的两位数之和为_____。

练习❺ 一个正整数能被 420 整除,且有 36 个约数,那么这样的正整数共有_____个。

练习❻ 甲、乙、丙、丁四位同学分别发表自己的言论。
甲:我构造了连续 101 个自然数(非零)之和恰好有 11 个约数。
乙:我构造了连续 102 个自然数(非零)之和恰好有 12 个约数。
丙:我构造了连续 103 个自然数(非零)之和恰好有 13 个约数。
丁:我构造了连续 104 个自然数(非零)之和恰好有 14 个约数。
其中结论一定错误的是_____。(填甲、乙、丙或丁)

练习❼ 一个自然数有 18 个约数,且这 18 个约数中,一位数、两位数、三位数各有 6 个,那么这个自然数是_____。

练习参考答案

练习题号	练习1	练习2	练习3	练习4
参考答案	(1)12 (2)18 (3)48	40　20	180	240
解答提示	基本练习	暗中提示有质因数23	考虑质因数	60＋84＋96＝240
练习题号	练习5	练习6	练习7	
参考答案	3	丁	972	
解答提示	$C_3^1 \times C_2^2 = 3$	求和后分解质因数	$3^5 \times 2^2 = 972$	

SL-29　奇偶开关，拉灯问题

神器内容	完全平方数有奇数个约数。
要点与说明	奇偶开关控制灯，不是灭来就是明。 开关拉动奇数次，灯的状态不一致。 开关拉动偶数次，状态不变是常识。 平方约数奇数个，拉灯难题易攻克。

神器溯源

我们来观察较小的几个平方数的约数个数。

自然数 n	n 的约数	约数个数 $\tau(n)$
1	1	1
4	1、2、4	3
9	1、3、9	3
16	1、2、4、8、16	5
25	1、5、25	3
36	1、2、3、4、6、9、12、18、36	9
49	1、7、49	3
64	1、2、4、8、16、32、64	7
⋯	⋯	⋯

下面证明完全平方数有奇数个约数。

证明：设平方数 $n = p_1^{2a_1} \times p_2^{2a_2} \times p_3^{2a_3} \times \cdots \times p_r^{2a_r}$（$p_1$、$p_2$、$p_3$、$\cdots$、$p_r$ 为互不相同的质数），根据约数个数公式，得到 $\tau(n) = (2a_1+1)(2a_2+1)(2a_3+1) \cdot \cdots \cdot (2a_r+1)$。

由于 $2a_1+1$、$2a_2+1$、$2a_3+1$、$\cdots$、$2a_r+1$ 都是奇数，其乘积一定为奇数，所以 $\tau(n)$ 为奇数。

例题精讲

例题 1 有编号为 1~200 的电灯，每盏灯都有一个奇偶开关，开始每盏灯都是熄灭的。第 1 轮，把每盏灯的开关拉一下；第 2 轮把编号为 2 的倍数的灯的开关拉一下；

第3轮把编号为3的倍数的灯的开关拉一下;……第200轮把编号为200的开关拉一下,那么此时亮着的灯有_____盏。

答案:14

【**解答**】(1)每轮拉动的开关都是轮次数的倍数,如果从灯的编号考虑,如果某轮次是编号的约数时,才能拉动此编号开关。每个编号有几个约数就拉动几次。

(2)每盏灯由灭变成亮,必须对应的开关拉奇数次,这样就需要灯的开关编号有奇数个约数,而只有完全平方数才有奇数个约数,那么每盏灯由灭变亮的编号是完全平方数,如编号为9的灯的开关在第1、3、9轮被拉动,被拉动3次,灯由灭变亮。再如编号为10号的灯的开关在第1、2、5、10轮被拉动,被拉动4次,灯最终还是灭,编号不是平方数。

(3)1~200之间的平方数有1^2、2^2、3^2、…、14^2,共计14个,这些编号的灯此时是亮着的。

例题2 由200名学生编为1至200号面向南站成一排。第1次全体学生向右转(转后所有的学生面朝西);第2次编号为2的倍数的学生向右转;第3次编号为3的倍数的学生向右转;……第199次编号为199的倍数的学生向右转,那么到此时面向东的学生有_____名。

答案:9

【**解答**】(1)每人向右转$4k$(k为整数)次面向南,向右转$4k+1$(k为整数)次面向西,向右转$4k+2$(k为整数)次面向北,向右转$4k+3$(k为整数)次面向东。不管最后面向东还是面向西,都需要转奇数次。除了第200号,编号为完全平方数的都转动奇数次,分别是1、4、9、16、…、169、196。

(2)分别考察各个平方数的约数个数:

编号 n	1	4	9	16	25	36	49
约数个数 $\tau(n)$	1	3	3	5	3	9	3
最终朝向	西	东	东	西	东	西	东

编号 n	64	81	100	121	144	169	196
约数个数 $\tau(n)$	7	5	9	3	15	3	9
最终朝向	东	西	西	东	东	东	西

此时在 1~199 号中,有 8 名面向东,他们的编号分别为 4、9、25、49、64、121、144、169。

(3)最后,再考查编号为 200 的学生,由于 200 是 200 的约数,而向右转只做了 199 次,少了第 200 次编号为 200 的倍数的学生向右转,因此少了 1 次。200 有 (3+1)(2+1)=12 个约数,转动 12-1=11 次,此时面向东。

综上所述,此时面向东的学生有 8+1=9 名。

针对性练习

练习❶ 有编号为 1~2025 的电灯,每盏灯都有一个奇偶开关,开始每盏灯都是亮着的。第 1 轮,把每盏灯的开关拉一下,第 2 轮把编号为 2 的倍数的灯的开关拉一下,第 3 轮把编号为 3 的倍数的灯的开关拉一下……第 2025 轮把编号为 2025 的开关拉一下,那么此时熄灭的灯有_____盏。

练习❷ 有 50 只灯泡,分别编号为 1、2、3、…、50,开始都是亮着的,且各有一个奇偶开关。第 1 次把编号为 3 的倍数的灯的开关拉一次,第 2 次把编号为 4 的倍数的灯的开关拉一次,那么现在亮着的灯有_____只。

练习❸ 编号为 1~300 的空盒子各一个。第 1 次向每个盒子里各放入一个乒乓球,第 2 次向编号为 2 的倍数的盒子里各放入一个乒乓球,第 3 次向编号为 3 的倍数的盒子里各放入一个乒乓球……第 300 次向编号为 300 的倍数的盒子里各放入一个乒乓球,那么放入奇数个乒乓球的盒子里一共有_____个。

练习❹ 在不大于 1000 的正整数中,有偶数个约数的正整数一共有_____个。

练习❺ 编号为 1~81 的空盒子各一个。第 1 次向每个盒子里各放入 1 粒黄豆,第 2 次向编号为 2 的倍数的盒子里各放入 2 粒黄豆,第 3 次向编号为 3 的倍数的盒子里各放入 3 粒黄豆……第 80 次向编号为 80 的倍数的盒子里各放入 80 粒黄豆,那么放奇数次的盒子里的黄豆一共有_____粒。

练习❻ 有 100 盏灯,每盏都有一个奇偶开关。把灯依次编号为 1~100,开始第 1~50 盏灯是亮着的,第 51~100 盏灯是熄灭的。第 1 次每盏灯的开关都拉一次,第 2 次编号为 2 的倍数的开关拉一次,第 3 次编号为 3 的倍数的开关拉一次……第 95 次把编号为 95 的倍数的开关拉一次,到此时亮着的灯还有_____盏。

练习参考答案

练习题号	练习1	练习2	练习3	练习4
参考答案	45	30	17	969
解答提示	编号为平方数的熄灭	容斥原理,开关拉2次的或不拉仍亮着	编号为平方数的放奇数个	反向考虑
练习题号	练习5	练习6		
参考答案	358	49		
解答提示	平方数的约数和,81除外	分三段:1～50;51～95;96～100		

SL-30 约数之和 $\delta(n)$

神器内容	合数 $n = p_1^{a_1} \times p_2^{a_2} \times p_3^{a_3} \times \cdots \times p_k^{a_k}$，其中 p_1、p_2、p_3、$\cdots$、p_k 为质数，那么 n 的所有约数之和 $\delta(n) = \dfrac{p_1^{a_1+1}-1}{p_1-1} \times \dfrac{p_2^{a_2+1}-1}{p_2-1} \times \cdots \times \dfrac{p_r^{a_r+1}-1}{p_r-1}$。
要点与说明	自然数，约数多，所有约数来求和。 约数求和可积性，分解开来用一用。 质数幂的约数和，乘在一起很快乐。

神器溯源

1. 自然数 n 的所有约数之和，记作 $\delta(n)$

求自然数 n 的约数和分为两步：

(1)对 n 分解质因数。(2)每个质因数的最高次幂的所有约数和再连乘。

首先，对于质数 p，则 p^n 的约数之和 $\delta(p^n) = 1 + p + p^2 + \cdots + p^n = \dfrac{p^{n+1}-1}{p-1}$。

例如，$\delta(3^4) = 1 + 3 + 3^2 + 3^3 + 3^4 = \dfrac{3^5-1}{3-1} = 121$。

其次，当 p_1 与 p_2 互质时，

$\delta(p_1^{a_1}) \times \delta(p_2^{a_2}) = (1 + p_1 + p_1^2 + \cdots + p_1^{a_1})(1 + p_2 + p_2^2 + \cdots + p_2^{a_2})$

$\qquad = 1 + p_1 + p_2 + p_1^2 + p_1 p_2 + p_2^2 + p_1^2 p_2 + p_1 p_2^2 + \cdots + p_1^{a_1} p_2^{a_2}$

$\qquad = \delta(p_1^{a_1} \times p_2^{a_2})$

结论：质数幂的约数和具有可积性，约数和的乘积等于乘积的约数和（当然有条件哦）。

以 360 为例，求 360 的所有约数之和 $\delta(360)$。

解：$\delta(360) = \delta(2^3 \times 3^2 \times 5) = \delta(2^3) \times \delta(3^2) \times \delta(5) = (1+2+4+8) \times (1+3+9) \times (1+5) = 1170$

再举一个更简单的例子：

求 20 的所有约数之和。

$20 = 2^2 \times 5$，所以 20 的所有约数之和为：

$$1+2+4+5+10+20 = 2^0 \times 5^0 + 2^1 \times 5^0 + 2^2 \times 5^0 + 2^0 \times 5^1 + 2^1 \times 5^1 + 2^2 \times 5^1$$
$$= (2^0 + 2^1 + 2^2) \times 5^0 + (2^0 + 2^1 + 2^2) \times 5^1$$
$$= (2^0 + 2^1 + 2^2)(5^0 + 5^1)$$
$$= 42$$

这就是 $\delta(20) = \delta(2^2 \times 5) = (1+2+4) \times (1+5) = \delta(2^2) \times \delta(5)$。

2. 自然数 n 的所有约数积为 $n^{\frac{\tau(n)}{2}}$

如果两个自然数相乘等于 n，那么这两个数分别叫作 n 的对应因子。n 的所有约数两两配对，可以得到 $\frac{\tau(n)}{2}$ 对。

例如，18 的约数积为 $18^{\frac{\tau(18)}{2}} = 18^{\frac{6}{2}} = 18^3$。事实上，$(1 \times 18) \times (2 \times 9) \times (3 \times 6) = 18^3$。

3. 自然数 n 的所有约数的倒数和为 $\dfrac{\delta(n)}{n}$

n 的所有约数的倒数之和进行通分时，最简公分母就是 n，分子就是 n 的所有约数各一次，分子各数之和就是 n 的所有约数之和。

例如，18 的所有约数的倒数和为 $\dfrac{1}{1} + \dfrac{1}{2} + \dfrac{1}{3} + \dfrac{1}{6} + \dfrac{1}{9} + \dfrac{1}{18} = \dfrac{18+9+6+3+2+1}{18} = \dfrac{39}{18} = \dfrac{\delta(18)}{18}$。

例题精讲

例题 1-1 求下列各数的约数和。

(1) 61　　　　(2) 280　　　　(3) 2025

答案：(1) 62　(2) 720　(3) 3751

【解答】(1) $\delta(61) = 1 + 61 = 62$。

(2) $\delta(280) = \delta(2^3 \times 5 \times 7) = \delta(2^3) \times \delta(5) \times \delta(7) = (1+2+4+8)(1+5)(1+7) = 720$。

(3) $\delta(2025) = \delta(3^4 \times 5^2) = \delta(3^4) \times \delta(5^2) = (1+3+9+27+81)(1+5+25) = 3751$。

例题 1-2 2028 的约数共有_____个，所有偶约数有_____个，所有约数之和为_____，所有偶约数之和为_____，所有约数乘积为_____，所有约数的倒数之和为_____。

答案：18　12　5124　4392　2028^9　$\dfrac{427}{169}$

【解答】(1)$2028=2^2\times3\times13^2$。

(2)$\tau(2028)=(2+1)(1+1)(2+1)=18$ 个。所有偶约数有 $\tau(2028)=2\times(1+1)(2+1)=12$ 个。

(3)$\delta(2028)=\delta(2^2\times3\times13^2)=(1+2+4)(1+3)(1+13+169)=5124$。
2028 的所有偶约数之和为 $(2+4)(1+3)(1+13+169)=4392$。

(4)2028 的所有约数乘积为 $2028^{\frac{\tau(2028)}{2}}=2028^{\frac{18}{2}}=2028^9$。

(5)2028 的所有约数的倒数和为 $\dfrac{\delta(2028)}{2028}=\dfrac{5124}{2028}=\dfrac{427}{169}$。

例题 2-1 一个自然数，有 12 个约数，且所有约数之和为 280，那么这个自然数为 _____。

答案：108

【解答】根据这个自然数质因数的个数进行分类。

(1)当这个数只有一个质因数时，设为 p，则这个数为 p^{11}，$p\geqslant2$，则所有约数之和 $\geqslant\dfrac{2^{12}-1}{2-1}=4095>280$。

(2)当这个数只有两个质因数时，设为 p、q，则这个数为 $p\times q^5$ 或 $p^2\times q^3$，则 $p\times q^5$ 的约数和不小于 $(1+3)(1+2+4+8+16+32)=4\times63=252\neq280$，再取大一点的质因数，则所有约数之和都大于 280，故无解。

当 $p=2,q=3$ 时，$p^2\times q^3$ 的约数和为 $(1+2+4)(1+3+9+27)=280$，所以这个数为 $2^2\times3^3=108$。

当 $p=3,q=2$ 时，$3^2\times2^3$ 的因数和 $=195<280$，无解。

(3)当这个数只有三个质因数时，设为 p、q、r，这个数为 $p^2\times q\times r$。

当 $p=2,q=3,r=11$ 时，这个数的约数和为 $(1+2+4)(1+3)(1+11)=336>280$。同理，$r=5$ 和 7，$p=2,q=3$ 时，其约数和都小于 280，故无解。

所以，这个数为 108。

例题 2-2 一个奇数，只有两个质因数，这个数等于它最小的四个约数和它的约数个数的乘积，那么这个数是 _____。

答案：2025

【解答】设 p、q 均为奇质数，且 $p<q$，这个奇数为 $p^{2m}\times q^{2n}$，则

(1)若 $p^{2m}\times q^{2n}=1\times p\times p^2\times q\times(2m+1)(2n+1)$,$p^{2m-3}\times q^{2n-1}=(2m+1)\times(2n+1)$,$p=3,q=5,m=2,n=1$,这个数为 $3^4\times 5^2=2025$。

(2)若 $p^{2m}\times q^{2n}=1\times p\times p^2\times p^3\times(2m+1)(2n+1)$,$p^{2m-6}\times q^{2n}=(2m+1)\times(2n+1)$,验证无解。

(3)若 $p^{2m}\times q^{2n}=1\times p\times q\times pq\times(2m+1)(2n+1)$,$p^{2m-2}\times q^{2n-2}=(2m+1)\times(2n+1)$,验证无解。

所以,这个数为 2025。

针对性练习

练习❶ 求下列各数的约数和。
(1)84　　　　(2)396　　　　(3)8316

练习❷ 180 的所有约数之和为_____,所有能被 3 整除的约数之和为_____,所有约数乘积为_____,所有约数的倒数之和为_____。

练习❸ 一个矩形(包括正方形和长方形)的长和宽都是整数,且面积为 324 平方厘米,那么所有这样的长方形的周长之和为_____厘米。

练习❹ 一个自然数加上它的最大真约数(不是本身的最大约数)之和为 204,那么所有这样的自然数之和为_____。

练习❺ 对于自然数 n,$\tau(n)=8$,$\delta(n)=120$,那么 $n=$_____。

练习❻ 一个自然数分解质因数时只有一个质因数,它恰好等于它最小的四个约数与它约数的个数这五个数的乘积,那么这个自然数为_____。

练习❼　在不大于 100 的所有正整数中，这个数的平方等于它的所有约数的乘积，那么这样的正整数共有_____个。

练习参考答案

练习题号	练习1	练习2	练习3	练习4
参考答案	(1) 224 (2) 1092 (3) 26880	546　504　180^9 $\dfrac{91}{30}$	1730	476
解答提示	基本练习	公式套用	边长18统计4次	136、153、187
练习题号	练习5	练习6	练习7	
参考答案	54 或 56	6561	32	
解答提示	从约数个数入手，验证约数和	设这个数为 p^n	p^3 或 pq 型	

126

SL-31　完全数 ★

神器内容	一个自然数，如果它的所有真约数之和等于它本身，那么这样的自然数叫作完全数。例如，6 的真约数之和为 1+2+3=6，所以 6 就是完全数。
要点与说明	完全数，数完美，约数之和等于谁？ 等于自身整二倍，真正寻找把时费。 六、二八、四九六，三个完美记心头。 完美之数迷藏捉，目前仅知五十多。

神器溯源

如果一个自然数的所有真约数之和等于它本身，那么这样的自然数叫作完全数，又称完美数或完备数。完全数有以下性质或等价的定义：

(1) 若 n 为完全数，则其约数和等于自身的 2 倍，即 $\delta(n)=2n$。

(2) 若 n 为完全数，则其所有约数倒数之和为 2，即 $\dfrac{\delta(n)}{n}=2$。

目前已知的完全数仅有 50 多个，从小到大前五个是：

6=1+2+3

28=1+2+4+7+14

496=1+2+4+8+16+31+62+124+248

8128=1+2+4+8+16+32+64+127+254+508+1016+2032+4064

33550336

……

从有限几个完全数可以发现：

当 2^p-1 为质数（也就是梅森素数）时，$2^{p-1}(2^p-1)$ 就是完全数。下面进行证明：

可设 $n=2^{p-1}(2^p-1)$，

2^p-1 为质数，则约数和 $\delta(2^p-1)=1+(2^p-1)=2^p$。

又知 2^{p-1} 的约数和为 $\delta(2^{p-1})=1+2+2^2+2^3+\cdots+2^{p-1}=2^p-1$。

因为质数 2^p-1 与 2^{p-1} 互质,

则 $\delta(n)=\delta[2^{p-1}(2^p-1)]=\delta(2^{p-1})\delta(2^p-1)=(2^p-1)\times 2^p=2\times[(2^p-1)\times 2^{p-1}]=2n$。

故 $2^{p-1}(2^p-1)$ 为完全数。

由此可见,人们对完全数的寻找,主要是对梅森素数 2^p-1 的寻找,当 p 很大时,只有计算机才能验证完成。

对完全数进行推广:对于自然数 n,如果存在一个正整数 k,使得 $\delta(n)=kn$ 成立,那么 n 为 k 类完全数。当 $k=1$ 时,n 为 1 类完全数,则有 $n=1$。当 $k=2$ 时,n 为 2 类完全数,即通常情况下的完全数,完全数是 $k=2$ 时的特殊情况。

因为 $\delta(120)=\delta(8)\times\delta(3)\times\delta(5)=15\times 4\times 6=3\times 120$,所以 120 是 3 类完全数。

当 $\delta(n)<kn$ 时,n 为 k 类亏数;当 $\delta(n)>kn$ 时,n 为 k 类盈数。

例题精讲

例题 1 一个自然数的 2 倍等于它的所有约数之和,那么这样的自然数叫作完全数。验证 33550336 是完全数,672 是 3 类完全数。

答案:见解答。

【解答】(1) $\delta(33550336)=\delta(2^{12}\times 8191)=\delta(2^{12})\times\delta(8191)=(2^{13}-1)\times 8192=8191\times 2^{12}\times 2=2\times 33550336$。

(2) $\delta(672)=\delta(2^5\times 3\times 7)=\delta(2^5)\times\delta(3)\times\delta(7)=63\times 4\times 8=3\times 672$。

例题 2-1 一个自然数所有约数之和大于它本身的 2 倍,那么这样的自然数叫作 2 类盈数。若约数之和小于它本身的 2 倍,那么这样的自然数叫作 2 类亏数,那么在小于 1000 的所有奇数中,2 类盈数仅有一个,这个自然数是_____。

答案:945

【解答】(1) 首先,这个自然数最多有 3 个质因数。否则,这个自然数不小于 $3\times 5\times 7\times 11=1155>1000$。

(2) 如果这个奇数只有一个质数,设 $n=p^a$,$\delta(n)=\delta(p^a)=\dfrac{p^{a+1}-1}{p-1}$,

$2n-\delta(n)=2p^a-\dfrac{p^{a+1}-1}{p-1}=\dfrac{2p^{a+1}-2p^a-p^{a+1}+1}{p-1}=\dfrac{(p-2)p^a+1}{p-1}\geqslant\dfrac{(3-2)\times 3^a+1}{3-1}=\dfrac{3^a+1}{2}>0$。

所以,$\delta(n)<2n$,n 为 2 类亏数,不符合要求。

(3)如果这个奇数只有两个质数,

设 $n=p^a \times q^b$, $\delta(n)=\delta(p^a \times q^b)=\dfrac{p^{a+1}-1}{p-1} \times \dfrac{q^{b+1}-1}{q-1} < \dfrac{p^{a+1}}{p-1} \times \dfrac{q^{b+1}}{q-1}$, $\dfrac{2n}{\delta(n)} > \dfrac{2p^a q^b}{\dfrac{p^{a+1}}{p-1} \times \dfrac{q^{b+1}}{q-1}} = \dfrac{2(p-1)(q-1)}{pq} = 2 - 2 \times \dfrac{p+q-1}{pq} > 2 - 2 \times \dfrac{3+5-1}{3 \times 5} = \dfrac{16}{15} > 1$。

所以,$\delta(n) < 2n$,n 为 2 类亏数。

(4)如果这个奇数只有三个质数,

设 $n=p^a \times q^b \times r^c$ ($p<q<r$), $\delta(n)=\delta(p^a \times q^b \times r^c)=\dfrac{p^{a+1}-1}{p-1} \times \dfrac{q^{b+1}-1}{q-1} \times \dfrac{r^{c+1}-1}{r-1} < \dfrac{p^{a+1}}{p-1} \times \dfrac{q^{b+1}}{q-1} \times \dfrac{r^{c+1}}{r-1}$,

若 n 为 2 类盈数,则有 $\delta(n) > 2n$,

$2 < \dfrac{\delta(n)}{n} < \dfrac{\dfrac{p^{a+1}-1}{p-1} \times \dfrac{q^{b+1}-1}{q-1} \times \dfrac{r^{c+1}-1}{r-1}}{p^a q^b r^c} < \dfrac{\dfrac{p^{a+1}}{p-1} \times \dfrac{q^{b+1}}{q-1} \times \dfrac{r^{c+1}}{r-1}}{p^a q^b r^c} = \dfrac{p}{p-1} \times \dfrac{q}{q-1} \times \dfrac{r}{r-1}$。

若 $p \geq 5$,则 $\dfrac{5}{5-1} \times \dfrac{7}{7-1} \times \dfrac{11}{11-1} = \dfrac{77}{48} < 2$,故 n 为 2 类盈数时,$p=3$。

若 $q \geq 7$,则 $\dfrac{3}{3-1} \times \dfrac{7}{7-1} \times \dfrac{11}{11-1} = \dfrac{231}{120} < 2$,故 n 为 2 类盈数时,$q=5$。

此时,$\dfrac{3}{3-1} \times \dfrac{5}{5-1} \times \dfrac{r}{r-1} > 2$,$\dfrac{r}{r-1} > \dfrac{16}{15}$,$r<16$,且为质数。

验证 $r=7$、11 和 13,只有 $n=3^3 \times 5 \times 7 = 945$,$\dfrac{\delta(3^3 \times 5 \times 7)}{3^3 \times 5 \times 7} = \dfrac{40 \times 6 \times 8}{3^3 \times 5 \times 7} = \dfrac{128}{63} > 2$。

综上所述,n 的取值唯一,只能为 945。

例题 2-2 一个大于 1 的自然数 n,它的所有约数之积等于 n^{15},那么 n 最小值为 _____。

答案: 720

【解答】(1)n 对应因数之积都等于 n。如 18 的约数中,$1 \times 18 = 2 \times 9 = 3 \times 6$。所以 n 有 $15 \times 2 = 30$ 个约数。

(2)对 30 进行分解,$30 = 2 \times 15 = 3 \times 10 = 5 \times 6 = 2 \times 3 \times 5$,对应质因数的指数

分别为:29;1、14;2、9;4、5;1、2、4。比较 2^{29}、$2^{14}×3=49152$、$2^9×3^2=4608$、$2^5×3^4=2592$、$2^4×3^2×5=720$,得到 720 为符合条件的最小值。

针对性练习

练习 ❶ 144 是否为完全数?如果不是完全数,是 2 类盈数还是亏数?

练习 ❷ 一个完全数 n,分解质因数的标准形式为"p^2q",那么 $n=$ _____。

练习 ❸ 一个 3 类完全数 n,分解质因数的标准形式为"2^3pq",那么 $n=$ _____。

练习 ❹ 一个正整数至少有 4 个约数,并且该数恰好等于其最小的 4 个约数的平方之和,那么这个正整数为 _____。

练习参考答案

练习题号	练习1	练习2	练习3	练习4
参考答案	144 不是完全数,是 2 类盈数	28	120	130
解答提示	$\delta(144)>2×144$	双分解	$\delta(n)=3n$	分类讨论

SL-32　$2^{2^n \times p} + 1$（p 为奇数）的因数分解 ★

神器内容	$(2^{2^n}+1) \mid (2^{2^n \times p}+1)$（$p$ 为奇数）
要点与说明	幂的值，有点大，分解太难很害怕。 底数是 2 要点抓，整体再把 1 来加。 使用神器此方法，轻松分解全拿下。

神器溯源

当 m 为正整数时，$x^m - 1 = (x-1)(x^{m-1} + x^{m-2} + x^{m-3} + x^{m-4} + \cdots + x + 1)$。

当 m 为奇数时，$x^m + 1 = (x+1)(x^{m-1} - x^{m-2} + x^{m-3} - x^{m-4} + \cdots - x + 1)$。

所以，在 p 为奇数时，$2^{2^n \times p} + 1 = (2^{2^n})^p + 1 = (2^{2^n} + 1)(2^{2^n \times (p-1)} - 2^{2^n \times (p-2)} + 2^{2^n \times (p-3)} - \cdots - 2^{2^n} + 1)$，

所以 $(2^{2^n} + 1) \mid (2^{2^n \times p} + 1)$。

例题精讲

例题 1 求证：$2^{1984} + 1$ 是合数，并找出它的一个非 1 的约数。

答案：见证明。

【证明】因为 $2^{1984} + 1 = 2^{2^6 \times 31} + 1 = (2^{2^6})^{31} + 1 = (2^{64} + 1)(2^{64 \times 30} - 2^{64 \times 29} + 2^{64 \times 28} - 2^{64 \times 27} + \cdots - 2^{64} + 1)$。

所以 $2^{1984} + 1$ 是合数，其中有个非 1 的约数是 $2^{64} + 1$。

例题 2 分解质因数 $2^{20} + 1$。

答案：17×61681。

【解答】因为 $20 = 2^2 \times 5$，所以 $2^{20} + 1 = (2^4)^5 + 1 = (2^4 + 1)(2^{4 \times 4} - 2^{4 \times 3} + 2^{4 \times 2} - 2^{4 \times 1} + 1) = 17 \times 61681$。

针对性练习

练习❶ 分解质因数。

(1) $2^{16}-1$ (2) $2^{15}+1$

练习❷ 请找出 $2^{56}+1$ 的一个大于1的因数,这个数是_____。

练习❸ 分解质因数 $2^{24}+1$。

练习❹ 判断 $8^{76}+9$ 是质数还是合数,并给出合理证明。

练习❺ 证明:若 $2^m+1(m\geqslant 1)$ 为质数,则 2^m+1 一定为费尔马数。($F_n=2^{2^n}+1$ 为费尔马数)

练习参考答案

练习题号	练习1	练习2	练习3	练习4	练习5
参考答案	(1) $3\times 5\times 17\times 257$ (2) $3^2\times 11\times 331$	257	$97\times 257\times 673$	合数	略
解答提示	公式套用	答案不唯一	对 256^3+1 进行因数分解	证明其是5的倍数	反证法,找非1的奇因数

SL-33　最大公约数

神器内容	两个正整数 a、b 的最大公约数表示为 (a,b)。
要点与说明	整除你,整除我,整除咱俩公约数。 有时又称公因数,最大公约有用处。 最大公约若是1,互质关系要常记。

神器溯源

既能整除 a 又能整除 b 的最大整数,叫作 a 与 b 的最大公约数,记作 (a,b)。

1. 求 (a,b) 的一般方法

(1)约数列举法。(2)分解质因数法。(3)短除法。(4)辗转相除法。

当 $(a,b)=1$ 时,则称 a 与 b 互质。

2. 求多个数的最大公约数进行短除法时,达到整体互质即可。

如图1所示,$(24,60,72)=4\times 3=12$。

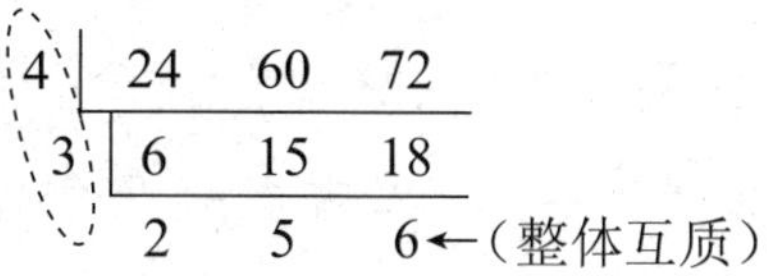

```
4 | 24  60  72
3 |  6  15  18
      2   5   6 ←(整体互质)
```
图1

如果 $(a,b,c)=1$,则称 a、b、c 三者互质。如果 $(a,b)=(b,c)=(c,a)=1$,则称 a、b、c 两两互质。

3. 最大公约数的性质

(1) $(a,b)|a$,$(a,b)|b$。　　　　　　(2) $(a,b)=(a-b,b)$。

(3) $(ab,ac)=a(b,c)$。　　　　　　(4) 若 $a|b$,$a|c$,则 $a|(b,c)$。

例题精讲

例题 1-1 求下列各组数的最大公约数。

(1) $(24,60)$　　　　　　(2) $(63,105)$　　　　　　(3) $(81,135,297)$

答案:(1)12　(2)21　(3)27

【解答】分解质因数法。

(1) $(24, 60) = (2^3 \times 3, 2^2 \times 3 \times 5) = 2^2 \times 3 = 12$。

(2) $(63, 105) = (3^2 \times 7, 3 \times 5 \times 7) = 3 \times 7 = 21$。

(3) $(81, 135, 297) = (3^4, 3^3 \times 5, 3^3 \times 11) = 3^3 = 27$。

另解：短除法，如图 2 至图 4 所示。

$(24, 60) = 4 \times 3 = 12$。$(63, 105) = 3 \times 7 = 21$。$(81, 135, 297) = 3^2 \times 3 = 27$。

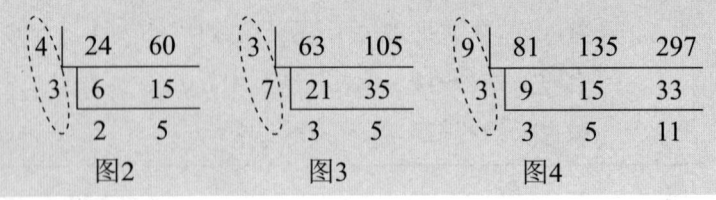

```
 4 | 24  60        3 | 63  105        9 | 81  135  297
 3 |  6  15        7 | 21   35        3 |  9   15   33
        2   5             3    5             3    5   11
    图2                 图3                    图4
```

例题 1-2 一间客厅需铺设地板砖，客厅的长为 450 厘米、宽为 330 厘米，那么这个客厅最少需要正方形地板砖_____块。

答案：165

【解答】(1) 为了使得地板砖用量最少，正方形地板砖的边长尽量大，且是 450 和 330 的约数，最好是两者的最大公约数。

(2) $(450, 330) = (2 \times 3^2 \times 5^2, 2 \times 3 \times 5 \times 11) = 2 \times 3 \times 5 = 30$，$(450 \div 30) \times (330 \div 30) = 15 \times 11 = 165$。

例题 2-1 有苹果 337 个、香蕉 254 个、酥梨 213 个。把这些水果装水果篮，每篮相同的水果都装一样多，结果苹果剩 1 个，香蕉剩 2 个，酥梨剩 3 个，那么最多可装_____个水果篮。

答案：42

【解答】$(337-1, 254-2, 213-3) = (336, 252, 210) = (2^4 \times 3 \times 7, 2^2 \times 3^2 \times 7, 2 \times 3 \times 5 \times 7) = 2 \times 3 \times 7 = 42$。

例题 2-2 有四个不同的自然数，它们的和是 2424，它们的最大公约数最大为_____。

答案：202

【解答】设四个不同自然数的最大公约数为 d，则 $d + 2d + 3d + 4d \leq 2424$，$d \leq 242.4$。2424 小于 242.4 的最大约数为 202。这四个不同的自然数可以是 1×202、2×202、3×202、6×202。

134

针对性练习

练习❶ 求下列各组数的最大公约数。
(1)(396,748)　　　(2)(255,257)　　　(3)(882,1134,1386)

练习❷ 一个数除265的余数为1,除376的余数为2,除465的余数为3,那么这个数最大为_____。

练习❸ 一个数除257的余数为r(>0),除446的余数为2r,除550的余数为3r,那么这个数最大为_____。

练习❹ 用1~8这八个数字各一次组成20160个八位数,这些八位数的最大公约数最大为_____。

练习❺ 所有"$\overline{ababab}$"型的六位数与所有"$\overline{abcabc}$"型的六位数的最大约数为_____。

练习❻ 每个平方数与它左右相邻的两个数相乘,得到三个连续自然数的乘积,那么所有乘积的最大公约数为_____。

练习❼ 两个自然数的最大公约数为20,其中一个有8个约数,另一个有9个约数,那么这两个自然数的最小公倍数为_____。

练习❽ 两个连续的四位数,它们各自数字和的最大公约数大于2,那么这样的无序数组共有_____个。

练习参考答案

练习题号	练习1	练习2	练习3	练习4
参考答案	(1)44　(2)1　(3)126	22	17	18
解答提示	基本练习	减去余数求最大公约数	余同作差	9的偶数倍数，都可以
练习题号	练习5	练习6	练习7	练习8
参考答案	91	60	200	48
解答提示	(10101,1001)	分析平方数个位，必有一个5的倍数	指数搭配	10+36+2=48

SL-34　辗转相除法

神器内容	对于整数 a、b，则有 $(a,b)=(a\pm b,b)$。
要点与说明	两个数，都很大，寻找因数没办法。 大数换成两数差，最大公约不变化。 辗转相除在原本，九章更相又减损。

神器溯源

对于整数 a、b，有 $(a,b)=(a\pm b,b)$。证明如下：

设 $a=xd$，$b=yd$，且 $(x,y)=1$，如图1所示。

$(a,b)=(xd,yd)=(x,y)d=d$，

$(a-b,b)=(xd-yd,yd)=(x-y,y)d$。[根据 $(x,y)=1$ 可得 $(x-y,y)=1$。事实上，若存在一个 $e(e>1)$，使得 $(x-y,y)=e$，$e|(x-y)$，且 $e|y$，从而 $e|[(x-y)+y]\Rightarrow e|x$，$e|(x,y)\Rightarrow e|1$，得出矛盾]

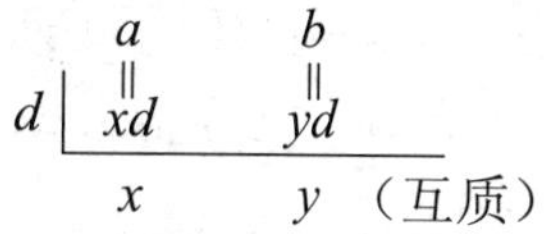

$$d\begin{array}{c|cc} & a & b \\ & \parallel & \parallel \\ & xd & yd \\ \hline & x & y \end{array} \text{（互质）}$$

图1

所以，$(a-b,b)=1\times d=d$，

$(a,b)=(a-b,b)$。

同理 $(a,b)=(a+b,b)$。

所以，$(a,b)=(a\pm b,b)$。

这就是辗转相除法和更相减损术的理论依据。

1. 辗转相除法

辗转相除法最早见于欧几里得的《几何原本》，故又称欧几里得算法。

设 a、b 为两个正整数，且 $a>b$。两数做除法：

$a\div b=q_1\cdots\cdots r_1(0\leqslant r_1<b)$，或 $a=bq_1+r_1$ ……………… (1)

当 $r_1=0$ 时，则有 $a=bq_1$，$(a,b)=(bq_1,b)=b$。

当 $r_1\neq 0$ 时，接着做除法：

$b\div r_1=q_2\cdots\cdots r_2(0\leqslant r_2<r_1)$，或 $b=r_1q_2+r_2$ ……………… (2)

当 $r_2=0$ 时，则有 $b=r_1q_2$，$(a,b)=(bq_1+r_1,b)=(r_1,b)=(r_1,r_1q_2)=r_1$。

当 $r_2\neq 0$ 时，接着做除法：

$r_1 \div r_2 = q_3 \cdots\cdots r_3 (0 \leqslant r_3 < r_2)$，或 $r_1 = r_2 q_3 + r_3$ ……………………（3）

当 $r_3 = 0$ 时，则有 $r_1 = r_2 q_3$，$(a,b) = (r_1,b) = (r_1, r_1 q_2 + r_2) = (r_1, r_2) = (r_2 q_3, r_2) = r_2$。

当 $r_3 \neq 0$ 时，接着做除法：

……

如此辗转相除下去，得到的商为 q_1、q_2、q_3、$\cdots$、q_n，余数 $r_1 > r_2 > r_3 > \cdots > r_n$。由于余数逐渐减少，故能经过有限次辗转相除，最后必有 $r_n = 0$，即为整除，得到

$$(a,b) = (r_1,b) = (r_1,r_2) = (r_2,r_3) = \cdots (r_{n-2}, r_{n-1}) = r_{n-1}。$$

特别地，当 a 与 b 互质，则 $(a,b) = r_{n-1} = 1$。辗转相除可以竖式列出，如图 2 所示。

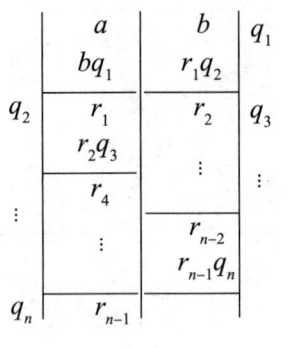

图2

2. 更相减损术

更相减损术出自《九章算术》，它是求两数最大公约数的一种方法。

首先，使用最大公约数的性质，提取两数的偶因数。

然后，以较大数与较小数的差代替较大数，继续进行这样的操作，直到减数与差相等为止。

例如，利用更相减损术求 $(204,782)$。

$(204,782) = 2(102,391) = 2(102, 391-102) = 2(102,289) = 2(102,187) = 2(102,85) = 2(17,85) = 2(17,68) = 2(17,51) = 2(17,34) = 2(17,17) = 2 \times 17 = 34$。

辗转相除法与更相减损术本质是一样的。只不过在计算的过程中辗转相除法得到结果更快。上面的更相减损术的过程改成辗转相除法的计算过程如图 3 所示。

$782 \div 204 = 3 \cdots\cdots 170$

$204 \div 170 = 1 \cdots\cdots 34$

$170 \div 34 = 5 \cdots\cdots 0$

$(204,782) = (204,170) = (34,170) = (34,0) = 34$。

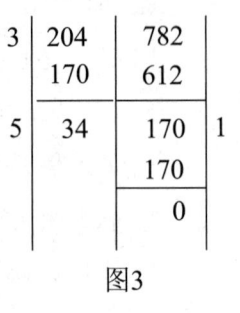

图3

例题精讲

例题 1-1 利用辗转相除法求下列各组数的最大公约数。

(1) $(391,493)$ (2) $(6731,2809)$

答案：(1) 17   (2) 53

【解答】辗转相除法求最大公约数,如图4、图5所示。

(1)(391,493)=17,　　　　　(2)(6731,2809)=53

	391	493	
1	306	391	
1	85	102	3
	85	85	
	0	17	5

图4

	6731	2809	2
	5618	2226	
2	1113	583	1
	583	530	
1	530	53	10
	530		
	0		

图5

例题 1-2 利用更相减损术求(7384,3172)。

答案: 52

【解答】(7384,3172)=4(1846,793)=4(1053,793)=4(260,793)=4(260,533)=4(260,273)=4(260,13)=4(13,13)=4×13=52。

例题 2-1 在一张长6499毫米、宽3551毫米的长方形硬纸片上尽可能大地剪出一个正方形,再将剩余部分剪去一个尽可能大的正方形,如此不断重复下去,最后正好剩下一个正方形,那么最后一个正方形的边长是_____毫米,一共剪成了_____个正方形。

答案: 67　15

【解答】如图6所示,利用辗转相除法得到最后一个正方形的边长为67毫米,

一共剪成了1+1+4+1+8=15个正方形。

	6499	3551	1
	3551	2948	
1	2948	603	4
	2412	536	
1	536	67	8
	536		
	0		

图6

例题 2-2 将51、54、59、66、75、86、99、…、$50+n^2$、…写成一行,那么相邻两项的最大公约数的最大值是_____。

答案: 201

【解答】(1)最大公约数具有如下两个性质:①$(a,b)=(a\pm b,b)$。②$(a,2b-1)=(2^n a,2b-1)$。

139

(2)$(50+n^2, 50+(n+1)^2) = (50+n^2, n^2+2n+51) = (50+n^2, 2n+1) = (100+2n^2, 2n+1) = (100-n, 2n+1) = (200-2n, 2n+1) = (201, 2n+1) = 201$。

此时，$n = 201k + 100$，k 为整数。

针对性练习

练习❶ 利用辗转相除法求下列各组数的最大公约数。

(1)(672,1932) (2)(3151,2329)

练习❷ 利用更相减损术求下列各组数的最大公约数。

(1)(204,300) (2)(481,222)

练习❸ 在一张长 4648 毫米、宽 1411 毫米的长方形硬纸片上尽可能大地剪出一个正方形，再将剩余部分剪去一个尽可能大的正方形，如此不断重复下去，最后正好剩下一个正方形，那么最后一个正方形的边长是_____毫米，一共剪成了_____个正方形。

练习❹ 一个长 43.5 厘米、宽 66.7 厘米、高 89.9 厘米的长方体木块。每次从长方体上锯下一个体积尽量大的正方体，最后剩下的也是一个小正方体，且所有正方体的棱长相同，那么剪下的小正方体的棱长为_____厘米。

练习❺ 将两个不同的自然数中较大的数换成它们的差，称为一次操作，如此继续下去，直到这两个数相同为止。例如，对 45 和 78 进行以下的操作：

$(45,78) \to (45,33) \to (12,33) \to (12,21) \to (12,9) \to (3,9) \to (3,6) \to (3,3)$。

若对两个不同的三位数进行上述操作，最后得到的相同数是 23，那么这两个不同的三位数之和最大为_____。

练习❻ 将 103、107、113、121、131、⋯、$n(n+1)+101$、⋯写成一行,那么相邻两项的最大公约数的最大值是_____。

练习❼ 已知两个数列:
(1) 5、6、7、8、⋯、2024   (2) 8、11、16、23、⋯、2020^2+7
如果两个数列的第 n 项所对应的两个数不互质,那么这两个数叫作"友好数"。符合条件的"友好数"有_____对。

练习❽ 已知 n 为自然数,求证:$\dfrac{21n+4}{14n+3}$ 一定是既约分数。

练习参考答案

练习题号	练习1	练习2	练习3	练习4
参考答案	(1) 84 (2) 137	(1) 12 (2) 37	83 10	2,9
解答提示	辗转相除法	更相减损术	辗转相除法	三者取最大公约数
练习题号	练习5	练习6	练习7	练习8
参考答案	1955	101	88	略
解答提示	23 的倍数是三位数且尽量大,找出最大的 2 个相加	辗转相除	$23k+19$(k 为整数)	分子与分母互质

SL-35　最小公倍数

神器内容	两个正整数 a、b 的最小公倍数表示为 $[a,b]$。
要点与说明	你整除，我整除，都是你我公倍数。 公倍之中排除 0，再找最小要记清。 最小公倍怎么算？分解短除都灵验。 多数短除求公倍，两两互质才算对。

神器溯源

既能被 a 整除又能被 b 整除的最小非零整数，叫作 a 与 b 的最小公倍数，记作 $[a,b]$。

1. 求 $[a,b]$ 的一般方法

(1)倍数列举法。(2)分解质因数法。(3)短除法。

2. 求多个数的最小公倍数，进行短除法时，一定要达到两两互质。

如图 1 所示，$[24,60,72]=12\times 2\times 5\times 3=360$。

```
12 | 24  60  72
 2 |  2   5   6   （三者互质）
        1   5   3   （两两互质）
```
图1

3. 最小公倍数性质

(1) $a\mid[a,b]$，$b\mid[a,b]$。

(2) $(a,b)[a,b]=ab$，当 a 与 b 互质时，$[a,b]=ab$。

(3) $[ab,ac]=a[b,c]$。

(4) 若 $a+b=(a,b)+[a,b]$，则 a 与 b 存在倍数关系。

下面对其中两个性质进行证明。

求证：$(a,b)[a,b]=ab$。

证明：设 $a=xd$，$b=yd$，且 $(x,y)=1$，则 $(a,b)=d$，$[a,b]=xyd$。

$(a,b)[a,b]=d\times xyd=(xd)\times(yd)=ab$。

求证：若 $a+b=(a,b)+[a,b]$，则 a 与 b 存在倍数关系。

证明：设 $a=xd, b=yd$，且 $(x,y)=1$，则 $(a,b)=d, [a,b]=xyd$。

若 $a+b=(a,b)+[a,b]$，则 $xd+yd=d+xyd, x+y=1+xy, (x-1)(y-1)=0$，则 $x=1$ 或 $y=1$。

当 $x=1$ 时，则 $a=d, b=yd=ya, b$ 是 a 的倍数。

同理，a 也可以是 b 的倍数，结论成立。

例题精讲

例题 1-1 求下列各组数的最小公倍数。

(1) $[63, 105]$ (2) $[81, 135, 270]$ (3) $[77, 112, 352]$

答案：(1) 315 (2) 810 (3) 2464

【解答】分解质因数法。

(1) $[63, 105] = [3^2 \times 7, 3 \times 5 \times 7] = 3^2 \times 5 \times 7 = 315$。

(2) $[81, 135, 270] = [3^4, 3^3 \times 5, 2 \times 3^3 \times 5] = 2 \times 3^4 \times 5 = 810$。

(3) $[77, 112, 352] = [7 \times 11, 2^4 \times 7, 2^5 \times 11] = 2^5 \times 7 \times 11 = 2464$。

另解：短除法，如图 2～图 4 所示。

$[63, 105] = 21 \times 3 \times 5 = 315$。

$[81, 135, 270] = 27 \times 5 \times 3 \times 1 \times 2 = 810$。

$[77, 112, 352] = 7 \times 11 \times 16 \times 1 \times 1 \times 2 = 2464$。

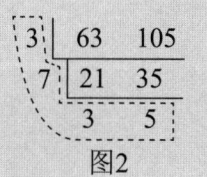

3	63	105
7	21	35
	3	5

图2

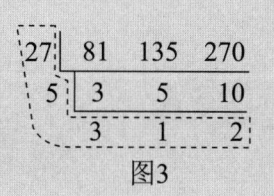

27	81	135	270
5	3	5	10
	3	1	2

图3

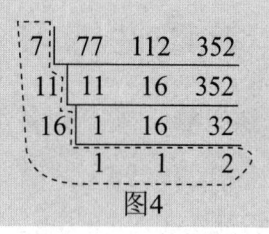

7	77	112	352
11	11	16	352
16	1	16	32
	1	1	2

图4

例题 1-2 两个自然数的最小公倍数是 60000，且其中一个数有 24 个约数，另外一个数有 20 个约数，那么这样的无序数组共有 _____ 组。

答案：3

【解答】(1) $60000 = 2^5 \times 3 \times 5^4$。

(2) 约数个数分解与对应指数的对应列表，如下表示。24 个因数控制因数 2 的最大指数，20 个因数控制 5 的最大指数。

约数个数	$24=4\times6$	$24=2\times2\times6$	$20=4\times5$	$20=2\times2\times5$
对应指数	3、5	1、1、5	3、4	1、1、4
组合情况	$5^3 \times 2^5$		$2^3 \times 5^4$	
	$3 \times 5 \times 2^5$		$2 \times 3 \times 5^4$	

可搭配成 3 组：$[4000, 3750] = [480, 3750] = [480, 5000] = 60000$。

· 143 ·

例题 2-1 在数列 $\frac{[1,2]}{2!}$、$\frac{[1,2,3]}{3!}$、$\frac{[1,2,3,4]}{4!}$、…、$\frac{[1,2,\cdots,100]}{100!}$ 中,其计算结果共有_____个不同的值。

答案:75

【解答】在数列相邻两项中,如果后一个算式的分母是一个质数的阶乘,则两者计算结果相同。理由如下:

设 p 为质数,则 $\frac{[1,2,3,\cdots,p]}{p!} = \frac{[1,2,3,\cdots,p-1] \times p}{(p-1)! \times p} = \frac{[1,2,3,\cdots,p-1]}{(p-1)!}$。

100 以内的质数只有 25 个,质数 2 和 3 的阶乘对应的都是 1,故有 99－(25－1)＝75 个不同的值。

例题 2-2 两个自然数 a、b,且 $a>b$,a 与 b 的和是 180,a 与 b 的最大公约数与最小公倍数的和也是 180,那么这样的自然数共有_____组。

答案:16

【解答】若 $a+b=(a,b)+[a,b]$,则 a 与 b 存在倍数关系,其中较小数为 180 的真约数。由 $180=2^2 \times 3^2 \times 5$ 知,其真约数有 $\tau(180)-1=(2+1)(2+1) \times (1+1)-1=17$ 个,再排除两数相同的 90 和 90,对应的自然数组有 17－1＝16 组。

针对性练习

练习❶ 求下列各组数的最小公倍数。

(1) [247,95]　　　　(2) [24,25,26]　　　　(3) [42,105,147]

练习❷ 甲、乙、丙三人去图书馆查资料,甲 12 天去一次,乙 8 天去一次,丙 18 天去一次。3 月 1 日他们在图书馆相聚,那么他们下次在图书馆相聚的日期为_____月_____日。

练习❸ 每块砖头的长为 20 厘米,宽为 12 厘米,高为 8 厘米。用这样的砖头堆成一个正方体,至少需要_____块。

练习❹ 已知$(a,72)=12$,$[a,72]=360$,那么$a=$_____。

练习❺ 两个正整数(可以相同),它们的和等于它们的最大公约数与最小公倍数的和,这两个和都是84,那么由这两个数组成的无序数组共有_____组。

练习❻ 两个自然数的最小公倍数是2025,且其中一个数有9个约数,另外一个数有10个约数,那么这两个数的差是_____。

练习参考答案

练习题号	练习1	练习2	练习3	练习4
参考答案	(1)1235 (2)7800 (3)1470	5　12	900	60
解答提示	短除法或分解质因数	最小公倍数为72	长宽高的最小公倍数	基本练习
练习题号	练习5	练习6		
参考答案	11	180		
解答提示	两数存在倍数关系	底数与指数搭配		

SL-36　约数、倍数方程法

神器内容	设 $a=xd, b=yd$，且 $(x,y)=1$，则 $(a,b)=d$，$[a,b]=xyd$。
要点与说明	最大公约来保底，低于标准不允许。 最小公倍来封顶，自己时刻来提醒。 适当设元列方程，解决问题好轻松。

神器溯源

对于最大公约数与最小公倍数问题，可以适当设元，转化为方程或方程组问题。

$$d \begin{array}{|cc} a & b \\ \| & \| \\ xd & yd \\ \hline x & y \end{array}\text{（互质）}$$

如图所示，设 $a=xd, b=yd$，且 $(x,y)=1$，则 $(a,b)=d$，$[a,b]=xyd$。

例题精讲

例题 1 两个正整数的最大公约数是 18，最小公倍数是 432，这两个正整数的和是_____。

答案：450 或 198

【解答】设这两个正整数分别为 $18x$、$18y$，$(x,y)=1$，则

$$18xy=432, xy=24, \begin{cases} x=24 \\ y=1 \end{cases} \text{或} \begin{cases} x=8 \\ y=3 \end{cases}。$$

当 $\begin{cases} x=24 \\ y=1 \end{cases}$ 时，其中一个数为 $24\times18=432$，另一个数为 18，这两个数之和为 $432+18=450$。

当 $\begin{cases} x=8 \\ y=3 \end{cases}$ 时，其中一个数为 $8\times18=144$，另一个数为 $3\times18=54$，这两个数之和为 $144+54=198$。

所以，这两个正整数的和为 450 或 198。

例题 2-1 两个自然数的差为 798，它们的最小公倍数除以最大公约数所得的商

是120,那么这两个数的和的最大值是_____。

答案:2622

【解答】设这两个正整数分别为$a=dx$、$b=dy$,$(x,y)=1$,$a\geq b$,则

$\begin{cases}a-b=798\\ \dfrac{[a,b]}{(a,b)}=120\end{cases}$,$\begin{cases}dx-dy=798\\ \dfrac{dxy}{d}=120\end{cases}$,$\begin{cases}d(x-y)=2\times3\times7\times19\\ xy=2^3\times3\times5\end{cases}$,$\begin{cases}x=24\\ y=5\\ d=42\end{cases}$ 或 $\begin{cases}x=15\\ y=8\\ d=114\end{cases}$,

则有 $\begin{cases}a=1008\\ b=210\end{cases}$ 或 $\begin{cases}a=1710\\ b=912\end{cases}$。

这两个数的和的最大值为 $1710+912=2622$。

例题2-2 两个自然数的差为152,它们的最小公倍数与最大公约数的差是1976,那么这两个数是_____和_____。

答案:285 133

【解答】设这两个正整数分别为$a=dx$、$b=dy$,$(x,y)=1$,$a\geq b$,则

$\begin{cases}a-b=152\\ [a,b]-(a,b)=1976\end{cases}$,$\begin{cases}dx-dy=152\\ dxy-d=1976\end{cases}$,两式相除得 $\dfrac{x-y}{xy-1}=\dfrac{1}{13}$,$xy-13x+13y-1=0$,

$x(y-13)+13(y-13)+168=0$,$(13-y)(13+x)=168=2^3\times3\times7$,且 $(x-y)|152$。

$\begin{cases}13+x=28\\ 13-y=6\end{cases}$,$\begin{cases}x=15\\ y=7\\ d=19\end{cases}$,$\begin{cases}a=285\\ b=133\end{cases}$。

所以,这两个自然数为285和133。

针对性练习

练习❶ 两个自然数的最大公约数为12,最小公倍数为120,那么这两个数的差最小值为_____。

练习❷ 两个相差为36的自然数,它们的最大公约数与最小公倍数之和为132,那么这两个自然数分别为_____和_____。

练习❸ 甲数和乙数的最大公约数是6,最小公倍数是420,如果甲数比乙数

大 54,那么乙数为_____。

练习❹ 正整数 a 与 b 之差为 120,它们的最小公倍数是其最大公约数的 105 倍,那么 $a+b=$ _____。

练习❺ 两个自然数的和为 243,最大公约数与最小公倍数的和为 1593,那么最小公倍数是最大公约数的_____倍。

练习参考答案

练习题号	练习1	练习2	练习3	练习4	练习5
参考答案	36	60 24	30	330	176
解答提示	方法套用	方法套用	方法套用	方法套用	方法套用

SL-37　分数的最大公约数与最小公倍数

神器内容	$\left(\dfrac{b}{a},\dfrac{d}{c}\right)=\dfrac{(b,d)}{[a,c]}$，$\left[\dfrac{b}{a},\dfrac{d}{c}\right]=\dfrac{[b,d]}{(a,c)}$
要点与说明	分数和小数，最大公约怎么求？ 通分较可行，分母首先化相同。 分子遂人愿，分母括号要改变。 最小公倍数，类比类比做不错。

神器溯源

将自然数的最大公约数和最小公倍数扩充到分数范围，每个分数除以最大公约数得到的整数一定互质。最小公倍数除以每个自然数得到的整数商也一定互质。

对分数与小数求最大公约数和最小公倍数时，可以首先通分，分母不变，只对分子求最大公约数和最小公倍数。

也可以使用以下公式：

1. $\left(\dfrac{b}{a},\dfrac{d}{c}\right)=\dfrac{(b,d)}{[a,c]}$

证明：设 $a=x_1d_1$，$c=y_1d_1$，$b=x_2d_2$，$d=y_2d_2$，$(x_1,x_2)=(y_1,y_2)=(x_1,y_1)=(x_2,y_2)=1$，则 $(x_1y_2,x_2y_1)=1$。

左边 $=\left(\dfrac{b}{a},\dfrac{d}{c}\right)=\left(\dfrac{x_2d_2}{x_1d_1},\dfrac{y_2d_2}{y_1d_1}\right)=\left(\dfrac{x_2}{x_1},\dfrac{y_2}{y_1}\right)\times\dfrac{d_2}{d_1}=\dfrac{(x_2y_1,x_1y_2)d_2}{x_1y_1d_1}=\dfrac{d_2}{x_1y_1d_1}=\dfrac{(b,d)}{[a,c]}=$ 右边。

所以，原式成立。

2. $\left[\dfrac{b}{a},\dfrac{d}{c}\right]=\dfrac{[b,d]}{(a,c)}$

（证明或推导过程略）

例题精讲

例题 1-1 求下列各组数的最大公约数。

(1) $\left(2\dfrac{1}{3}, 5\dfrac{1}{4}\right)$　　(2) $\left(2, 3.2, 3\dfrac{1}{7}\right)$

答案：(1) $\dfrac{7}{12}$　(2) $\dfrac{2}{35}$

【解答】(1) $\left(2\dfrac{1}{3}, 5\dfrac{1}{4}\right) = \left(\dfrac{7}{3}, \dfrac{21}{4}\right) = \dfrac{(7,21)}{[3,4]} = \dfrac{7}{12}$。

(2) $\left(2, 3.2, 3\dfrac{1}{7}\right) = \left(\dfrac{2}{1}, \dfrac{16}{5}, \dfrac{22}{7}\right) = \dfrac{(2,16,22)}{[1,5,7]} = \dfrac{2}{35}$。

例题 1-2 求下列各组数的最小公倍数。

(1) $\left[2\dfrac{1}{3}, 5\dfrac{1}{4}\right]$　　(2) $\left[2, 3.2, 3\dfrac{1}{7}\right]$

答案：(1) 21　(2) 176

【解答】(1) $\left[2\dfrac{1}{3}, 5\dfrac{1}{4}\right] = \left[\dfrac{7}{3}, \dfrac{21}{4}\right] = \dfrac{[7,21]}{(3,4)} = \dfrac{21}{1} = 21$。

(2) $\left[2, 3.2, 3\dfrac{1}{7}\right] = \left[\dfrac{2}{1}, \dfrac{16}{5}, \dfrac{22}{7}\right] = \dfrac{[2,16,22]}{(1,5,7)} = \dfrac{176}{1} = 176$。

例题 2 甲、乙、丙三名滑冰运动员在一起练习滑冰。已知甲滑 1 圈时，乙、丙分别滑 $1\dfrac{3}{5}$ 圈、$2\dfrac{2}{7}$ 圈。

(1) 若甲、乙、丙从一点同时出发，都按照顺时针方向滑冰，则丙滑 _____ 圈，三人第一次相聚在起点。

(2) 若甲、乙、丙从一点同时出发，都按照顺时针方向滑冰，则丙滑 _____ 圈，三人第一次相遇。

(3) 若甲、乙、丙从一点同时出发，甲、乙按照顺时针方向滑冰，丙按逆时针方向滑冰，则丙滑 _____ 圈，三人第一次相遇。

答案：(1) 80　(2) $\dfrac{80}{3}$　(3) 80

【解答】设滑冰道的长度为 1。

(1) 三人第一次相聚在起点的时间为各自滑冰一圈的时间的最小公倍数。

$\left[\dfrac{1}{1}, \dfrac{1}{1\frac{3}{5}}, \dfrac{1}{2\frac{2}{7}}\right] = \left[\dfrac{1}{1}, \dfrac{5}{8}, \dfrac{7}{16}\right] = \dfrac{[1,5,7]}{(1,8,16)} = \dfrac{35}{1} = 35$，此时丙滑了 $35 \times 2\dfrac{2}{7} \div 1 = 80$ 圈。

(2)三人出发后第一次相遇时,不一定是在起点。乙追上甲,同时丙也追上甲,各自所用时间的最小公倍数。$\left[\dfrac{1}{1\frac{3}{5}-1},\dfrac{1}{2\frac{2}{7}-1}\right]=\left[\dfrac{5}{3},\dfrac{7}{9}\right]=\dfrac{[5,7]}{(3,9)}=\dfrac{35}{3}$,此时丙滑了$\dfrac{35}{3}\times 2\dfrac{2}{7}\div 1=\dfrac{80}{3}$圈。

(3)三人第一次相遇,就是乙追上甲的时间,同时又是甲与丙迎面相遇的时间的最小公倍数。$\left[\dfrac{1}{1\frac{3}{5}-1},\dfrac{1}{2\frac{2}{7}+1}\right]=\left[\dfrac{5}{3},\dfrac{7}{23}\right]=\dfrac{[5,7]}{(3,23)}=35$,此时丙滑了$35\times 2\dfrac{2}{7}\div 1=80$圈。

针对性练习

练习❶ 求下列各组数的最大公约数。

(1) $\left(3\dfrac{1}{2},1\dfrac{3}{4}\right)$　　(2) $\left(1.2,\dfrac{4}{11},3\dfrac{3}{7}\right)$

练习❷ 求下列各组数的最小公倍数。

(1) $\left[3\dfrac{1}{2},1\dfrac{3}{4}\right]$　　(2) $\left[1.2,\dfrac{4}{11},3\dfrac{3}{7}\right]$

练习❸ 在一圈300米的跑道上,甲、乙、丙三人同时从同一起点出发按同一方向行走。甲的速度是6千米/时,乙的速度是$\dfrac{30}{7}$千米/时,丙的速度是3.6千米/时,那么_____小时后,三人恰好第一次同时回到出发点;_____小时后,三人第一次相遇。

练习❹ 甲溶液质量为$4\dfrac{2}{7}$千克,乙溶液质量为$3\dfrac{3}{4}$千克,丙溶液质量为$4\dfrac{1}{6}$

千克。现要把每种溶液装入小瓶子里,要求每瓶的质量一样多,且都无剩余,那么最少装_____瓶。

练习❺ 如图所示,三个圆有一个公共交点 A,小圆、中圆、大圆的半径比为 $4:5:6$。三只甲虫同时从 A 点出发,按顺时针方向在三个不同圆上爬行,速度相同,那么当三只甲虫再一次同时位于水平线上时,它们爬过的圈数之和为_____。

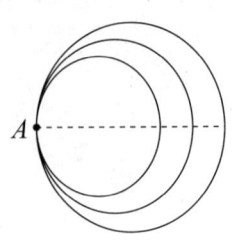

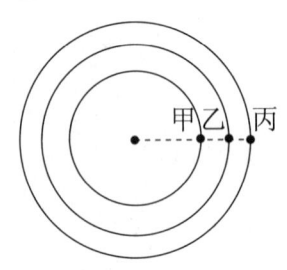

练习❻ 如图所示,三条圆形跑道,圆心都在操场中心的旗杆处。甲、乙、丙三人分别在里圈、中圈和外圈沿相同方向跑步。已知里圈、中圈和外圈的跑道长分别为 240 米、300 米和 400 米。甲、乙、丙每分钟分别跑 160 米、250 米和 300 米。开始时,三人在同一条半径上,经过_____分钟,他们第二次在同一条半径上。(开始时,算作三人第一次在同一半径上)

练习参考答案

练习题号	练习1	练习2	练习3	练习4
参考答案	(1) $\frac{7}{4}$ (2) $\frac{2}{385}$	(1) $\frac{7}{2}$ (2) 24	$\frac{7}{4}$ $\frac{7}{8}$	205
解答提示	基本练习	基本练习	考虑路程差	求三者的最大公约数
练习题号	练习5	练习6		
参考答案	18.5	12		
解答提示	爬行半圈时间的最小公倍数	各自去掉整数圈后弧度相同		

152

SL-38　与最小公倍数有关的计数

神器内容	已知$[a,b]=p_1^{a_1}\times p_2^{a_2}\times\cdots\times p_r^{a_r}$，$p_1$、$p_2$、$\cdots$、$p_r$为不同的质数，那么$a$与$b$的无序数组有$\dfrac{(2a_1+1)(2a_2+1)\cdots\cdot(2a_r+1)+1}{2}$组。
要点与说明	两数最小公倍数，这是条件要标注。 数对共有多少组？有序无序分清楚。 逐个质因来分析，方法理解能无敌。

神器溯源

已知两个自然数a和b的最小公倍数$[a,b]=p_1^{a_1}\times p_2^{a_2}\times\cdots\times p_r^{a_r}$，$p_1$、$p_2$、$\cdots$、$p_r$为不同的质数，则

(1)a与b的有序数组有$(2a_1+1)(2a_2+1)\cdots\cdot(2a_r+1)$组。

(2)a与b的无序数组有$\dfrac{(2a_1+1)(2a_2+1)\cdots\cdot(2a_r+1)+1}{2}$组。

证明：逐个质因数分析，针对质因数p_1，a、b之中至少有一个为$p_1^{a_1}$。若a为$p_1^{a_1}$，则b可以在$p_1^{0\sim a_1}$中任意取值，即

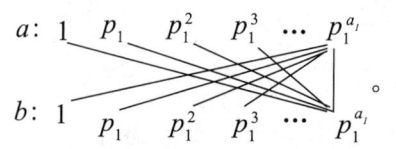

$$a: 1 \quad p_1 \quad p_1^2 \quad p_1^3 \quad \cdots \quad p_1^{a_1}$$
$$b: 1 \quad p_1 \quad p_1^2 \quad p_1^3 \quad \cdots \quad p_1^{a_1}$$

所以，质因数p_1在a、b中的搭配有$(a_1+1)^2-a_1^2=2a_1+1$种。

同理，质因数p_2、p_3、$\cdots$、p_r的搭配分别有$2a_2+1$、$2a_3+1$、$\cdots$、$2a_r+1$种。a与b的有序数组有$(2a_1+1)(2a_2+1)\cdots\cdot(2a_r+1)$组。

考虑到$[a,b]=[b,a]$，同时有$a=b$的情况，a与b的无序数组有$\dfrac{(2a_1+1)(2a_2+1)\cdots(2a_r+1)+1}{2}$组。

对于三个自然数a、b和c的最小公倍数$[a,b,c]=p_1^{a_1}\times p_2^{a_2}\times\cdots\times p_r^{a_r}$，$p_1$、$p_2$、$\cdots$、$p_r$为不同的质数，有关的计数问题，也有类似的结论。

例题精讲

例题 1-1 已知正整数 a、b，且 $a \geq b$，$[a,b]=32$，那么满足条件的 a、b 数组共有_____组。

答案：6

【解答】$a=32$，b 为 32 的真约数均可，有 $(5+1)=6$ 个，对应的 a、b 数组有 6 组。

另解：因为 $32=2^5$，所以，两个自然数组成的数组有 $\dfrac{(2\times5+1)+1}{2}=6$ 组。

例题 1-2 已知两个不同的自然数的最小公倍数为 180，那么这样的有序数组共有_____组。

答案：74

【解答】设这两个不同的自然数为 a、b，则 $[a,b]=180=2^2\times3^2\times5$。（不妨设 $a>b$）

(1) 当 $a=180$ 时，b 为 180 的真约数均可，有 $(2+1)(2+1)(1+1)-1=17$ 个。

(2) 当 $a=90$ 时，b 必有 2^2，而 3^2 与 5 可有可无，$b=2^2$、$2^2\times3$、$2^2\times5$、$2^2\times3^2$、$2^2\times3\times5$，共有 5 个。

(3) 当 $a=60$ 时，b 必有 3^2，而 2^2 与 5 可有可无，$b=3^2$、$3^2\times2$、$3^2\times2^2$、$3^2\times5$，共有 4 个。

(4) 当 $a=45$ 时，b 必有 2^2，而 3^2 与 5 可有可无，$b=2^2$、$2^2\times3$、$2^2\times5$、$2^2\times3^2$，共有 4 个。

(5) 当 $a=36$ 时，b 必有 5，而 2^2 与 3^2 可有可无，$b=5$、5×2、5×3、5×2^2、$5\times2\times3$，共有 5 个。

(6) 当 $a=30$ 时，b 必有 $2^2\times3^2$，而 5 可有可无，$b=2^2\times3^2=36>a$，共有 0 个。

(7) 当 $a=20$ 时，b 必有 3^2，而 2^2 与 5 可有可无，$b=3^2$、$3^2\times2$，共有 2 个。

所以，一共 $(17+5+4+4+5+2)\times2=74$ 组。

另解：因为 $180=2^2\times3^2\times5$，所以，两个不同自然数的有序数组共有 $(2\times2+1)(2\times2+1)(2\times1+1)-1=74$ 组。

例题 2 已知正整数 a、b、c，且 $a\geq b\geq c$，$[a,b,c]=120$，那么满足条件的 a、b、c 共有_____组。

答案：334

154

【解答】(1) $[a,b,c]=120=2^3\times3\times5$，$a$、$b$、$c$ 组成的有序数组有 $(4^3-3^3)(2^3-1^3)(2^3-1^3)=1813$ 组。

(2) 仅有两数相同的数组 $[a,a,b]=[a,b]=180=2^2\times3^2\times5$，共有 $(2\times3+1)\times(2\times1+1)(2\times1+1)-1=62$ 组。

(3) 三数相同的数组，只有 1 组。

(4) 把有序的 $A_3^3=6$ 种排列，要变成 1 种从大到小的固定排列，需要给两数相同的数组补 $6-C_3^2=3$ 次，需要给三数相同的数组补 5 次，从而得到每种情况都是 A_3^3 次。这样的数组共有 $\dfrac{1813+62\times3+1\times5}{A_3^3}=334$ 组。

或者把两数相同的情况去掉 3 次，三数相同的情况去掉 1 次，然后再加上这些情况，得到 $\dfrac{1813-62\times3-1\times1}{A_3^3}+62+1=334$ 组。

针对性练习

练习❶ 两个自然数的最小公倍数为 90。两数交换位置算不同情况，如 $[18,10]$ 与 $[10,18]$ 算 2 种情况，那么这两个自然数组成的数组共有_____组。

练习❷ 两个不同的自然数的最小公倍数为 210，且 $[14,30]$ 与 $[30,14]$ 算一种情况，那么这两个自然数组成的数组共有_____组。

练习❸ 三个自然数 a、b、c 的最小公倍数 $[a,b,c]=72$。且 $[8,9,18]$ 与 $[8,18,9]$ 虽然只是三个数之间交换位置，也算作 2 种情况，那么这三个自然数组成的数组共有_____组。

练习❹ 三个自然数 $a>b>c$，$[a,b,c]=540$，那么这三个自然数组成的数组共有_____组。

练习❺ 四个自然数 a、b、c、d，$[a,b,c,d]=100$，那么这四个自然数组成的数组共有_____组。（交换顺序变为相同的数组算不同的数组。）

练习参考答案

练习题号	练习1	练习2	练习3	练习4	练习5
参考答案	45	40	35	768	4225
解答提示	分类枚举或套用公式	分类枚举或套用公式	分类枚举或套用公式	分类枚举或套用公式	公式类比拓展

SL-39　约数与倍数的质因数分析

神器内容	当两个或多个数的最大公约数或最小公倍数确定时,可以采用逐个质因数的次数分析,从而得到质因数的搭配情况。
要点与说明	最大公约是必要,各数满足其最少。 最小公倍来封顶,次数最高它掌控。 最大公约都必备,少了一点都不对。 最小公倍懂感情,一个具备就可行。 逐个质因来分析,解题妙法堪为奇。

神器溯源

如果说最小公倍数$[a,b]$是"如来佛祖",即a和b的所有因数都在"他"的掌控之中,那么最大公约数(a,b)就是"入园门票",a和b都必须具备,才能入园游玩。如果说最小公倍数$[a,b]$是来对各个质因数次数进行"封顶"的,那么最大公约数(a,b)就是来对各个质因数次数进行"保底"的。

综合考虑一些数的约数与倍数,逐个分析质因数的次数,从最低到最高的搭配情况。最大公约数的质因数的次数是必须满足的,最小公倍数的质因数的次数有一个达到最大即可。

例题精讲

例题 1-1 两个自然数的最大公约数为 10,最小公倍数为 120,那么这两个数的和最小值为_____。

答案:70

【解答】设这两个数为a、b,根据题意逐个进行质因数分析。

$$(a,b)=10=\ \ 2\ \ \ \ \ \ \ \ \ \ \ \ \times 5$$
$$[a,b]=120=\ \ 2^3\ \ \ \ \times 3\ \ \ \times 5$$
$$a=\ \ |2^1\ \ 2^2\ \ 2^3\ \ |3^0\ \ 3^1\ \ |5^1$$
$$b=\ \ |2^1\ \ 2^2\ \ 2^3\ \ |3^0\ \ 3^1\ \ |5^1$$

所以，a 与 b 的和最小值为 $2^1 \times 3^1 \times 5 + 2^3 \times 3^0 \times 5 = 30 + 40 = 70$。

例题 1-2 陈老师在黑板上写下三个数：2016、105、n，让同学们求三者的最小公倍数。小马虎误将 2016 当作 2106 进行计算，结果竟然与正确答案一样，那么 n 的最小值为_____。

答案：33696

【解答】$[2016, 105, n] = [2106, 105, n]$
$[2^5 \times 3^2 \times 7, 3 \times 5 \times 7, n] = [2 \times 3^4 \times 13, 3 \times 5 \times 7, n] = 2^5 \times 3^4 \times 5 \times 7 \times 13$，
$[3^4 \times 13, 2^5] \mid n, n = 2^5 \times 3^4 \times 13 = 33696$。

例题 2-1 已知 a 与 b 的最大公约数是 42，a 与 c 的最小公倍数是 1050，b 与 c 的最小公倍数是 420，那么满足条件的自然数 a、b、c 共有_____组。

答案：8

【解答】

$(a, b) = 42 =$	2	×3		×7
$[a, c] = 1050 =$	2	×3	×5^2	×7
$[b, c] = 420 =$	2^2	×3	×5	×7
$a =$	2	3	5^2	7
$b =$	2^2	3	1	7
$c =$	1, 2	1, 3	5	1, 7

所以，$a = 2 \times 3 \times 5^2 \times 7 = 1050$，$b = 2^2 \times 3 \times 1 \times 7 = 84$，$c = 5$、10、15、30、35、70、105、210，共 $2 \times 2 \times 2 = 8$ 组。

例题 2-2 陈老师写了一个自然数，甲同学计算出它与"5!"的最小公倍数，乙同学计算出它与"9!"的最大公约数，结果发现甲的得数是乙的 5 倍，那么陈老师所写的自然数共有_____种可能。

答案：80

【解答】设陈老师所写的自然数为 n，则
$[n, 5!] = 5 \times (n, 9!)$
$[n, 2^3 \times 3 \times 5] = 5 \times (n, 2^7 \times 3^4 \times 5 \times 7)$
质因数 2：$[2^a, 2^3] = (2^a, 2^7)$，$a = 3 \sim 7$，共 5 种取值。
质因数 3：$[3^b, 3] = (3^b, 3^4)$，$b = 1 \sim 4$，共 4 种取值。
质因数 5：$[5^c, 5] = 5 \times (5^c, 5)$，$c = 0, 2$，共 2 种取值。
质因数 7：$[7^d, 1] = (7^d, 7)$，$c = 0, 1$，共 2 种取值。
不会含有 2、3、5、7 以外的质因数 p，事实上 $[p^e, 1] = (p^e, 1)$，$e = 0$，$p^0 = 1$。

综上所述,共有 5×4×2×2=80 种不同取值。

针对性练习

练习❶ 两个自然数的最大公约数为 12,最小公倍数为 480,那么这两个数的差(大减小)最小值为_____。

练习❷ 已知 a、b、c 为三个自然数,且 a 与 b 的最小公倍数为 40,a 与 c 的最小公倍数为 150,那么 b 与 c 的最小公倍数为_____。

练习❸ 已知 $(a,b)=12$,$[a,c]=36$,$[b,c]=60$,那么正整数 a、b、c 满足的数组共有_____组。

练习❹ 已知 a 与 b 的最大公约数是 14,a 与 c、b 与 c 的最小公倍数都是 350,且 $a \leqslant b$,那么满足条件的自然数 a、b、c 共有_____组。

练习❺ 一个自然数与 5! 的最小公倍数,是它与"3!×5!"的最大公约数的 3! 倍,那么这个自然数共有_____个可能取值。

练习参考答案

练习题号	练习1	练习2	练习3	练习4	练习5
参考答案	36	600	6	12	4
解答提示	40=1×40=5×8	三个数组合不确定	质因数逐个分析	质因数逐个分析	20、160、540、4320

SL-40 裴蜀定理★

神器内容	对于非零整数 a,b，一定存在两个整数 x 和 y，使得 $ax+by=(a,b)$。
要点与说明	两数线性来表达，最大公约等于它。 裴蜀定理要学好，不定方程用得到。

神器溯源

对于两个非零整数 a、b，可以找到两个整数 x、y，表达式 $ax+by$ 为线性表达，或线性组合。

裴蜀定理：对于非零整数 a、b，一定存在两个整数 x 和 y，使得 $ax+by=(a,b)$。

证明：设 $a=a_1d, b=b_1d, (a_1,b_1)=1$，则 $(a,b)=d$。原结论变为 $a_1dx+b_1dy=d, a_1x+b_1y=1$。

只需证明互质的两个整数的线性表达 $a_1x+b_1y=1$。设 $a_1>b_1$，由辗转相除法可知：

$a_1=b_1q_1+r_1$，其中 $0<r_1<b_1$。

$b_1=r_1q_2+r_2$，其中 $0<r_2<r_1$。

$r_1=r_2q_3+r_3$，其中 $0<r_3<r_2$。

……

$r_{n-3}=r_{n-2}q_{n-1}+r_{n-1}$，其中 $0<r_{n-1}<r_{n-2}$。

$r_{n-2}=r_{n-1}q_n+r_n$，其中 $0<r_n<r_{n-1}$。

$r_{n-2}=r_{n-1}q_n+1$。[因为 $(a_1,b_1)=(b_1,r_1)=(r_1,r_2)=\cdots=(r_{n-2},r_{n-1})=1$，所以最后的余数 $r_n=1$]

反过来，依次消去 r_{n-1}、r_{n-2}、$\cdots$、r_2、r_1，得到 1 可以用 a_1 和 b_1 线性表达，结论正确。

$r_{n-2}-r_{n-1}q_n=1$，可设为 $x_n r_{n-2}+y_n r_{n-1}=1$。

$\begin{cases} r_{n-3}-r_{n-2}q_{n-1}=r_{n-1} \\ x_n r_{n-2}+y_n r_{n-1}=1 \end{cases}$，$y_n r_{n-3}+(x_n-y_n q_{n-1})r_{n-2}=1$，可设为 $x_{n-1}r_{n-3}+y_{n-1}r_{n-2}=1$。

$$\begin{cases} r_{n-4} - r_{n-3}q_{n-2} = r_{n-2} \\ x_{n-1}r_{n-3} + y_{n-1}r_{n-2} = 1 \end{cases}, y_{n-1}r_{n-4} + (x_{n-1} - y_{n-1}q_{n-2})r_{n-3} = 1，可设为$$

$$x_{n-2}r_{n-4} + y_{n-2}r_{n-3} = 1。$$

……

$$x_3 r_1 + y_3 r_2 = 1，$$
$$x_2 b_1 + y_2 r_1 = 1，$$
$$x_1 a_1 + y_1 b_1 = 1。$$

至此，证明结束。

整数 a 和 b 互质的必要且充分的条件是：存在两个整数 x、y，使得 $ax + by = 1$。

例题精讲

例题 1-1 请用 51 和 69 来线性表达 3，则 3 = _____。

答案：$69 \times 3 - 51 \times 4$

【解答】设 $69x + 51y = 3$，则 $23x + 17y = 1$。

$17 | (23x - 1) \Rightarrow 17 | (6x - 1 - 17) \Rightarrow 17 | (x - 3) \Rightarrow x = 3$。

$23 \times 3 + 17y = 1, y = -4$。

所以，$3 = 69 \times 3 - 51 \times 4$。

答案不唯一，线性的通项表达为 $3 = 69 \times (3 + 51t) - 51 \times (4 + 69t)$（$t$ 为整数）。

例题 1-2 已知 $(325, 544) = 325x - 544y$，其中 x、y 均为正整数，则 $5x + 4y$ 的最小值为 _____。

答案：569

【解答】带余除法如下：
$544 = 325 \times 1 + 219$，
$325 = 219 \times 1 + 106$，
$219 = 106 \times 2 + 7$，
$106 = 7 \times 15 + 1$，

$1 = 106 \times 1 - 7 \times 15$
$= 106 \times 1 - (219 - 106 \times 2) \times 15$
$= 106 \times 31 - 219 \times 15$
$= (325 - 219 \times 1) \times 31 - 219 \times 15$
$= 325 \times 31 - 219 \times 46$
$= 325 \times 31 - (544 - 325 \times 1) \times 46$
$= 325 \times 77 - 544 \times 46$

所以，x、y 的取值为 $\begin{cases} x = 77 + 544t \\ y = 46 + 325t \end{cases}$（$t$ 为整数），$5x + 4y$ 的最小值 $5 \times 77 + 4 \times 46 = 569$。

161

另解：如图 1 所示，进行辗转相除，按照欧拉演段，把得到的商倒序写出且剔除最后一个商 7。如图 2 所示，求得 $x=77$，代入得到 $y=46$ 是一组最小值。$5x+4y$ 的最小值 $5\times 77+4\times 46=569$。

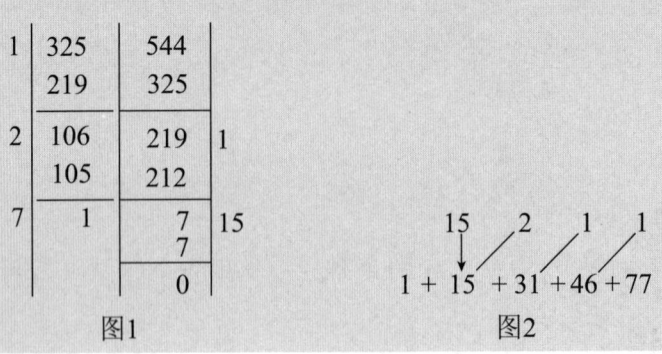

```
 1 │ 325    544
   │ 219    325
   ├─────  ─────
 2 │ 106    219  │ 1
   │ 105    212  │
   ├─────  ─────┤
 7 │   1      7  │ 15
              7
             ───
              0
```
图1

$$1 + \overset{15}{\underset{\downarrow}{15}} + \overset{2}{31} + \overset{1}{46} + \overset{1}{77}$$

图2

例题 2 求证：相邻两个自然数之和与这两个数的平方和互质。

答案：见证明。

【证明】设相邻的两个自然数为 n、$n+1$，则证明 $(2n+1, n^2+(n+1)^2)=1$。

根据裴蜀定理，令 $x=2, y=-2n-1$，$[n^2+(n+1)^2]x+(2n+1)y=[n^2+(n+1)^2]\times 2-(2n+1)(2n+1)=1$，所以 $n^2+(n+1)^2$ 与 $2n+1$ 互质。

针对性练习

练习❶ 用 29 和 31 线性表达 1，$29x+31y=1$，x、y 均为整数，给出一个例子。

练习❷ 已知 $119x-98y=154$，其中 x、y 均为正整数，那么 $x+y$ 的最小值为_____。

练习❸ 已知 $855x+703y=d$，x、y 均为整数，那么 d 的最小值为_____。

练习❹ 利用裴蜀定理证明：不论 n 为什么自然数，$\dfrac{2n+1}{6n^2+7n+1}$ 均为既约分式。

练习参考答案

练习题号	练习 1	练习 2	练习 3	练习 4
参考答案	$31\times15-29\times16=1$	25	19	略
解答提示	答案不唯一	方程两边同除以 7	裴蜀定理运用	取 $x=3n+2, y=-1$,利用裴蜀定理

SL-41　0与1的妙用

神器内容	0可以占位,不影响数字和。 1乘一个数,不改变原来的结果。
要点与说明	0和1,都重要,它们的作用替不了。 添上减去0不变,乘与除以1来换。 两数常常能妙用,事半功倍秒成功。

神器溯源

0是最小的阿拉伯数字,也是最小的自然数;0是整数,也是偶数;0可表示分界线,也可表示没有。0在十进制中起到占位作用。

1是最小的正整数,也是整数的计数单位。在序数中表示开始,在概率中表示必然事件的概率。一个数乘1,仍等于原来的数,形式改变,结果却不变。

例题精讲

例题 1-1 把非零自然数从1开始一直写下去1 2 3 4 5 6 7 8 9 10 11 12…(此数为看起来更清楚,各数间有空格),一共写了2026个数字,那么最后一个数字是_____,这2026个数字之和为_____。

答案:7　8539

【解答】(1)在一位数前添上两个0,变成三位数:001、002、003、…、009。
(2)把两位数前添上一个0,变成三位数:010、011、012、013、…、099。
(3)因为(2026+2×9+1×90)÷3=711……1,所以最后一个数字是"712"的百位数字7。
(4)在数列的前面添加数字0,则数字和不变,数字和最小数与数字和最大数进行搭配。

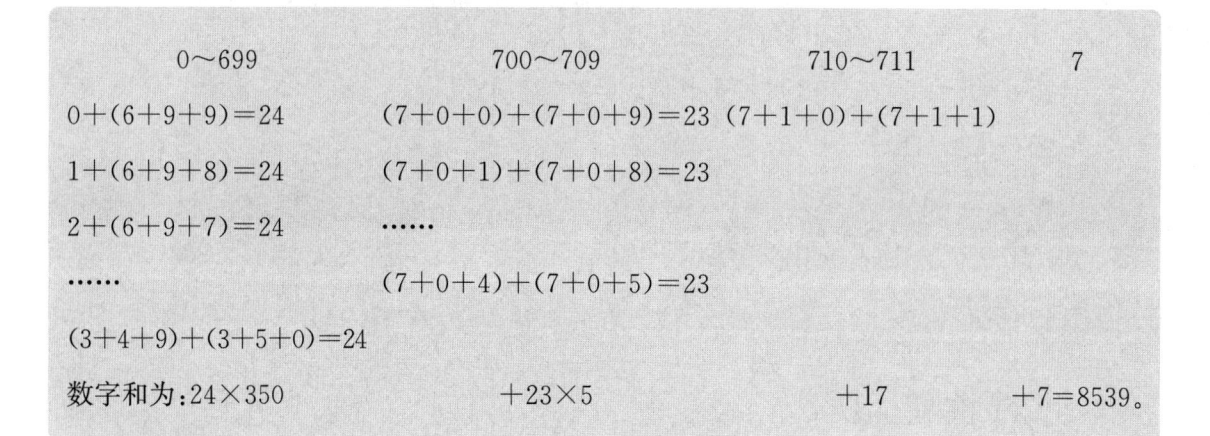

0～699	700～709	710～711	7
0+(6+9+9)=24	(7+0+0)+(7+0+9)=23	(7+1+0)+(7+1+1)	
1+(6+9+8)=24	(7+0+1)+(7+0+8)=23		
2+(6+9+7)=24	……		
……	(7+0+4)+(7+0+5)=23		
(3+4+9)+(3+5+0)=24			
数字和为:24×350	+23×5	+17	+7=8539。

例题 1-2 $3x^4-2x^2$ 被 x^2-x-2 除,所得的余数为_____。

答案:$13x+14$

【解答】如下式所示,分离系数,对于不存在的数位补 0 占位,所得余数为 $13x+14$。

$$
\begin{array}{r}
3+3+7 \\
1-1-2\overline{\smash{\big)}3+0-2+0+0} \\
\underline{3-3-6} \\
3+4+0 \\
\underline{3-3-6} \\
7+6+0 \\
\underline{7-7-14} \\
13+14
\end{array}
$$

例题 2-1 计算:$237\times168+352\times237-237\times419-237=$ _____。

答案:23700

【解答】$237\times168+352\times237-237\times419-237$
$=237\times168+352\times237-237\times419-237\times1$
$=237\times(168+352-419-1)$
$=237\times100$
$=23700$

例题 2-2 计算:$2^{32}-(2+1)(2^2+1)(2^4+1)(2^8+1)(2^{16}+1)=$ _____。

答案:1

【解答】根据平方差公式,得到 $a^2-1=(a+1)(a-1)$。
$2^{32}-(2+1)(2^2+1)(2^4+1)(2^8+1)(2^{16}+1)$
$=2^{32}-1\times(2+1)(2^2+1)(2^4+1)(2^8+1)(2^{16}+1)$

$$=2^{32}-(2-1)\times(2+1)(2^2+1)(2^4+1)(2^8+1)(2^{16}+1)$$
$$=2^{32}-(2^2-1)(2^2+1)(2^4+1)(2^8+1)(2^{16}+1)$$
$$=2^{32}-(2^4-1)(2^4+1)(2^8+1)(2^{16}+1)$$
$$\cdots\cdots$$
$$=2^{32}-(2^{32}-1)$$
$$=1$$

针对性练习

练习❶ 计算:$364\times561-364\times636+74\times364+364=$ _____。

练习❷ 把偶数从小到大排成一个多位数 24681012141618…。如果这个多位数共有 600 位,那么个位数字为 _____,这 600 个数字之和为 _____。

练习❸ $2x^4+x^2-1$ 被 x^2+1 除,所得的商为 _____。

练习❹ 已知 $abc=1$,则 $\dfrac{1}{ab+a+1}+\dfrac{1}{bc+b+1}+\dfrac{1}{ca+c+1}=$ _____。

练习参考答案

练习题号	练习1	练习2	练习3	练习4
参考答案	0	3 2169	$2x^2-1$	1
解答提示	基本练习	$(600+2\times4+1\times45)\div3=217\cdots\cdots2$	分离系数除法竖式	通分变成同分母

SL-42 2016 的妙用

神器内容	$2016=2^5\times3^2\times7$
要点与说明	2016 真是好,标准分解要记牢。 因数共有三十六,添加算符很好凑。 凑接近,要相信,零头凑齐动脑筋。 做题也要拼人品,瞎猜真是太费劲。

神器溯源

$2016=2^5\times3^2\times7$。

2016 有 $6\times3\times2=36$ 个约数,除了 5,非零数字都是它的约数。在凑固定结果的算式或者算式极值时,一般遵循着"试加减、变奇偶。凑接近,小调整"的原则。

$2016=1+2+3+4+\cdots+63$。

几个互不相同的数相加,且加数尽量多,其结果接近 2016,可以从这个算式入手。

例题精讲

例题 1-1 在下面的数字之间添加四则运算符号或括号,使得算式成立。

9 8 7 6 5 4 3 2 1=2020

答案:$9\times8\times7\times(6-5)\times4+3+2-1=2020$。$(9\times8\times7+6-5)\times4+3-2-1=2020$。

【解答】因为 $2016=2^5\times3^2\times7=9\times8\times7\times4$,所以先凑 2016。得到

$\underbrace{9\times8\times7\times(6-5)\times4}_{2016}+\underbrace{3+2-1}_{4}=2020$。

$\underbrace{(9\times8\times7+6-5)\times4}_{2020}+\underbrace{(3-2-1)}_{0}=2020$。

答案不唯一。

例题 1-2 几个连续的正整数相加,得到的结果为 2025,其中有一个正整数被重复计算了一次,那么重复计算的正整数最小为_____。

答案:9

【解答】因为 $1+2+3+4+\cdots+63=2016$,重复计算的正整数为 $2025-2016=9$。

例题 2 在下面 11 个 8 之间添加"+"、"-"、"×"、"÷"或括号,使得算式成立,且不得出现 88、888、…之类的多位数。

8 8 8 8 8 8 8 8 8 8 8=2025

答案:见解答。

【解答】因为 $2016=2^5\times 3^2\times 7=32\times 63$,所以先凑 2016。得到
$$\underbrace{(8+8+8+8)\times(8\times 8-8\div 8)}_{2016}+\underbrace{(8+8\div 8)}_{9}=2025。$$

答案不唯一。

针对性练习

练习❶ 在下面的数字之间添加四则运算符号或括号,使得算式成立。

9 8 7 6 5 4 3 2 1=2020

9 8 7 6 5 4 3 2 1=2021

9 8 7 6 5 4 3 2 1=2022

9 8 7 6 5 4 3 2 1=2023

练习❷ 在下面的数字之间添加四则运算符号或括号,使得算式成立。

1 2 3 4 5 6 7 8 9=2020

1 2 3 4 5 6 7 8 9=2021

1 2 3 4 5 6 7 8 9=2022

1 2 3 4 5 6 7 8 9=2023

练习❸ 几个连续的正整数之和为 2025,由于疏忽,其中有个正整数被忽略了,那么这个被忽略计算的正整数为_____。

练习❹ 在下面 9 个 8 之间添加"+"、"-"、"×"、"÷"或括号,使得算式成立。

8 8 8 8 8 8 8 8 8=2024

练习参考答案

练习题号	练习1	练习2
参考答案	9×8×7×(6−5)×4+3+2−1=2020 9×8×7×(6−5)×4+3+2×1=2021 9×8×7×(6−5)×4+3+2+1=2022 9×8×7×(6−5)×4+3×2+1=2023	−1+2+3+4×[(−5+6)×7×8×9]=2020 1×2+3+4×[(−5+6)×7×8×9]=2021 1+2+3+4×[(−5+6)×7×8×9]=2022 1+2×3+4×[(−5+6)×7×8×9]=2023
解答提示	2016=9×8×7×4,答案不唯一	答案不唯一
练习题号	练习3	练习4
参考答案	55	(8×8×8−8)×8×8÷(8+8)+8=2024 (8+8+8+8)×(8×8−8÷8)+8=2024
解答提示	先按连续正整数计算	504×4 或者 32×63

SL-43　凑24点

神器内容	从1~10这十个数中任意选四个数(可以重复),然后通过填入四则运算符号和括号,使得列出结果等于24的算式。
要点与说明	要想提高你速算,二十四点多多练。 口诀你要记心间,按照步骤去试验。 试加减,找因数;凑接近,有重复。

神器溯源

可以使用扑克牌玩24点,如果把大、小王和J、Q、K带上,也是可以的。一般大王代表6,小王代表3,J代表11(4个花色),Q代表12(4个花色),K代表13(4个花色)。为了提高凑24点的速度,经常把这14张牌去掉。

1. 凑24点基本形

从1~10这十个数中任意选四个数(可以重复),然后通过填入四则运算符号(+、-、×、÷)和括号(小括号、中括号、大括号),使得列出结果等于24的算式。

凑24点口诀:试加减,找因数;凑接近,有重复。

(1)试加减:凑24点第一步,把四个数加在一起,验证结果与24的差,看看是否需要调整。如果不行,立即进入下一步。

凑24点:1、8、7、10。

∵$1+8+7+10=26$,$(26-24)\div 2=1$,∴$8+7+10-1=24$。

(2)找因数:由于$24=2\times 12=3\times 8=4\times 6$,可以从四个数中找到一个24的因数,用另外三个数凑另一个因数。如果不行,立即进入下一个因数。如果都不行,则立即进入下一步。

凑24点:3、7、9、10。

∵$3\times 8=24$,$7+10-9=8$,∴$3\times(7+10-9)=24$。

(3)凑接近:对两个数快速做减、加、乘,然后验证其他两个数与这个结果是否能凑出24点,如果不行,立即进入下一种运算。如果都不行,则立即进入下一步。

凑24点:2、5、7、7。

∵$2\times 5=10$,∴$2\times 5+7+7=24$。

(4)有重复:如果题目中有两个或三个数相同,可以先用三个数凑出24点,然后想办法把另一个数"塞进去"。

凑24点:3、5、5、9。

∵$3\times5+9=24$,∴$(3+9\div5)\times5=24$。

2. 凑24点初等型

初等型凑24点,首先使用基本形的方法,看看是否能用四则运算及括号凑出24点的结果。如果基本形无法凑出,可以采用初等凑法。一般使用阶乘$n!$、两位数$\overline{ab}$、乘方a^n、开方$\sqrt{a}$这四种方法。

(1)阶乘$n!$:$n!=1\times2\times3\times\cdots\times n$,想办法凑出4,因为$4!=24$。

凑24点:2、5、5、5。$(5+5\div5-2)!=24$。

(2)两位数$\overline{ab}$:把两个数字放在一起,形成两位数。

凑24点:2、5、5、5。$25-5\div5=24$。

(3)乘方a^n:a^n表示n个a相乘的结果。

凑24点:2、5、5、5。$5^2-5\div5=24$。

(4)开方$\sqrt{a}(a\geqslant0)$:$\sqrt{a}$表示平方等于$a(a\geqslant0)$的数,如$\sqrt{4}=2$,$\sqrt{8+1}=3$。

凑24点:4、7、7、9。$\sqrt{7+9}\times7-4=24$。

例题精讲

例题1 用基本方法凑24点。

(1)1、2、4、4　　　　(2)2、2、5、6　　　　(3)2、4、6、8

答案: (1)$(1+2)\times(4+4)=24$　　(2)$2\times(5+6)+2=24$

$(4-1)\times2\times4=24$　　　　　　$6\times(5-2\div2)=24$

$4\times(4+2)\times1=24$

$4\times(4\times1+2)=24$

(3)$6\times(8\div4+2)=24$

$(6-2)\times4+8=24$

$2\times6+4+8=24$

$4\times8-2-6=24$

【解答】一般情况下,答案不唯一,也可能凑不出来。具体解答略。

例题 2 用初等方法凑 24 点。

(1) 2、2、7、9   (2) 1、1、2、5   (3) 2、3、3、4

答案：(1) $22+9-7=24$ (2) $25-1×1=24$

$2×(\sqrt{9}+7+2)=24$ $5^2-1×1=24$

$(5+1-2×1)!=24$

(3) $23+4-3=24$

$4!+(3-3)×2=24$

$2×4×\sqrt{3×3}=24$

【解答】一般情况下，答案不唯一，也可能凑不出来。具体解答略。

针对性练习

练习 ❶ 基本方法凑 24 点：

(1) 1、3、6、7   (2) 2、3、3、9

(3) 2、4、5、8   (4) 3、4、5、8

练习 ❷ 初等方法凑 24 点：

(1) 1、1、2、2   (2) 3、5、7、7

练习 ❸ 基本方法凑 60 点：

(1) 1、3、6、9   (2) 2、3、6、8

172

练习参考答案

练习题号	练习1(1)	练习1(2)	练习1(3)	练习1(4)
参考答案	6×(7−3)×1=24 6×(7×1−3)=24 (7−1)×3+6=24 3×6+7−1=24	3×(2+9−3)=24 3×(2+3)+9=24 2×9+3+3=24 3×(9−2)+3=24	8×(2×4−5)=24 (8−5)×2×4=24 4×5+8÷2=24	3×8×(5−4)=24 4×(3+8−5)=24 8×(4+5)÷3=24 (5−3)×(4+8)=24 (5+3)×4−8=24
解答提示	基本练习	基本练习	基本练习	基本练习
练习题号	练习2(1)	练习2(2)	练习3(1)	练习3(2)
参考答案	12+12=24 22+1+1=24 (2+2)!+1−1=24	77−53=24 3!×(5−7÷7)=24 (7+5)×$\sqrt{7-3}$=24	(1+3)×(6+9)=60 (6−1)×(9+3)=60 (6+1)×9−3=60	2×(3×8+6)=60 3×(2×6+8)=60 2×6×(8−3)=60
解答提示	阶乘或两位数	阶乘、开方或两位数	同24点	同24点

SL-44　数字谜之位数分析

神器内容	当 $n \geq m$ 时， (1) n 位＋m 位的结果为 n 或 $(n+1)$ 位。当结果为 $(n+1)$ 位时，首位数字为 1。 (2) n 位×m 位的结果为 $(n+m)$ 或 $(n+m-1)$ 位。当结果为 $(n+m-1)$ 位数时，首位乘积不到 10。
要点与说明	多位数，来相加，和的位数记住它。 较大数，有几位？或者加 1 和就对。 多位数，来相乘，积的位数要记清。 两个位数加一起，或者相加再减 1。 熟练解答数字谜，常把位数来分析。

神器溯源

两个数相加或相乘，得到的结果的位数可以确定。当 $n \geq m$ 时，

(1) n 位＋m 位的结果为 n 或 $(n+1)$ 位。当结果为 $(n+1)$ 位时，首位数字为 1。

例如，□□＋□□＝{□□ / 1□□}，□□＋□□□＝{□□□ / 1□□□}。

(2) n 位×m 位的结果为 $(n+m)$ 或 $(n+m-1)$ 位。当结果为 $(n+m-1)$ 位数，首位乘积不到 10。

例如，□□×□□＝{□□□ / □□□□}，□□×□□□＝{□□□□ / □□□□□}。

例题精讲

例题 1 用 0～9 这 10 个数字各一次填入方框中，使得加法横式成立（已经填入 2、8、9 三个数字）。

□□9+28□=□□□□

答案: 769+284=1053 或 749+286=1035

【解答】(1)如图 1 所示,横式转竖式,然后进行位数分析:3 位+3 位=4 位(1□□□),1 的位置确定,同时确定 0 和 7。

(2)对数字与进位进行分析,得到算式:769+284=1053 或 749+286=1035。

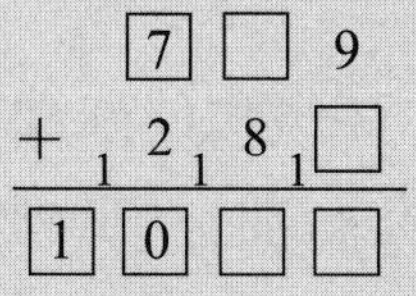

```
    7 □ 9
+  ₁2 8 ₁□
  1 0 □ □
```
图1

例题 2 如图 2 所示,一个乘法竖式谜被虫子咬掉了 10 个数字,只剩下了四个数字 1、2、3、4 和"×",那么这个乘积最大为_____。

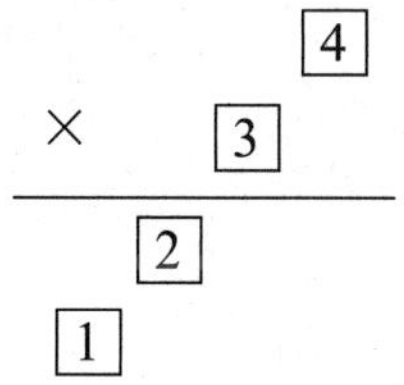

```
          □ 4
    ×   □ 3
        2 □
      □ □
    1 □ □ □
```
图2

答案: 2176

【解答】如图 3 所示,进行数位分析,补齐 10 个空格,从乘积最大入手,得到乘积最大为 2176,如图 4 所示填入数字。

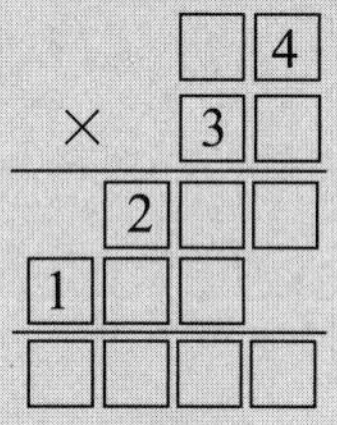

```
      □ 4              6 4
    × □ 3            × 3 4
      2 □              2 5 6
    □ □              1 9 2
  1 □ □ □          2 1 7 6
     图3              图4
```

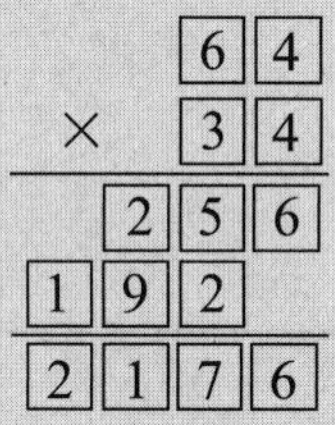

针对性练习

练习❶ 如图 5 所示,在空格里填入适当的数字,使得竖式成立,那么得到的和为_____。

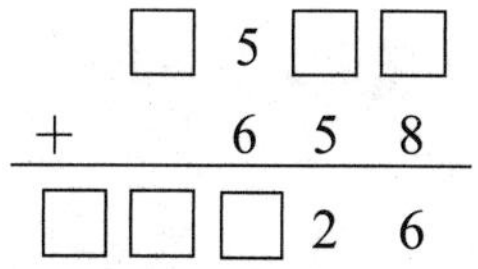

```
    □ 5 □ □
  +     6 5 8
    □ □ □ 2 6
```
图5

练习❷ 如图 6 所示,一个乘法竖式谜被虫子咬掉了 10 个数字,只剩下了四个数字 1、2、3、4 和"×",那么这个乘积最小为_____。

练习❸ 如图 7 所示,一个乘法竖式谜被虫子咬掉了 12 个数字,只剩下了四个数字 1、2、3、4 和"×",那么这个乘积为_____。

练习❹ 如图 8 所示,一个乘法竖式谜残缺的乱七八糟,仅剩下"2025"和"勇攀高峰"。另外还有 6 个数字被移除,那么"勇攀高峰"代表的四位数为_____。（不同汉字代表不同数字）

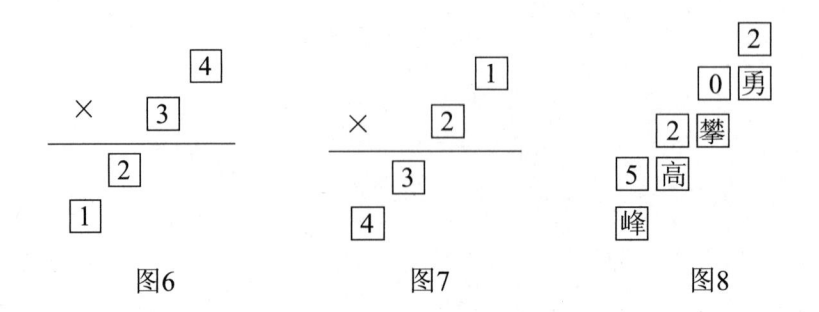

图6　　　图7　　　图8

练习参考答案

练习题号	练习1	练习2	练习3	练习4
参考答案	10226	1224	5746 或 6006	4、0、2、5
解答提示	基本练习	34×36=1224	221×26 或 231×26	52×104=5408

176

SL-45　数字谜之黄金三角：1、0、9

神器内容	若 n 位数＋$(n+1)$ 位数结果是 $(n+2)$ 位数，则必有黄金三角：1、0、9。
要点与说明	黄金三角：1、0、9，数字谜中经常有。 三级阶梯阶阶上，1、0 就在下层放。 黄金三角很贵重，嵌入四则运算中。

神器溯源

在数字谜的位数分析中，如果出现下面的情况：

n 位数＋$(n+1)$ 位数结果是 $(n+2)$ 位数，

那么一定有黄金三角：1、0、9。

黄金三角：1、0、9 在加、减、乘、除数字谜都会出现，希望大家熟练掌握。图 1 至图 3 是常见形式。

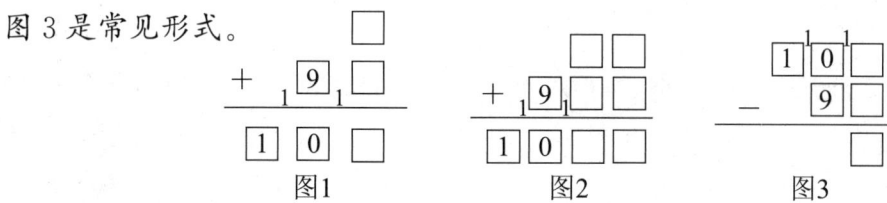

图1　　图2　　图3

例题精讲

例题 1-1 如图 4 所示，在各个方框内填入一个数字，使得加法竖式谜成立，那么得到的和为_____。

图4

答案： 10093

【解答】三位数＋四位数结果是五位数，必有黄金三角：1、0、9，同时注意进位，如图 5 所示，得到唯一填法。其和为 10093。

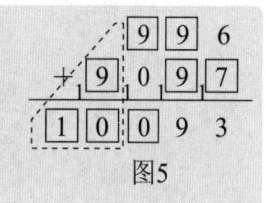

图5

例题 1-2 如图 6 所示，在加减法运算数字谜中，每个方框内填入一个适当数字，使得算式成立，那么所填 11 个数字之和为_____。

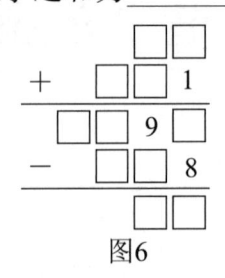

图6

答案：66

【解答】如图 7 所示，在整个数字谜中，加法部分与减法部分都有黄金三角：1、0、9，再从进位考虑，各个方格内所填数字唯一。11 个方框内数字之和为 66。剩余数字请自行完成。

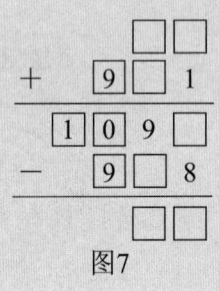

图7

例题 2-1 如图 8 所示，在乘法竖式谜中，每个方框内填入一个适当数字，使得算式成立，那么乘积为_____。

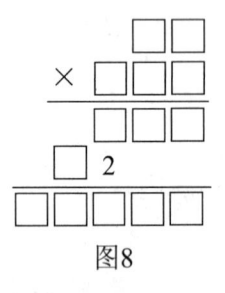

图8

答案：10028

【解答】如图 9 所示，填好黄金三角：1、0、9，那么第三行一定是大于 800 的三位数，也是唯一的。如图 10 所示的填法，得到 92×109＝10028。

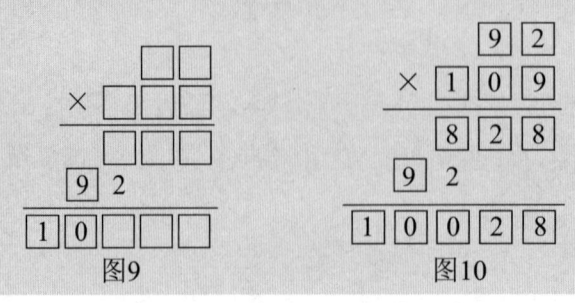

图9　　图10

178

例题 2-2 如图 11 所示,在除法竖式谜中,当算式成立时,被除数为_____。

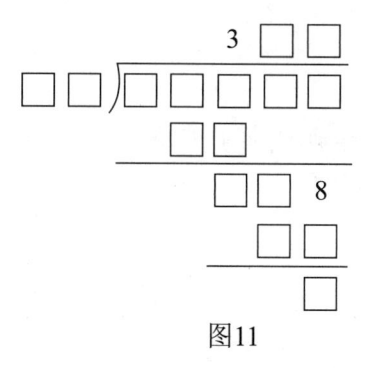

图11

答案:10008

【解答】如图 12 所示,除法竖式谜中有两个黄金三角:1、0、9,剩下的数字可以确定,得到 10008÷33＝303……9。

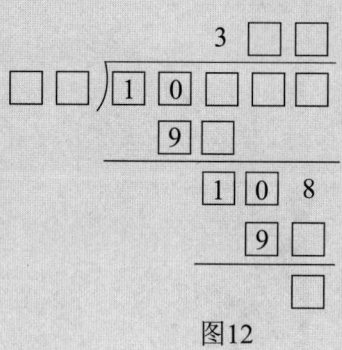

图12

针对性练习

练习❶ 如图 13 所示,填写加法竖式谜,得到的和为_____。

练习❷ 如图 14 所示,在减法竖式谜的空格内各填入一个数字,使得算式成立,那么被减数为_____。

练习❸ 如图 15 所示,在乘法竖式谜的空格内各填入适当数字,使得算式成立,那么乘积为_____。

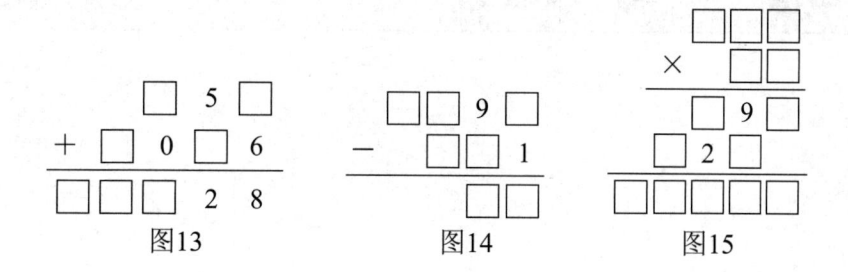

图13   图14   图15

练习❹ 如图16所示,在除法竖式谜的空格内各填入适当数字,使得算式成立,那么被除数为_____。

练习❺ 如图17所示,在乘法竖式谜的空格内各填入适当数字,使得算式成立,那么乘积为_____。

练习❻ 如图18所示,在除法竖式谜的空格内各填入适当数字,使得算式成立,那么被除数为_____。

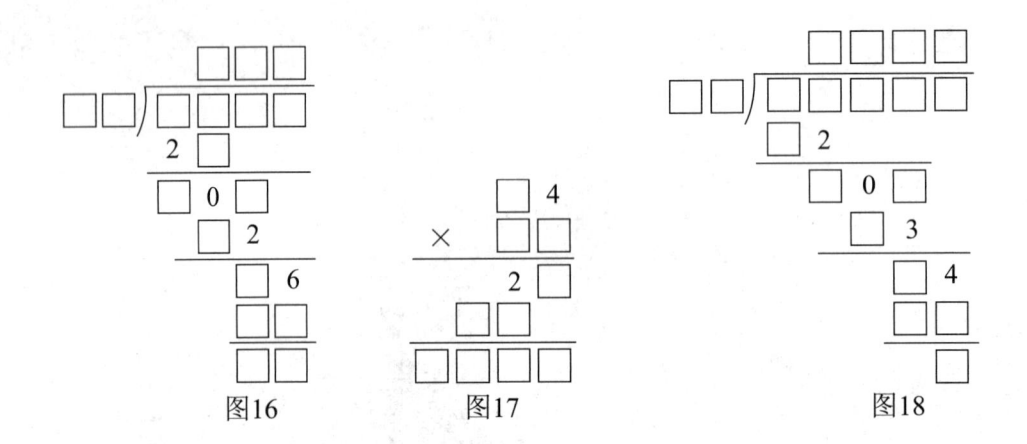

图16   图17   图18

练习参考答案

练习题号	练习1	练习2	练习3
参考答案	10028	1090	10032
解答提示	基本练习	基本练习	黄金三角且第三行为 7□□或8□□
练习题号	练习4	练习5	练习6
参考答案	3306	1008	63024
解答提示	黄金三角,余数必须是两位数	黄金三角,第4行为98	黄金三角且余数为一位数。第5行93是突破口

SL-46　数字谜之首尾分析

神器内容	1. 当 $n \geqslant m$ 时,首位分析 (1) n 位数 $+m$ 位数结果是 $(n+1)$ 位数,则结果的首位数字为 1。 (2) n 位数 $\times m$ 位数结果是 $(n+m-1)$ 位数,则首位相乘不到 10。 2. 末尾分析 (1) 若 $10 \mid (a^2-a)$,则数字 a 为 0、1、5 或 6。 (2) 若 $100 \mid (a^2-a)$,则两位数码 a 为 00、01、25 或 76。 (3) 若 $10 \mid (ab-a)$,则当 $a=5$ 时,b 为奇数。当 $b=6$ 时,a 为偶数。($a=0$、$b=1$ 略)
要点与说明	数字谜,做得好,首尾分析离不了。 首尾规律常使用,上面已经全写清。 横式转为竖式谜,首位分析尾分析。 越加越小怎么会?一定向前有进位。

神器溯源

在数字谜问题中,经常用到首位分析和尾数分析。常用性质:

1. 当 $n \geqslant m$ 时,首位分析

(1) n 位数 $+m$ 位数结果是 $(n+1)$ 位数,则结果的首位数字为 1。

(2) n 位数 $\times m$ 位数结果是 $(n+m-1)$ 位数,则首位相乘不到 10。

2. 末尾分析

(1) 若 $10 \mid (a^2-a)$,$a \times a = \overline{\square a}$,则数字 a 为 0、1、5 或 6。

(2) 若 $100 \mid (a^2-a)$,$a \times a = \overline{\square\square a}$,则两位数码 a 为 00、01、25 或 76。

(3) 若 $10 \mid (ab-a)$,则当 $a=5$ 时,b 为奇数。当 $b=6$ 时,a 为偶数。(这里取值 $a=0$ 或 $b=1$ 情况略。)

例题精讲

例题 1 如图 1 所示，在各个方框内填入一个数字，使得加法竖式谜成立，那么得到的和为_____。

答案：19025

```
    □ □ 6 □
  + □ 0 □ 3
  ─────────
    □ 9 □ 2 5
```
图1

【解答】 如图 2 所示，和的首位数字为 1，千位向万位进位 1，同时反推其他数字可以得到算式的填写结果。

```
      9 9 6 2
    + 9 0 6 3
    ─────────
    1 9 0 2 5
```
图2

例题 2 如图 3 所示，在乘法竖式谜中，相同字母代表相同数字，不同字母代表不同数字，那么这个数字谜的乘积为_____。

答案：103125

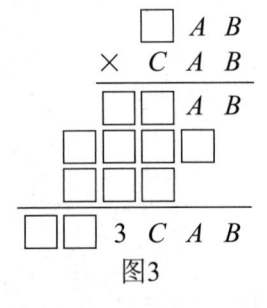

```
          □ A B
    ×     C A B
    ─────────────
          □ A B
        □ □ □
      □ □ □
    ─────────────
      □ □ 3 C A B
```
图3

【解答】 (1) 如图 3 所示，$\overline{AB} \times \overline{AB}$ 的结果的末两位仍是 $\overline{AB}$，同时考虑 D_{44}（表示第 4 行、第 4 列，下同）＝0，则 AB 可能为 01 或 25。如果为 01，则第 4 行只能有 3 个数字且都是 0，故 $\overline{AB}$＝25。

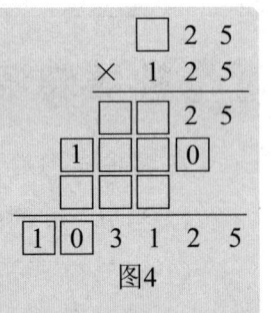

(2) 25×$\overline{C25}$ 的末三位还是 $\overline{C25}$，则 C＝1 或 6，如果 C＝6，D_{51} 最大为 7，无法与 D_{41} 和进位一起再向前进位，故 C＝1。如图 4 所示，填入关键数字。得到 825×125＝103125。

```
          8 2 5
    ×     1 2 5
    ─────────────
          4 1 2 5
        1 6 5 0
        8 2 5
    ─────────────
      1 0 3 1 2 5
```
图4

针对性练习

练习 1 如图 5 所示，正确填写加法竖式谜，得到的和为_____。

```
      □ □ 5 6
    + □ 0 □ □
    ─────────
    □ 9 □ 3 1
```
图5

练习❷　如图 6 所示,在每个方框内填入一个数字,使得算式成立,那么乘积最大为_____。

练习❸　如图 7 所示,在每个方框内填入一个数字,且相同汉字代表相同的数字,不同汉字代表不同的数字,那么"你好美丽"表示的四位数为_____。

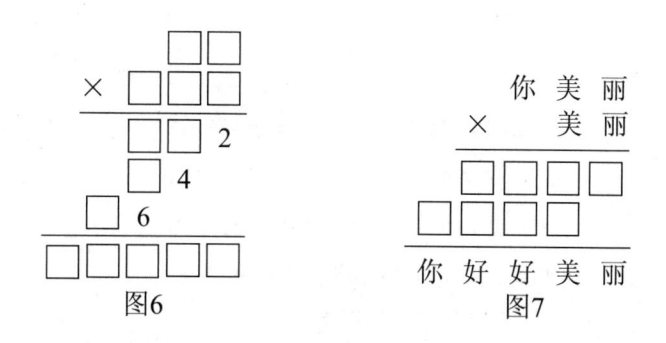

$$\begin{array}{r} \square\square \\ \times\ \square\square\square \\ \hline \square\square 2 \\ \square 4 \\ \square 6 \\ \hline \square\square\square\square \end{array}$$

图6

$$\begin{array}{r} 你\ 美\ 丽 \\ \times\ \ \ 美\ 丽 \\ \hline \square\square\square\square \\ \square\square\square \\ \hline 你\ 好\ 好\ 美\ 丽 \end{array}$$

图7

练习❹　如图 8 所示,在除法竖式谜中,相同字母代表相同的数字,不同字母代表不同的数字,那么算式成立时,五位数$\overline{abcde}=$_____。

$$\begin{array}{r} h\ a\ i \\ efg\overline{)a\ b\ c\ d\ c} \\ \underline{a\ d\ c} \\ b\ d\ d \\ \underline{g\ b\ h} \\ e\ a\ c\ c \\ \underline{e\ a\ c\ b} \\ h \end{array}$$

图8

练习参考答案

练习题号	练习1	练习2	练习3	练习4
参考答案	19031	10432	1376	36801
解答提示	基本练习	黄金三角和末位分析	末两位乘积不变,排除 01、00、25 或 76	$c-c=d$,所以 $d=0$

SL-47　数字谜之数字和与进位分析

神器内容	在加法算式中,"和"的数字和比"加数"的数字总和每少9,就会进位一次。
要点与说明	进位次数怎么算？加数数字和关联。 加数数字和少9,进位一次一定有。 数字已知位不定,弃9分析也常用。 加减其实是一家,减法借位推导吧。

神器溯源

在数字谜中,特别是加法竖式谜中,往往出现给定所填的已知数字,而数字位置不确定的情况,通常从数字和分析中得到进位的次数。"和"的数字和如果比"加数"的数字之和少9,一定向前一位进位1次；如果少18,一定向前一位进位2次……

如图1所示,268＋394＝662。"加数"的数字和为32"和"的数字和为14,减少32－14＝18,则进位18÷9＝2次。

如图2所示,634×5＝3170。"加数"的数字和为(6＋3＋4)×5＝65,"和"的数字和为11,减少65－11＝54,则进位54÷9＝6次。

```
    2  6  8  〉(32)
 +  3  9  4
   5 (15)(12) (32) 〉2×9
    6  6  2  (14)
       图1
```

```
       6   3   4    〉(13×5)
   ×           5
   3 (30)(15)(20) (65) 〉6×9
   3   1   7   0   (11)
            图2
```

例题精讲

例题1-1 如图3所示,在每个小方框中填入1、3、5、7、9中的一个,使得算式成立,那么所填六个数字之和最大为_____。

答案:40

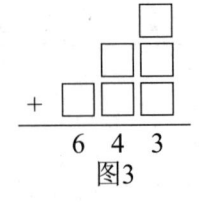

图3

184

【解答】如图4所示,根据所填数字的奇偶性,个位向十位最多进位2次,十位向百位进1次。所填六个数字之和为6+4+3+9×3=40。具体怎么填?共有多少种填法?可以继续探讨下去。

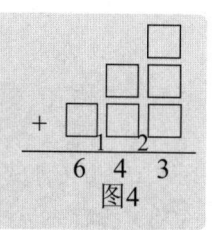

图4

例题 1-2 如图5所示,从0~9中选出九个不同数字填入方框内,使得算式成立,那么不选的数字为_____,其中的四位数最大为_____。

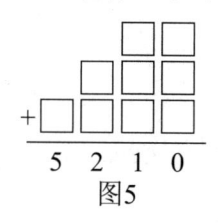

图5

答案: 1 4968

【解答】如图6所示,设不选数字 x,进位 k 次,则 $(45-x)-8=9k$,$\begin{cases}x=1\\k=4\end{cases}$。得到不选数字1,进位4次,为了让四位数最大,可以考虑让个位向十位进位2次,得到四位数最大为4968。具体填法如图7所示。

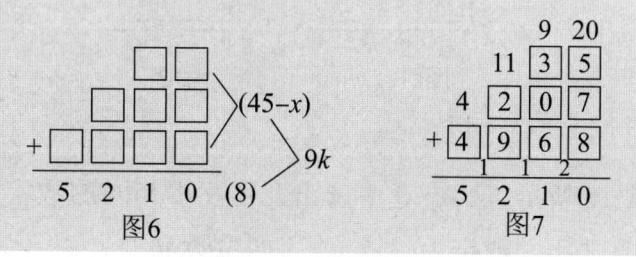

图6 图7

例题 2 如图8所示,在加法竖式谜中的每个汉字代表一个数字,不同汉字代表不同数字,那么"一定成功"代表的四位数最小为_____。

```
        你
      勤 奋
  + 爱 拼 搏
  ─────────
  一 定 成 功
```
图8

答案: 1026

【解答】(1) 10个汉字互不相同,代表0~9各一次,数字和为45。如图9所示,设"和"的数字和为 x,进位 k 次,则 $(45-x)-x=9k$,$\begin{cases}x=9\\k=3\end{cases}$ 或 $\begin{cases}x=18\\k=1\end{cases}$。

185

(2)数字谜中出现黄金三角:1、0、9,"爱"为9,"一"为1,"定"为0,所以 $x=18$ 舍去,"和"的数字和为9,最小为1026,具体填法如图10所示,填法不唯一。

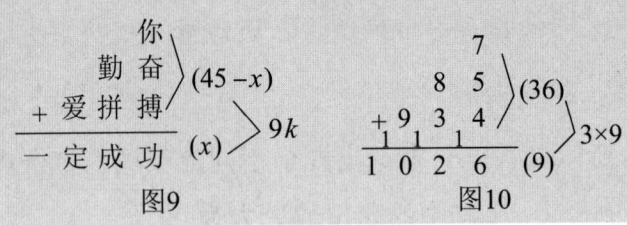

$$
\begin{array}{r}
你\\
勤\ 奋\\
+\ 爱\ 拼\ 搏\\
\hline
一\ 定\ 成\ 功
\end{array}
\begin{array}{l}
(45-x)\\
\ \\
(x)
\end{array}\Big\} 9k
$$
图9

$$
\begin{array}{r}
7\\
8\ 5\\
+\ 9\ 3\ 4\\
\hline
1\ 0\ 2\ 6
\end{array}
\begin{array}{l}
\ \\
(36)\\
\ \\
(9)
\end{array}\Big\} 3\times 9
$$
图10

📖 针对性练习

练习❶ 如图11所示,一个三位数加上一个四位数得到的和为2025,那么五个方框内所填数字之和为_____。

练习❷ 如图12所示,在每个方框内填入一个奇数字,那么算式成立时,所填数字之和为_____。

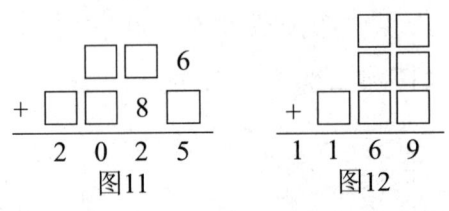

图11

图12

练习❸ 如图13所示,从0~9中选出九个互不相同的数字填入方框内,使得算式成立,那么没有选用的数字为_____,四位数最大为_____。

练习❹ 如图14所示,0~9各一次填入方框内,使得算式成立,那么得到的和最大时,共有_____种不同的填法。

练习❺ 如图15所示,在加法竖式谜中,相同的汉字代表相同的数字,不同的汉字代表不同的数字,那么"始终如一"表示的四位数最大为_____。

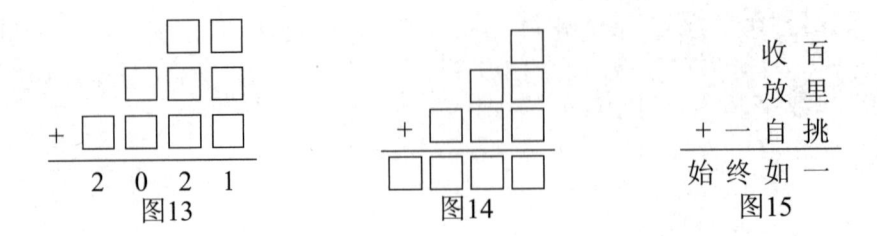

图13

图14

$$
\begin{array}{r}
收\ 百\\
放\ 里\\
+\ 一\ 自\ 挑\\
\hline
始\ 终\ 如\ 一
\end{array}
$$
图15

186

练习❻ $S(n)$ 表示为 n 的数字和。如 $S(338)=3+3+8=14$，那么当 $S(7n)=3S(n)$ 时，n 的最小值为_____。

练习参考答案

练习题号	练习1	练习2	练习3	练习4
参考答案	22	53	4　1698	12
解答提示	进位3次	进位4次	进位4次	出现黄金三角,进位3次
练习题号	练习5	练习6		
参考答案	1089	1125		
解答提示	进位2次,重复数字为9或0	进位2次		

SL-48　数字谜之特殊算式

神器内容	数字谜中的特殊算式： (1) $\left.\begin{array}{l}\overline{ab}\times 8=\square\square \\ \overline{ab}\times\square=\square\square\square\end{array}\right\}\Rightarrow\overline{ab}=12。$ (2) $\left.\begin{array}{l}\overline{abc}\times 8=8\square\square \\ \overline{abc}\times\square=\square\square\square\square\end{array}\right\}\Rightarrow\overline{abc}=112。$
要点与说明	数字谜，经常见，特殊算式在里边。 两位数，它乘8，还是两位没变化。 可是让它改乘9，变成三位怎么求？ 常用算式算一算，帮助减少是时间。 此种规律变三位，学会巧用多体会。

神器溯源

在数字谜中，常常出现一些特殊的算式，它们有着固定的结果，往往隐藏在算式谜中。如果能洞察出特殊算式的所在，就能帮你减少填写算式谜的时间。下面为几个常用的特殊算式：

(1) $\left.\begin{array}{l}\overline{ab}\times 8=\square\square \\ \overline{ab}\times\square=\square\square\square\end{array}\right\}\Rightarrow\overline{ab}=12。$

(2) $\left.\begin{array}{l}\overline{abc}\times 8=8\square\square \\ \overline{abc}\times\square=\square\square\square\square\end{array}\right\}\Rightarrow\overline{abc}=112。$

(3) $a\times\overline{ab}=\overline{ccc}\Rightarrow 3\times 37=111。$

(4) $\overline{ac}\times\overline{bc}=\overline{ddd}\Rightarrow 27\times 37=999。$

(5) $142857\times n(n=2、3、4、5、6、7)。$

(6) $12345679\times 9=111111111。$

例题精讲

例题 1 如图 1 所示，相同字母代表相同数字，不同字母代表不同数字，那么乘法竖式计算中的 $\overline{abcdef}=$ _____。

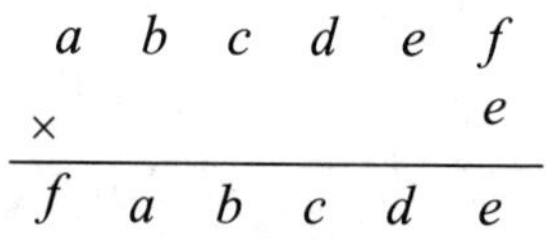

$$\begin{array}{r} a\ b\ c\ d\ e\ f \\ \times \qquad\qquad e \\ \hline f\ a\ b\ c\ d\ e \end{array}$$
图1

答案：153846 或 142857

【解答】 设 $\overline{abcde}=x$，则 $\overline{xf}\times e=\overline{fx}$，$(10x+f)\times e=100000f+x$，$(10e-1)x=(100000-e)f$。由 $f\times e$ 的得数的末位数字为 e 可知，$f=6$，e 为偶数数字，或 $e=5$，f 为奇数数字。

① $(10e-1)x=(100000-e)\times 6$，$(5x+3)(10e-1)=3^4\times 7\times 11\times 13\times 37$，$e=4$，$x=15384$，$\overline{xf}=153846$。② 当 $(10\times 5-1)x=(100000-5)\times f$，$7x=14285f$，$f=7$，$x=14285$，$\overline{xf}=142857$。综上，$\overline{abcdef}=153846$ 或 142857。

例题 2-1 如图 2 所示，在每个方框内填入一个数字，使得乘法竖式计算成立，那么乘积为 _____。

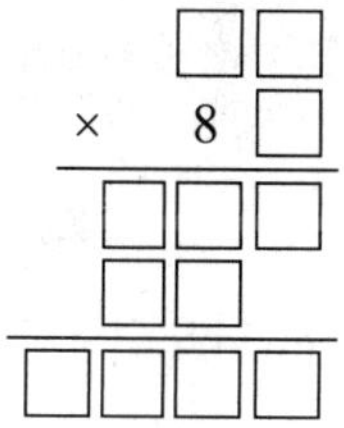

答案：1068

【解答】 如图 3 所示，$a\times 8$ 的结果是两位数，$a\times b$ 的结果是三位数，则 $a=12$，$b=9$，算式为 $12\times 89=1068$。

具体填法如图 4 所示。

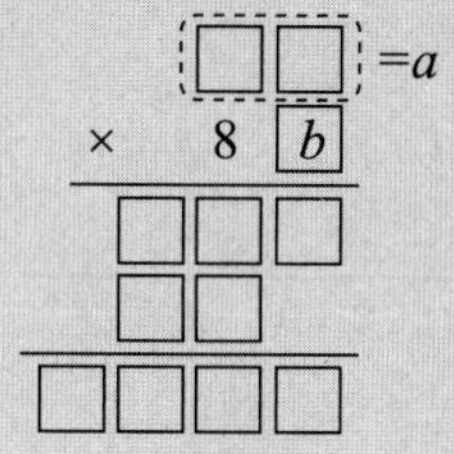

图3 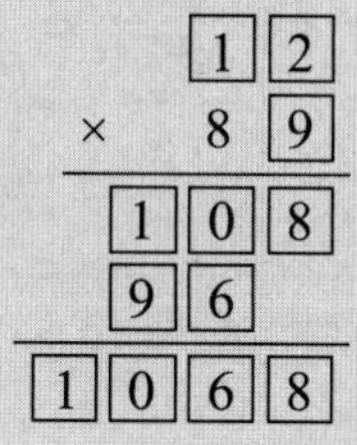   图4

例题 2-2 如图 5 所示，在每个方框内填入一个数字，使得除法竖式计算成立，那么被除数为 _____。

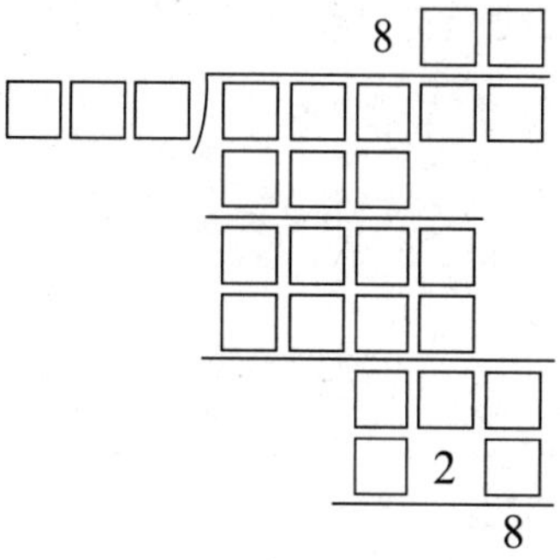

答案：99912

【解答】如图 6 所示，$a\times 8=800$ 多（为什么？），$a\times b=$ 四位数，则 $a=112$，$b=9$，$112\times c$ 的乘积的十位数字为 2，只能为 $112\times 2=224$。除法算式为 $112\times 892+8=99912$。具体填法如图 7 所示。

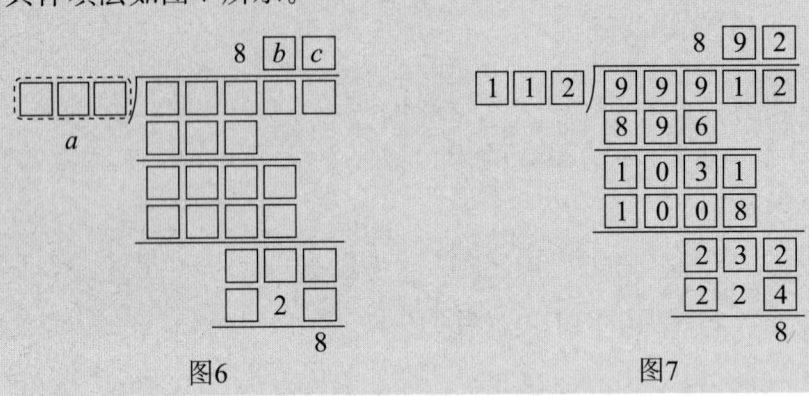

图6

图7

针对性练习

练习 ❶ 如图 8 所示，相同的字母代表相同的数字，不同的字母代表不同的数字，方格内数字没有要求，那么乘积为_____。

练习 ❷ 如图 9 所示，相同的字母代表相同的数字，不同的字母代表不同的数字，那么 $\overline{abcdef}=$ _____。

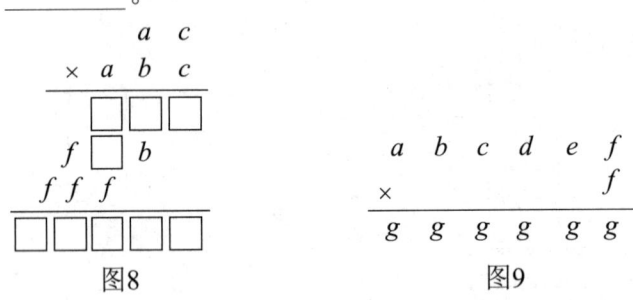

图8

图9

练习 ❸ 如图 10 所示，在每个方框内填入一个数字，使得乘法竖式计算成立，那么乘积为_____。

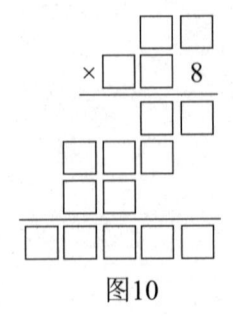

图10

练习❹ 如图 11 所示,在每个方框内填入一个数字,使得除法竖式计算成立,那么被除数为_____。

练习❺ 如图 12 所示,相同的字母代表相同的数字,不同的字母代表不同的数字,那么$\overline{abcde}$=_____。

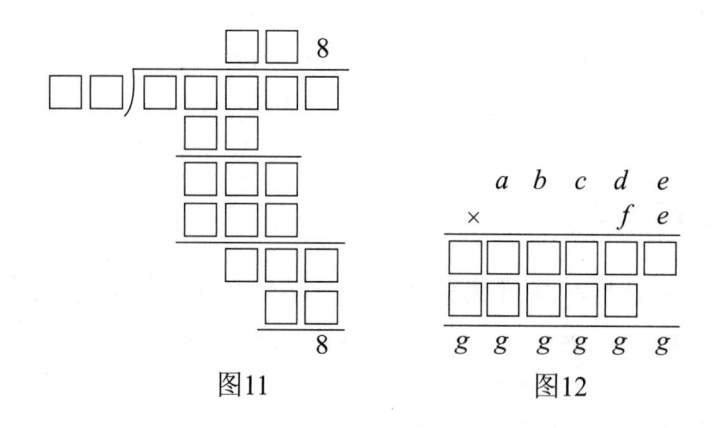

图11

图12

练习❻ 在下面横式谜中,相同汉字代表相同数字,不同汉字代表不同数字,那么$\overline{魅力无穷}$=_____。

数×数学×魅力无穷=学学学学学学

练习参考答案

练习题号	练习1	练习2	练习3	练习4	练习5
参考答案	13209	142857	10776	10784	76923
解答提示	3×37=111	142857×7=999999	算式第一行为12。黄金三角:1、0、9	除数为12	76923×13=99999

练习题号	练习6				
参考答案	8547				
解答提示	3×39×8547				

· 191 ·

SL-49　奇偶数字谜

神器内容	根据数字的奇偶性解数字谜。
要点与说明	数字谜,有奇偶,这个条件要遵守。 根据奇偶来分析,突破口在进位里。

神器溯源

在数字谜中,可能有数字奇偶条件的限制,或者在分析数字谜中需要从奇偶性考虑进位的次数等,这类数字谜我们称之为奇偶数字谜。

例题精讲

例题 1 一个四位数满足条件"$\overline{奇偶}^2 = \overline{奇奇偶偶}$",那么这个最大四位数为_____。

答案:5184

【解答】(1)把横式数字谜转化为竖式谜,如图1所示。偶平方数的个位数字为0、4或6,显然不能为0,末位数字为6的平方数,十位数字只能为奇数字,故排除6,这样四位数的个位数字只能为4。

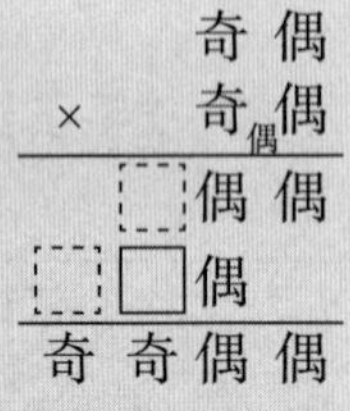

(2)平方数的个位是4,同时考虑"偶^2"向十位进位偶数次,那么两位数的个位数字可以为2或8,验证98^2、92^2、78^2、72^2、58^2、52^2、38^2、32^2,得到$72^2=5184$或$58^2=3364$,故满足条件的四位数最大为5184。

图1

例题 2 如图2所示,在每个方框内填入一个奇数字,使得乘法竖式谜成立,那么两个乘数相加,得到的和为_____。

答案:210

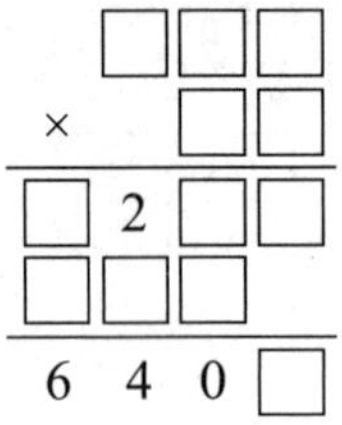

图2

【解答】(1)已知乘积的前三位数的数字,考虑从首位分析。如图3所示,$\overline{ab} \times c \leqslant 64$,满足条件的可能为$19 \times 3$,或者$17 \times 3$。而$12+57>64$,故确定为$17 \times 3$。

(2)第三行为1200多,第四行为510多,两者接近2~3倍,同时考虑都是奇数字,确定$D_{22}=7$。再对D_{13}为奇数字验证得到$173 \times 37=6401$,如图4所示。两个乘数的和为$173+37=210$。

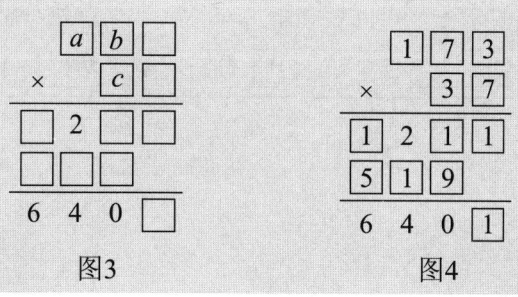

图3

图4

针对性练习

练习❶ 一个形如"$\overline{偶偶偶}$"不含数字"0"的三位数,它恰好是一个形如"$\overline{偶偶}$"的两位数的平方,那么这个三位数为_____。

练习❷ 一个四位数满足条件"$\overline{奇偶}^2 = \overline{奇偶奇偶}$",那么这个最大四位数为_____。

练习❸ 一个由非零偶数字组成的四位数,它恰好是一个偶数字组成的两位数的平方,那么这个四位数为_____。

练习❹ 如图5所示,在每个方框内填入一个奇数字,使得算式成立,那么乘积为_____。

练习❺ 如图6所示,在每个方框内填入一个偶数字,使得算式成立,那么乘积为_____。

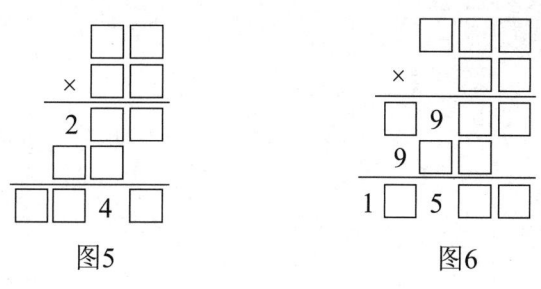

图5

图6

练习参考答案

练习题号	练习1	练习2	练习3	练习4	练习5
参考答案	484	9216	4624	1147	12584
解答提示	这个两位数的末位数字为2或8	从奇偶性和平方数个位入手	末位数字分析	首位分析,乘积前两位为11	第四行96□

SL-50　质合数字谜

神器内容	在0～9这十个数字中,质数字有四个:2、3、5、7,合数字有四个:4、6、8、9。
要点与说明	质合数字数字谜,也有这样编新题。 根据特点来排除,划定范围易求出。 质数组成平方数,性质排除把水缩。

神器溯源

在数字谜中,可能有数字质数和合数的条件限制,在0～9这十个数字中,

非质合数字有两个:0、1。

质数字有四个:2、3、5、7。

合数字有四个:4、6、8、9。

例题精讲

例题1 一个四位数满足条件"$\overline{质质}^2=\overline{质合质质}$",其中"质"代表质数字2、3、5、7,"合"代表合数字4、6、8、9,那么这个四位数为_____。

答案:5625

【解答】由于2^2的个位数字为合数字4,3^2和7^2的个位数字为合数字9,故两位数的个位数字只能为5。验证$75^2=5625$,$55^2=3025$(25^2可以先排除,想想为什么),满足条件的只有$75^2=5625$。所以,这个四位数为5625。

例题2 如图1所示,每个方框盖住的都是质数字2、3、5、7,那么算式成立时候,数字谜的乘积为_____。

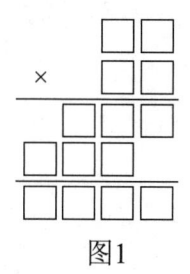

图1

答案：2775 或 5775

【解答】质数字×质数字的个位数字还是质数的有 3×5、5×5、7×5，再根据乘积都是质数组成，验证得到 75×37＝2775 或 75×77＝5775，如图 2 和图 3 所示。

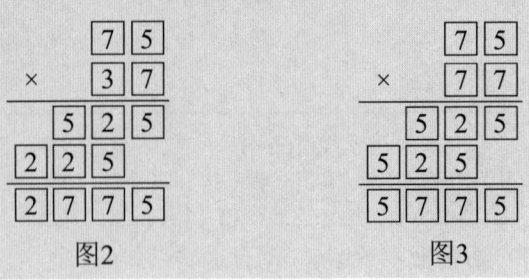

图2　　　　图3

针对性练习

练习❶ 一个四位数满足条件"$\overline{质质}^2=\overline{质0质质}$"，其中"质"代表质数字 2、3、5、7，那么这个四位数为_____。

练习❷ 一个四位数满足条件"$\overline{合质}^2=\overline{质质质质}$"，其中"质"代表质数字 2、3、5、7，"合"代表合数字 4、6、8、9，那么这个四位数为_____。

练习❸ 如图 4 所示，每个方框盖住的都是质数字，圆圈盖住的是合数字，那么乘法竖式谜的乘积为_____。

练习❹ 如图 5 所示，每个方框盖住的都是质数字，圆圈盖住的是合数字，那么乘法竖式谜的乘积最大为_____。

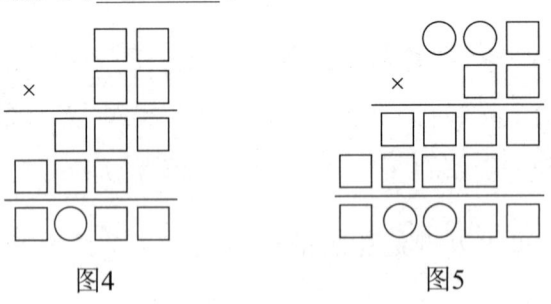

图4　　　　图5

练习参考答案

练习题号	练习1	练习2	练习3	练习4
参考答案	3025	7225	2475 或 2625	34875
解答提示	$55^2=3025$	$85^2=7225$	$75×35=2625$ $75×33=2475$	$465×75=34875$

SL-51　小数数字谜

神器内容	如果小数运算的结果为整数,可以先从整数入手,再填小数点。
要点与说明	数字谜,有小数,这样题目别发怵。 小数位数很重要,可以小点先去掉。 小数乘积能变整,2、5搭配要先行。

神器溯源

在含有小数的数字谜中,经常先不考虑小数点,按整数进行分析,然后解题。同时,如果小数部分在计算结果中消失,那么扩大倍数后的结果一定是10的倍数。

例题精讲

例题 1-1 在下面算式中,相同的汉字代表相同的数字,不同的汉字代表不同的数字,那么"趣味数学"代表的四位数最大为_____。(小数部分不能为0,且0不能单独出现。)

$\overline{趣} \times \overline{味} + \overline{数}.\overline{学} \times \overline{竞}.\overline{赛} = 趣 + 味 + 数 + 学 + 竞 + 赛$。

答案: 8375

【解答】因为算式右侧是数字之和,一定为整数。故左侧的小数之积,如果不看小数点,一定是100的倍数,从而是25的倍数与4的倍数的组合。然后验证,设"趣"$=a$,"味"$=b$。

(1)当有一个因数为2.5时,

①若2.5×0.4,则$a \times b + 2.5 \times 0.4 = a + b + 0 + 2 + 4 + 5$,$a \times b = a + b + 10$,$(a-1)(b-1) = 11$,无符合条件的解。

②若2.5×0.8,则$2 + 5 + 8 - 2.5 \times 0.8 + 1 = 14 = 2 \times 7$,$a$、$b$取值为3和8,而数字8重复。

③若2.5×1.6,则$1 + 2 + 5 + 6 - 2.5 \times 1.6 + 1 = 11 = 1 \times 11$,$a$、$b$取值为2和12,与条件不符。

④若2.5×3.6,则$2 + 3 + 5 + 6 - 2.5 \times 3.6 + 1 = 8 = 1 \times 8 = 2 \times 4$,$a$、$b$取值与条

件都不符。

……

则此类没有符合条件的算式。

(2)当有一个因数为 7.5 时,

①若 7.5×0.4,则 4+5+7−7.5×0.4+1=14=2×7,a、b 取值为 3 和 8,得到 3×8+7.5×0.4=0+3+4+5+7+8。

②若 7.5×0.8,则 5+7+8−7.5×0.8+1=15=3×5,a、b 取值为 4 和 6,得到 4×6+7.5×0.8=0+4+5+6+7+8。

综上所述,得到两组算式:

3×8+7.5×0.4=0+3+4+5+7+8。

4×6+7.5×0.8=0+4+5+6+7+8。

所以,$\overline{趣味数学}$最大为 8375。

例题 1-2 下面算式中,相同的字母代表相同的数字,不同的字母代表不同的数字,那么"$\overline{abcd}$"代表的四位数为_____。(小数部分不能为 0)

$$(\overline{ab}-\overline{cd})\times e - \overline{g.h} - f + \frac{f^2}{\overline{gh}} - \frac{2019}{i} = 20.19。$$

答案: 8913

【解答】右边的小数部分应该由等号左侧的两个分数和一个小数产生,分数分母的最大公约数为 100 的倍数。由于 2019 为奇数,故 $i=4$,而 $\overline{gh}$ 为 25 或者 75,且 f 为 3 的倍数。

(1)当 $\overline{gh}=25$,则 $20.19+\frac{2019}{4}+2.5-\frac{f^2}{25}=527.44-\frac{(2f)^2}{100}$ 为整数,得到 $f=6$。$(\overline{ab}-\overline{cd})\times e=526+6,(89-13)\times 7=532$。所以 $(89-13)\times 7-2.5-6+\frac{6^2}{25}-\frac{2019}{4}=20.19$。

(2)当 $\overline{gh}=75$,则 $20.19+\frac{2019}{4}+7.5-\frac{f^2}{75}=527.44-\frac{(2f)^2}{300}$ 为整数,满足条件的 f 不存在。

所以 $\overline{abcd}$ 代表的四位数为 8913。

例题 2 在如图 1 所示的除法竖式谜的每个方框内填入一个数字,使得算式成立,那么被除数为_____。

图1

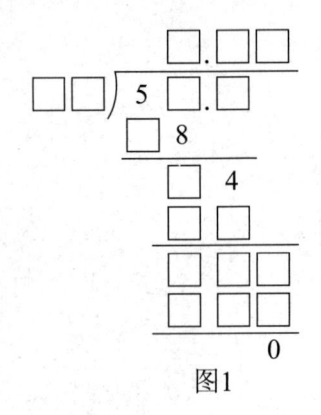

答案：56.4

【解答】(1)因为 $D_{63}=0$，$D_{32}=8$，从而 $D_{13}=5$，第三行可能为 58 或 48。
(2)当第三行为 58 时，则除数为 58，第六、七行都是 290，与第五行矛盾。
当第三行为 48 时，则除数为 24，如图 2 所示，得到 56.4÷24=2.35。

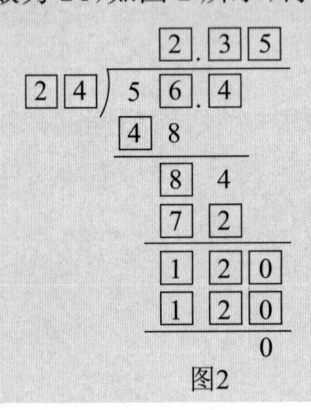

图2

针对性练习

练习❶ 把 1~6 各一次填入下面的方框内，使得算式成立，那么乘积为_____。

□.□×□.□=□.□

练习❷ 在下面算式中，相同的汉字代表相同的数字，不同的数字代表不同的汉字，那么"趣味数学"代表的四位数最小为_____。（小数部分不能为 0，且 0 不能单独出现。）

$\overline{趣.味} \times \overline{数.学} = 趣+味+数+学$。

练习❸ 在算式中，相同的汉字代表相同的数字，不同的汉字代表不同的数字。当"$\overline{解.趣题} \times \overline{真好} = 好题+趣解$"成立时，这个算式为_____。

200

练习❹ 如图 3 所示，在除法竖式谜中，算式成立时，被除数为_____。

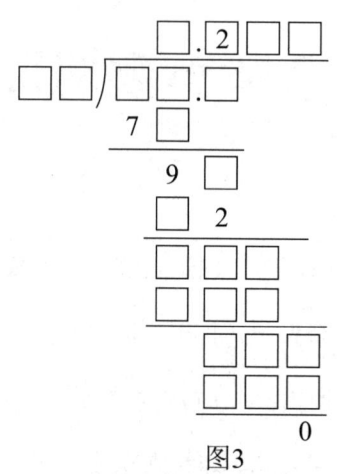

图3

练习参考答案

练习题号	练习1	练习2	练习3	练习4
参考答案	6.3 或 3.6	2475	1.96×75=56+91	81.9
解答提示	1.5×4.2=6.3，1.5×2.4=3.6	从乘积为整数入手	从乘积为整数入手	除数或商中，必有 4 倍和 25 倍

SL-52　含循环小数的除法竖式谜

神器内容	根据循环节，先确定除数的大小或范围： (1) 当商为 $0.\dot{a}$ 时，则除数是 9 的约数 9 或 3。 (2) 当商为 $0.\dot{a}\dot{b}$ 时，则除数是 99 的约数，且非 9 的约数。 (3) 当商为 $0.\dot{a}b\dot{c}$ 时，则除数是 999 的约数，且非 99 的约数。
要点与说明	循环小数数字谜，看循环节来解题。 首先除数来确定，与商每位要相乘。 乘积位置看分明，黄金三角常发生。 注：商为混循环小数，非循环部分为 1 位，则除数含因数 2 或 5；非循环部分为 2 位，则除数含因数 4 或 25。

神器溯源

如图 1 所示，以商的循环节为 3 位的纯循环小数为例，则 $\dfrac{b}{a}=0.\dot{□}\dot{□}\dot{□}=\dfrac{\overline{def}}{999}$，$a\mid 999$，且 $a\nmid 99$，否则循环节退化为 1 位或 2 位。

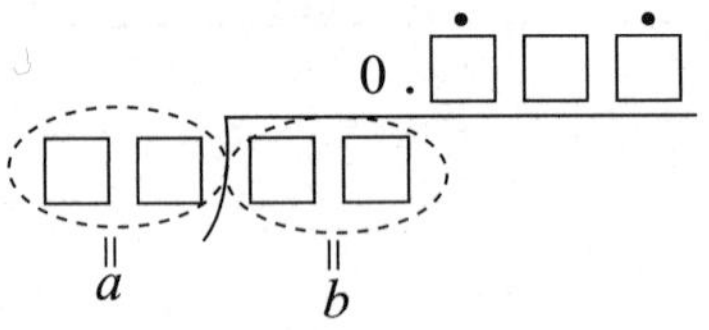

图1

可见，在含循环小数的除法竖式谜中，根据循环节找到除数或除数的范围是非常关键的一步。

例题精讲

例题 1 如图 2 所示，在除法竖式谜中，商是一个循环小数，且循环节是由三个非零数字组成，那么被除数是 _____。

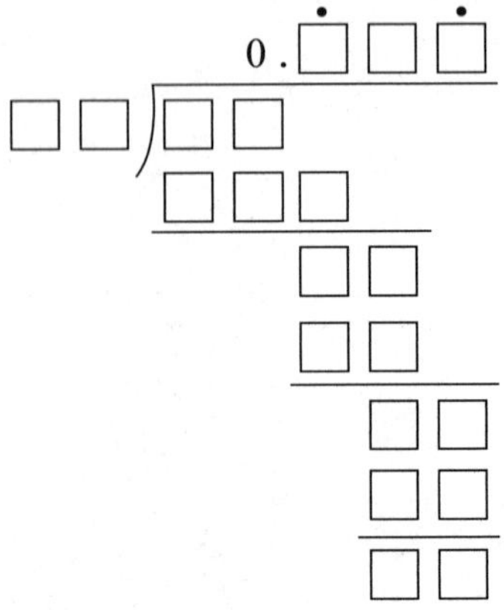

答案：23

图2

【解答】除数是 999 的两位约数,只能是 27 或 37,下面分类讨论,同时注意循环节内数字互不相同。

(1)当除数为 27 时,若 $D_{12}=1$,如图 3 所示,与余数是两位数不符(现在是 03),同理 $D_{12}=2$ 或 3 时,均不符。

(2)如图 4 所示,当除数为 37 时,若 $D_{12}=1$,也与题意不符。

(3)如图 5 所示,当除数为 37 时,若 $D_{12}=2$,得到被除数为 23。

综上所述,除法竖式谜中的被除数是 23。

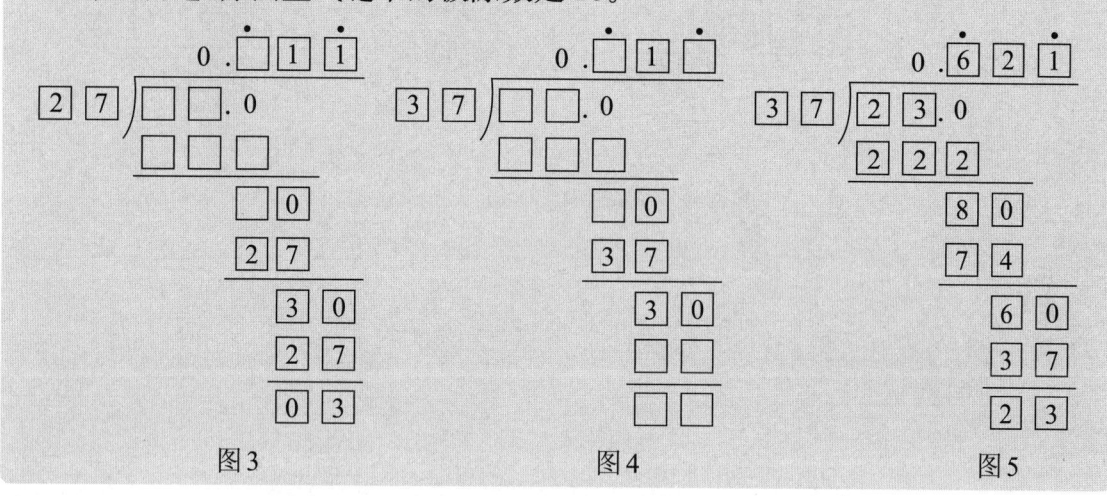

图3　　　　图4　　　　图5

例题 2 如图 6 所示,除法竖式的商从小数点后第二位开始循环,且循环节为 2 位,同时被除数与除数互质,那么当除数最大时,被除数可以为_____。

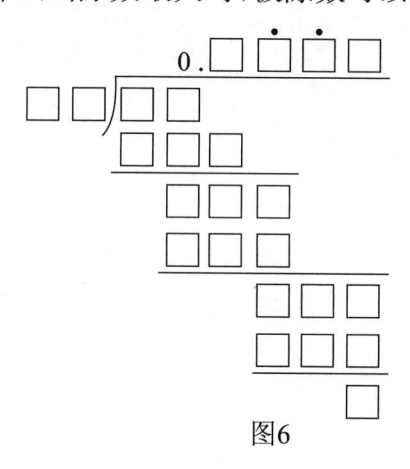

图6

答案: 35 或 37

【解答】(1)从除法竖式的商看,是一个混循环小数,不循环部分是一位,循环部分是两位,那么除数是 10 与 99 的约数相乘得到的两位数。具体是"10、5、2"与"99、33、11"的搭配相乘,可以为 66、55、22。由于除数最大,首先验证 66。

(2)列除法竖式过程中,出现连落两位下来的情况,故循环节内的数字 $D_{13}=$

203

0,且 $D_{72}=9$,如图 7 所示。也就是说 $66×\square$ 得到乘积的十位数字为 9,可以是 $66×3=198,66×6=396,66×9=594$,如图 8 至图 10 所示。

由于 39 与 66 不互质,所以被除数可以为 35 或 37。

图7

图8

图9

图10

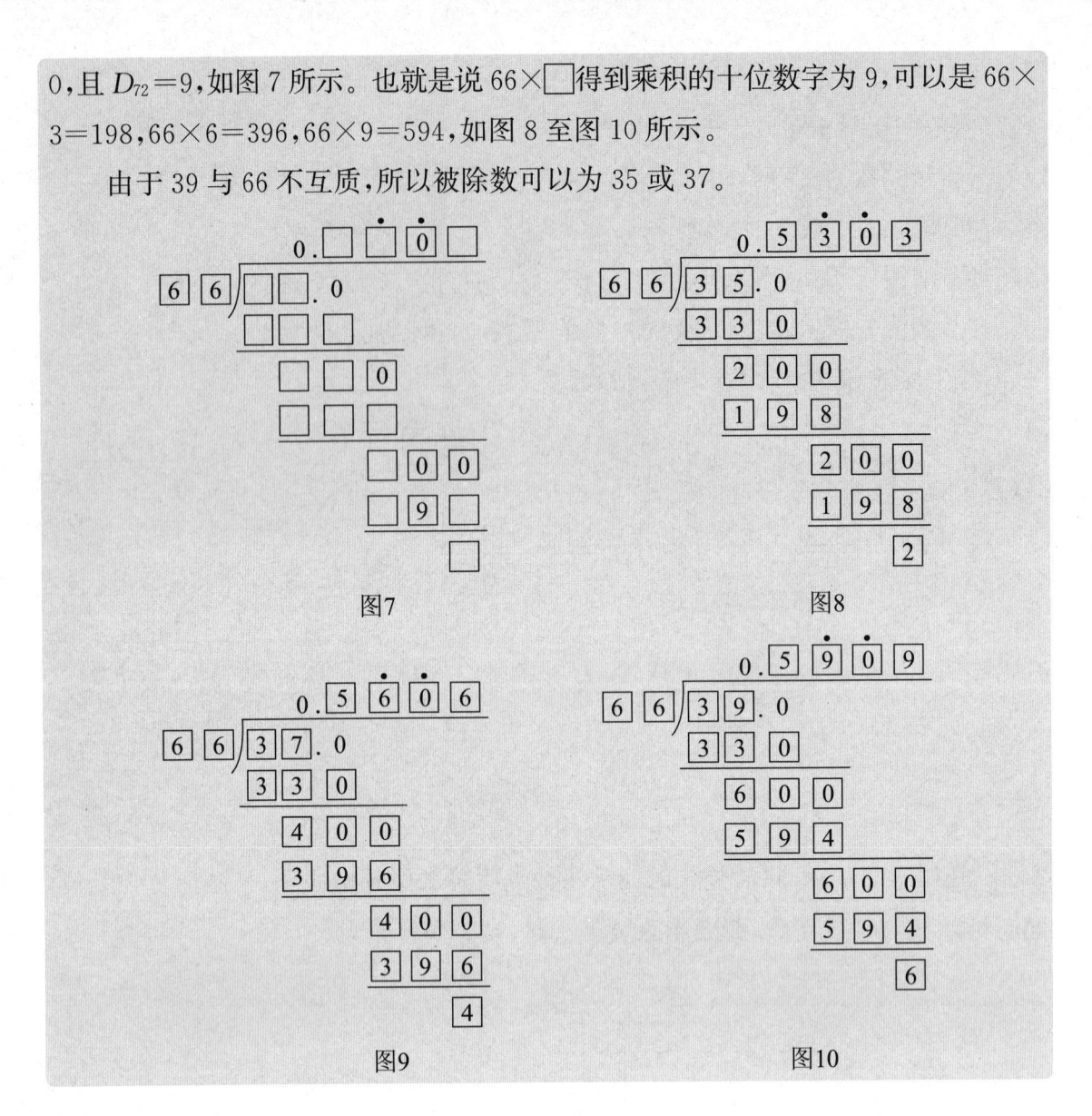

针对性练习

练习❶ 如图 11 所示,在除法竖式谜中,商的循环节为两位数,那么被除数为 _____ 。

图11

练习❷ 如图 12 所示，在除法竖式谜中，商是一个循环小数，那么被除数为_____。

练习❸ 如图 13 所示，在除法数字谜中，每个方框内填入一个数字，使得数字谜成立，那么被除数为_____。

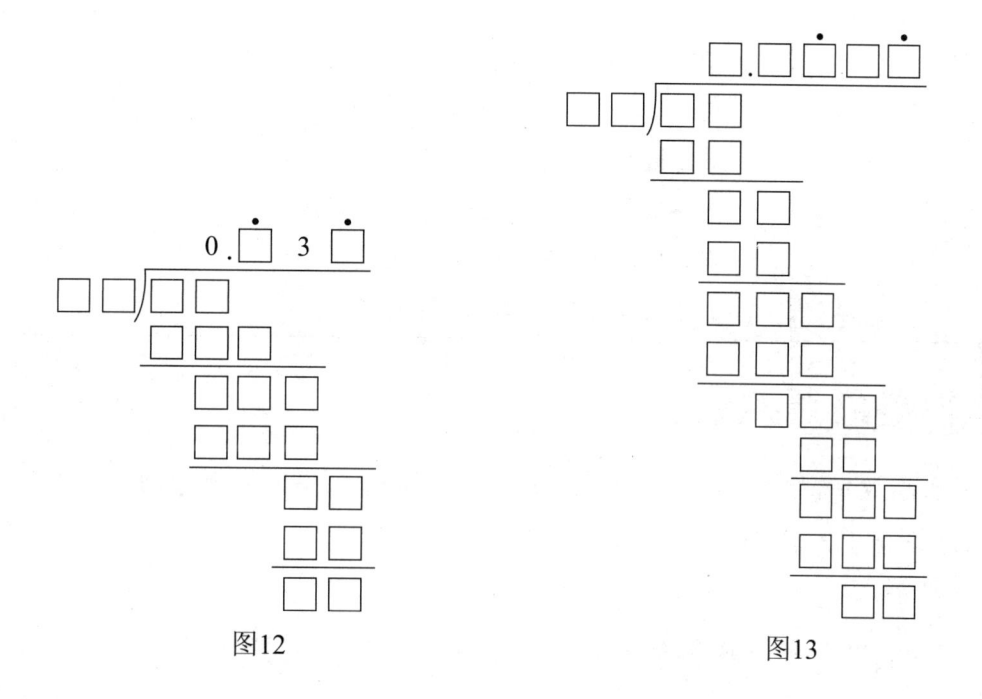

图12

图13

练习参考答案

练习题号	练习1	练习2	练习3
参考答案	84 或 85	16	83
解答提示	除数是 99 的约数	从循环节长确定除数	商为混循环小数，非循环部分1位。D_{14} 为 1

SL-53　组建分数算式技巧

神器内容	把1~9这九个数字各一次，填入下面的方框中，使得算式成立。$\dfrac{m}{n}=\dfrac{\square}{\square\times\square}+\dfrac{\square}{\square\times\square}+\dfrac{\square}{\square\times\square}$。
要点与说明	数字谜，还分拆，如何快速填出来？ 分母搭配很重要，分解不是马后炮。 发现质因被丢掉，指数相同要做到。 同个分数能约分，降低次数记在心。

神器溯源

用已知数字，组建分数有一定技巧，分子与分母的搭配有大学问。

(1) 若 n 中无质因数 2，则分母组合可以为 2×4，$8\times$ 奇数，或者分数自身能约分。

(2) 若 n 中无质因数 3，则分母组合可以为 3×6，$9\times$ 非 3 倍，或者分数自身能约分。

(3) 若 $5\mid n$，则数字 5 必在某个分母中。

(4) 若 $7\mid n$，则数字 7 必在某个分母中。

证明：下面证明质数 p^n 至少存在于两个分数的分母中，才有可能在分数相加减时发生降次。

当 $(a,b)=(c,d)=(a,p)=(c,p)=1$ 时，则 $\dfrac{a}{b\times p^k}+\dfrac{c}{d\times p^k}=\dfrac{a\times\frac{[b,d]}{b}+c\times\frac{[b,d]}{d}}{[b,d]\times p^k}=\dfrac{m}{n}$。

$p\nmid a\times\dfrac{[b,d]}{b}$，$p\nmid c\times\dfrac{[b,d]}{d}$，而 p 有可能整除 $\left(a\times\dfrac{[b,d]}{b}+c\times\dfrac{[b,d]}{d}\right)$，从而分母中的 p^k 可能发生降次。反之，只在一个分数的分母中含有 p^k，分数相加减的结果的分母中必有 p^k。当然分数自身能约分除外。

例如：$\dfrac{1}{2\times 3^2}+\dfrac{11}{5\times 3^2}=\dfrac{5+2\times 11}{2\times 5\times 3^2}=\dfrac{3^3}{2\times 5\times 3^2}=\dfrac{3}{2\times 5}$（分母中质因数 3 消失）。

$\dfrac{1}{2\times 3^2}+\dfrac{8}{5\times 3^2}=\dfrac{5+2\times 8}{2\times 5\times 3^2}=\dfrac{3\times 7}{2\times 5\times 3^2}=\dfrac{7}{2\times 5\times 3}$（分母中质因数 3 降到 1 次）。

$\dfrac{1}{2\times 3^2}+\dfrac{1}{5\times 3^2}=\dfrac{5+2}{2\times 5\times 3^2}=\dfrac{7}{2\times 5\times 3^2}$（分母中质因数 3 次数不变）。

$\dfrac{3}{2\times 3^3}+\dfrac{2}{3^2}=\dfrac{1+2}{2\times 3^2}=\dfrac{1}{2\times 3}$（分数自身约分,分母中质因数 3 发生降次）。

例题精讲

例题1 把 1～9 各一次填入算式的方框中,使得算式成立。

$$1=\dfrac{\square}{\square\times\square}+\dfrac{\square}{\square\times\square}+\dfrac{\square}{\square\times\square}$$

答案：$1=\dfrac{7}{2\times 4}+\dfrac{1}{3\times 6}+\dfrac{5}{8\times 9}$

【解答】根据"神器溯源"的知识点,因为 1 的分母中不含质因数 2、3、5、7,分母组合为 2×4、3×6、8×9,分子为 1、5、7,设 $1=\dfrac{a}{2\times 4}+\dfrac{b}{3\times 6}+\dfrac{c}{8\times 9}$,$9a+4b+c=72$,$a=7$,$b=1$,$c=5$,得到 $1=\dfrac{7}{2\times 4}+\dfrac{1}{3\times 6}+\dfrac{5}{8\times 9}$。

例题2 在每个空格中填入一个互不相同的数字,使得算式成立。

$$\dfrac{1}{2}=\dfrac{\square}{\square\times\square}+\dfrac{\square}{\square\times\square}+\dfrac{\square}{\square\times\square}$$

答案：$\dfrac{1}{2}=\dfrac{1}{2\times 4}+\dfrac{5}{3\times 6}+\dfrac{7}{8\times 9}$

【解答】因为分母中含有一个 2,分母搭配为 2×4、3×6、8×9,得到 $\dfrac{1}{2}=\dfrac{1}{2\times 4}+\dfrac{5}{3\times 6}+\dfrac{7}{8\times 9}$。

针对性练习

练习❶ 把 1～9 各一次填入下面的方框中,使得算式成立。

$$2=\dfrac{\square}{\square\times\square}+\dfrac{\square}{\square\times\square}+\dfrac{\square}{\square\times\square}$$

练习❷ 把1~9各一次填入下面的方框中,使得算式成立。

$$\frac{7}{15} = \frac{\Box}{\Box \times \Box} + \frac{\Box}{\Box \times \Box} + \frac{\Box}{\Box \times \Box}$$

练习❸ 把1~9各一次填入下面的方框中,且分子都是奇数字,使得算式成立。

$$1.6 = \frac{\Box}{\Box \times \Box} + \frac{\Box}{\Box \times \Box} + \frac{\Box}{\Box \times \Box}$$

练习❹ 把1~9各一次填入下面的方框中,使得算式的结果为整数且最大,那么最大的结果为_____。

$$\frac{\Box}{\Box \times \Box} + \frac{\Box}{\Box \times \Box} + \frac{\Box}{\Box \times \Box}$$

练习参考答案

练习题号	练习1	练习2	练习3
参考答案	$2 = \frac{9}{3 \times 6} + \frac{7}{1 \times 8} + \frac{5}{2 \times 4}$	$\frac{7}{15} = \frac{1}{5 \times 4} + \frac{7}{3 \times 6} + \frac{2}{8 \times 9}$	$1.6 = \frac{3}{1 \times 6} + \frac{7}{2 \times 4} + \frac{9}{8 \times 5}$
解答提示	7和5必在分子,分母搭配两个2^3	5在分母,分母搭配成2^3和3^2	分子是奇数字,5在分母

练习题号	练习4		
参考答案	$5 = \frac{9}{1 \times 2} + \frac{5}{3 \times 8} + \frac{7}{4 \times 6}$		
解答提示	分母尽量小,分子尽量大,分母质因数至少两个同次		

SL-54　幻　方

神器内容	三阶幻方填法技巧： (1)幻和等于中宫数的3倍。 (2)挖去中宫，周围对应的两数之和等于中宫数的2倍。 (3)拉弓法，每个角上的数都是弓背处两数的平均数。
要点与说明	脚踩一方大地，头顶九重云天。 五子居住中宫，二四就在两肩。 六八跑到下边，腰间它是七三。 不管怎么翻转，规律总是不变。

神器溯源

幻方又称纵横图、九宫图，最早记录于中国古代的"洛书"中。大禹治水时，在洛水浮出一只乌龟，背上出现如图1所示形状。古人认为这是一种祥瑞的象征。此图被称为"洛书"或"河图"。

幻方可以按阶分类，如果是三行三列的方格，称为三阶幻方；四行四列的方格，称为四阶幻方。每种幻方都要求每行、每列、每条对角线上所有数之和都相等。所填数字一般是连续的自然数或一些特定数。

如图2所示，在九宫格的幻方中标记字母 $a \sim i$，每行、每列、每条对角线上三个数字之和都为幻和 S，得到三阶幻方的如下性质：

(1)中宫数 e 与幻和 S 的关系：$S=3e$。

如图3所示，把横、竖、两条对角线上的三个数相加，得到四个幻和。

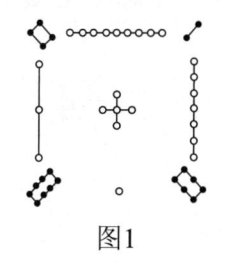

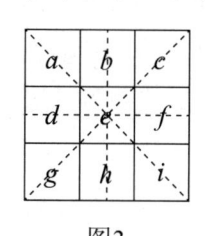

图1　　　　图2　　　　图3

$(d+e+f)+(b+e+h)+(a+e+i)+(c+e+g)=4S$ ………… (1)

$(a+b+c)+(d+e+f)+(g+h+i)=3S$ ………………… (2)

(1)式－(2)式：$3e=S$。

(2)挖去中宫，周围对应的两数之和等于2倍中宫数e：$a+i=b+h=c+g=d+f=2e$。

本性质容易得到，以$d+f=2e$为例，因为$d+e+f=S=3e$，所以$d+f=2e$。

(3)拉弓法，每个角上的数都是弓背处两数的平均数：$2a=f+h$，$2c=d+h$，$2g=b+f$，$2i=b+d$。

下面证明：$2a=f+h$。

如图4所示，两条实线上三个数之和等于两条虚线上三个数字之和，则

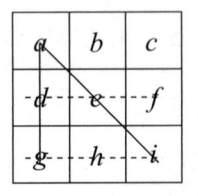

图4

$(a+e+i)+(a+d+g)=2S=(d+e+f)+(g+h+i)$

$a+e+i+a+d+g=d+e+f+g+h+i$

$2a=f+h$

三个数所在位置如图5所示，就像弓箭上的三点位置，故称拉弓法。

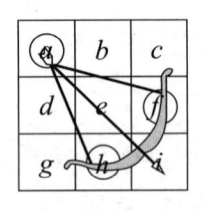

图5

把1~9填入3×3的九宫格中，使得每行、每列、每条对角线上的三个数之和都相等，这是最标准的幻方条件。根据条件可以得到：

$1+2+3+\cdots+9=3S$，$S=15$，$e=15\div 3=5$。

再确定不同行也不同列的两个数，一个固定在中心，不让旋转。另一个固定，不让翻转，那么幻方的填法就固定了。不妨确定$e=5$，$b=9$，则具体填法如图6所示，此种填法可参照"要点与说明"的口诀记忆。

2	9	4
7	5	3
6	1	8

图6

三阶幻方的填法也可以如图7所示进行操作：

图7

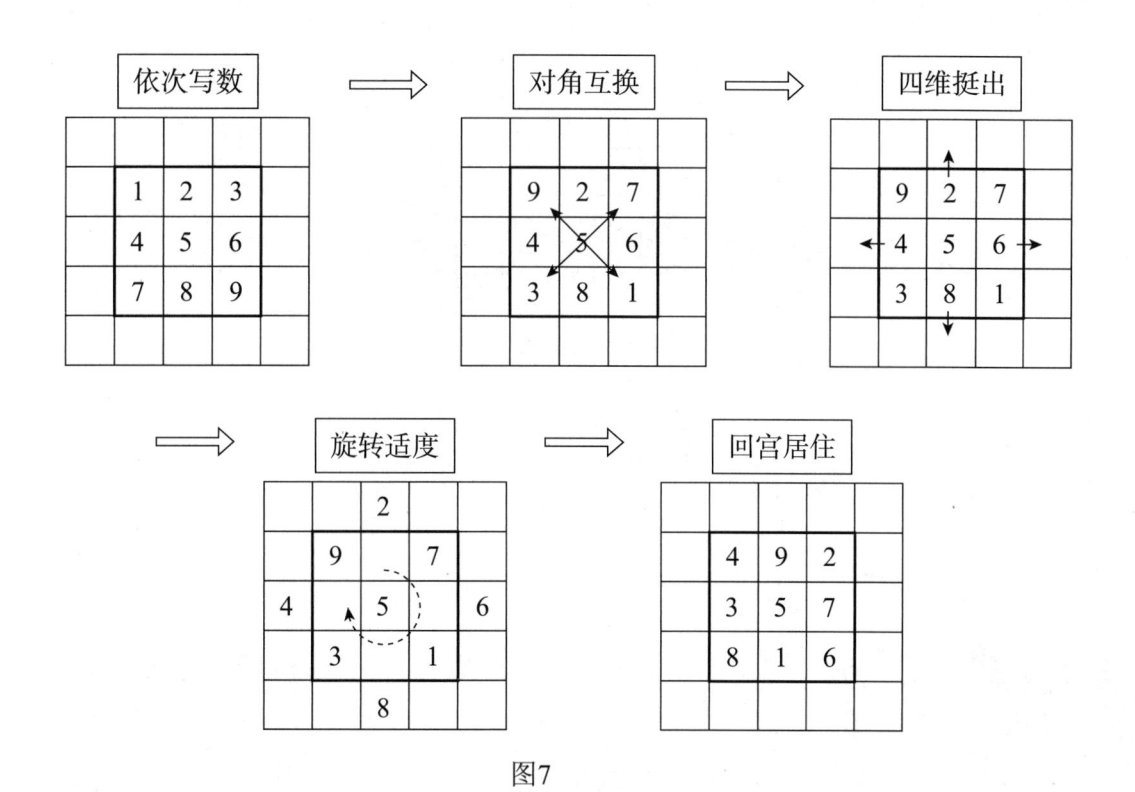

对于 n 阶幻方,且 n 为奇数时,可以使用通用的方法——罗伯法。下面以五阶幻方为例进行构造:

一居首行中央:数字 1 放在第一行中央位置。

依次斜填右上:数字按顺序向右上方依次填写。

横纵出框同位:向上或向右出一格,表明在新的幻方位置的实际位置,要在原幻方中相同位置填出。例如,"2"在上方幻方的最后一行(就是第 5 行),从左到右的第 4 个空格,记作 $D_{54}=2$,那么就把"2"填到原幻方的相同位置 D_{54} 处。

重复赶快下放:当需要按要求在方格中填入数字时,而此方格中已经存在数字的,千万别硬闯这个方格,就在上一个数的位置的下方写出这个数。例如,"6"本应该填在 D_{13} 位置,结果已经被"1"占领,那么就把"6"填在"5"的下方位置 D_{32} 处。

角上出框一样:当一个数出框填在右上角的幻方时,也是把它填在上一个数的下方方格中。例如,"16"出格在右上角幻方,需要将"16"写在"15"的下方位置 D_{25} 处,如图 8 所示。

掌握要点大纲:按照这种罗伯法,大家试一试其他奇数阶幻方的填法。

		18	25	2	9	16	
	17	24	1	8	15	17	
	23	5	7	14	16	23	
	4	6	13	20	22	4	
	10	12	19	21	3	10	
	11	18	25	2	9		

图8

例题精讲

例题 1-1 如图 9 所示，在每个方框内填入一个数，使得每行、每列、每条对角线上的三个数之和都相等。

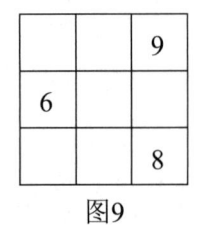

		9
6		
		8

图9

答案：见解答。

【解答】如图 10 所示，先使用两次拉弓法，9×2−6=12，8×2−6=10，然后填好中宫数，(10+12)÷2=11，从而确定幻和为 11×3=33。

14	10	9
6	11	16
13	12	8

图10

例题 1-2 如图 11 所示，在三阶幻方的每个方框内填入一个数，使得每行、每列、每条对角线上的三个数之和都相等。

	8	11
1		

图11

答案：见解答。

212

【解答】如图12所示,根据幻方的三条性质,可以得到具体填法,$(8+1)÷2=4.5$,$11×2-1=21$,中宫数为$(8+21)÷2=14.5$,幻和为$14.5×3=43.5$,所填数有小数。

24.5	8	11
1	14.5	28
18	21	4.5

图12

例题 2-1 在图13中用1~16构造一个四宫幻方,使得每行、每列、每条对角线上的四个数之和都相等。

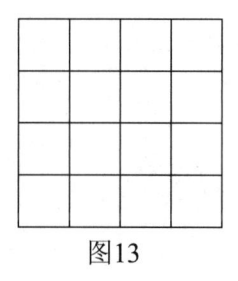

图13

答案:见解答。

【解答】填写四阶幻方有两种方法:

如图14所示,对角线上对应位置数互换,四阶幻方就出现。

如图15所示,依次按行写出,棱中间数上下或左右互换。

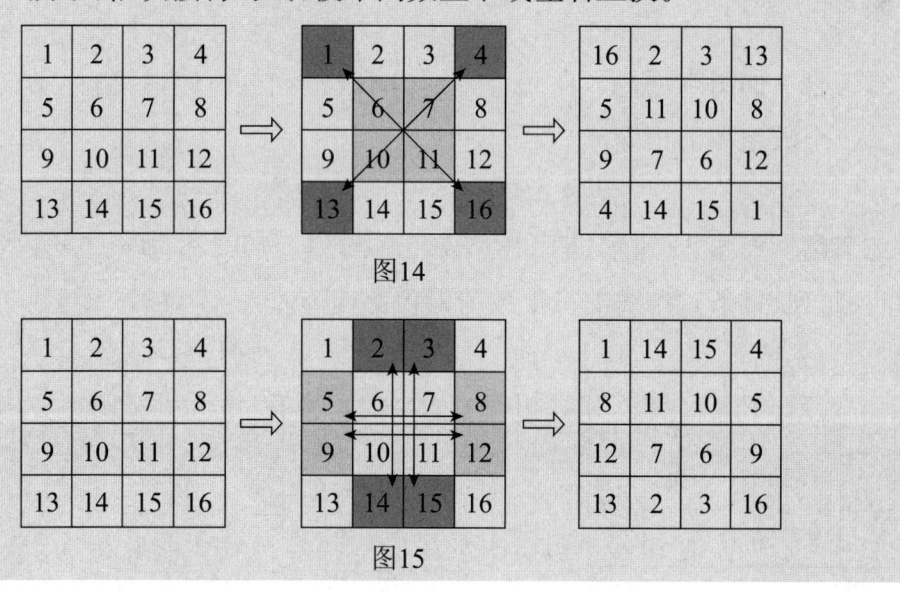

1	2	3	4
5	6	7	8
9	10	11	12
13	14	15	16

⇒

1	2	3	4
5	6	7	8
9	10	11	12
13	14	15	16

⇒

16	2	3	13
5	11	10	8
9	7	6	12
4	14	15	1

图14

1	2	3	4
5	6	7	8
9	10	11	12
13	14	15	16

⇒

1	2	3	4
5	6	7	8
9	10	11	12
13	14	15	16

⇒

1	14	15	4
8	11	10	5
12	7	6	9
13	2	3	16

图15

例题 2-2 把1、2、3、4、6、9、12、18、36填入图16的3×3的方格内,使得每行、每列、每条对角线上三个数的乘积都相等。

213

图16

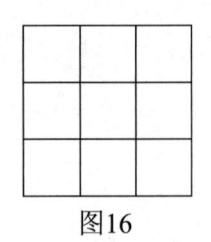

答案: 见解答。

【解答】(1)这是质因数 2 和 3 的搭配,每行、每列、每条对角线分别有 3 个 2 和 3 个 3 进行组合。中宫数为 $2^1 \times 3^1 = 6$,幻积为 $6^3 = 216$。

1　　2　　3　　2×2　　2×3　　3×3　　2×2×3　　2×3×3　　2×2×3×3

(2)如图 17 所示,填写质因数 2 和 3 的指数 0、1、2,进行搭配,对应得到如图 18 所示的填法(不唯一)。

01	20	12
22	11	00
10	02	21

图17

3	4	18
36	6	1
2	9	12

图18

针对性练习

练习❶　如图 19 所示,在每个方框内填入一个数,使得每行、每列、每条对角线上的三个数之和都相等。

练习❷　如图 20 所示,在每个方框内填入一个数,使得每行、每列、每条对角线上的三个数之和都相等。

练习❸　如图 21 所示,把 1、3、5、9、15、25、45、75、225 填入 3×3 的方格内,使得每行、每列、每条对角线上三个数的乘积都相等。

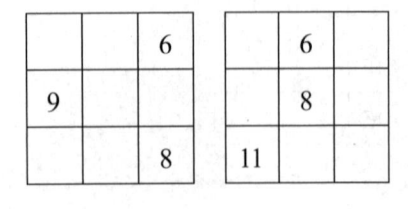

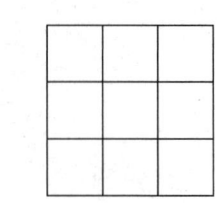

图19　　图20　　图21

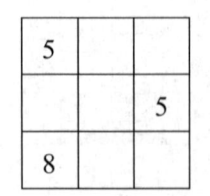

练习❹ 如图 22 所示，把 1~16 各一次填入每个方格内，使得每行、每列、每条对角线上四个数的和都相等。

		9	16
15		6	
	11		2
1		12	

图22

练习参考答案

练习题号	练习1		练习2		练习3
参考答案	<table><tr><td>2</td><td>7</td><td>6</td></tr><tr><td>9</td><td>5</td><td>1</td></tr><tr><td>4</td><td>3</td><td>8</td></tr></table>	<table><tr><td>13</td><td>6</td><td>5</td></tr><tr><td>0</td><td>8</td><td>16</td></tr><tr><td>11</td><td>10</td><td>3</td></tr></table>	<table><tr><td>5</td><td>11</td><td>8</td></tr><tr><td>11</td><td>8</td><td>5</td></tr><tr><td>8</td><td>5</td><td>11</td></tr></table>	<table><tr><td>1</td><td>12</td><td>0.5</td></tr><tr><td>4</td><td>4.5</td><td>5</td></tr><tr><td>8.5</td><td>−3</td><td>8</td></tr></table>	<table><tr><td>5</td><td>9</td><td>75</td></tr><tr><td>225</td><td>15</td><td>1</td></tr><tr><td>3</td><td>25</td><td>45</td></tr></table>
解答提示	基本练习	基本练习	所填数有重复	所填数有小数	从质因数搭配入手

练习题号	练习4
参考答案	<table><tr><td>4</td><td>5</td><td>9</td><td>16</td></tr><tr><td>15</td><td>10</td><td>6</td><td>3</td></tr><tr><td>14</td><td>11</td><td>7</td><td>2</td></tr><tr><td>1</td><td>8</td><td>12</td><td>13</td></tr></table>
解答提示	幻和为 34

SL-55 数 独

神器内容	在 $n\times n$ 的方格内,填入 $1\sim n$,使得每行、每列、粗线围成的每宫中所填的数字互不相同。
要点与说明	好游戏,是数独,思维训练有用处。 数独难度也分级,就从初级来练习。 六宫数独较简单,横竖再看二乘三。 横竖都是一到六,粗线格里不重复。 九宫数独多多练,三行三列首先看。 行列都是一到九,每宫重数不能有。 一旦某格能确定,赶快数字写当中。 填写一半甚为佳,排除或者补缺法。 数独练习日常久,提高速度你最牛。

神器溯源

数独是源自 18 世纪瑞士的一种数字游戏。它是一种通过纸和笔进行演算的逻辑游戏。玩家需要根据 9×9 盘面上的已知数字,推理出所有剩余空格中的数字,并且满足每一行、每一列、每一个粗线宫(3×3)内的数字均含有 $1\sim 9$,且不重复。20 世纪 80 年代数独传入日本,改名为"sudoku"并发展、流行开来。目前也出现很多其他类型数独(例如六宫数独),它们都是把 $n\times n$ 的方格,分割成 n 个盘面,每个盘面的数字均为 $1\sim n$,填写的数字只要求行和列上的数字不能重复。

如图 1 所示,在九宫数独中,由 9 行(Row)和 9 列(Column)组成,且被粗线分割成 9 宫(Box),每宫有 3×3 的方格。为了解答叙述的方便,把第 m 行 R_m 与第 n 列 C_n 交叉处记作 D_{mn},如果这个方格中所填数为 a,则表达为 $D_{mn}=a$。

如图 2 所示,a 处的数字与阴影处的所有数字都不重复,此种方法叫作"区域摒弃法"。

图1

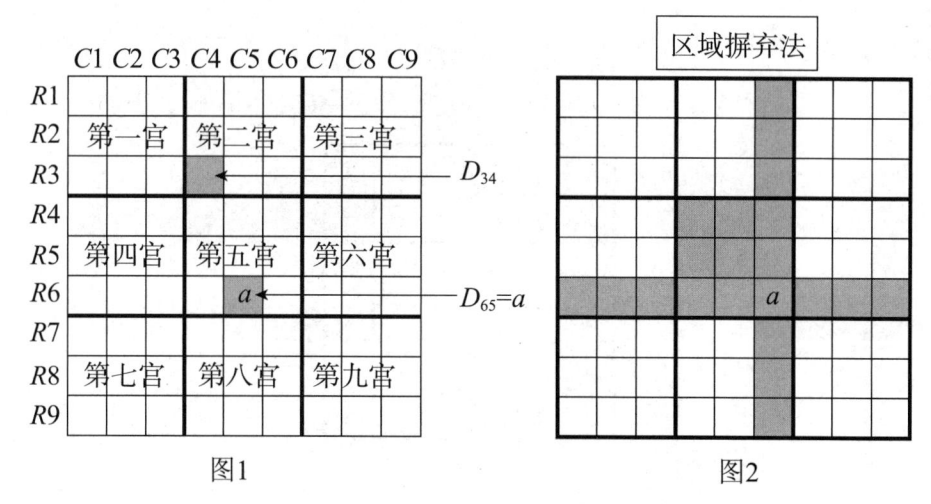

图2 区域摒弃法

在填写数独的时候，一般都尽量把同一个数字都填出来，尽量把同一行或同一列或同一宫中的9个数字都填出来。数独的填法技巧很多，除了上面的区域摒弃法，这里再介绍两种方法：三行三列分析法和排除法，分别如图3和图4所示。

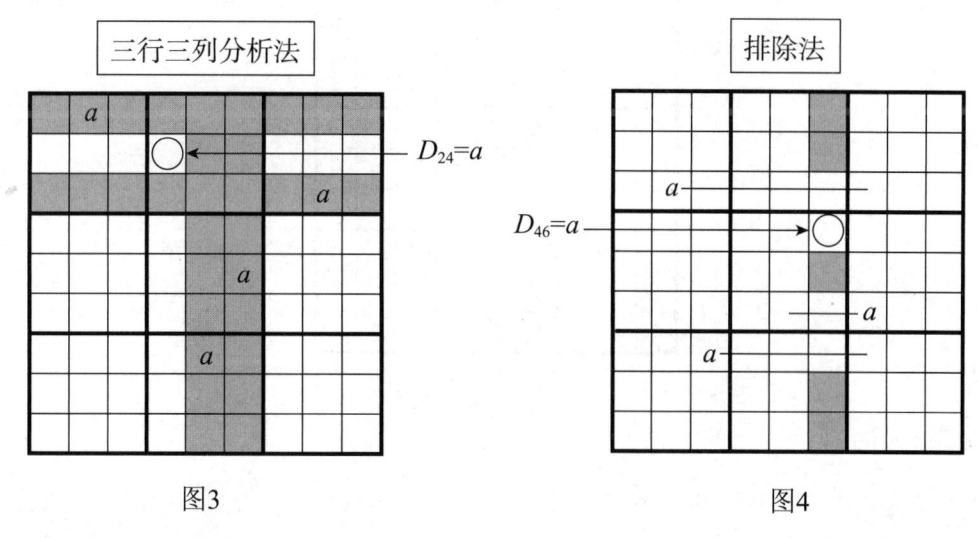

图3 三行三列分析法 $D_{24}=a$

图4 排除法 $D_{46}=a$

例题精讲

例题 1-1 如图5所示，完成六宫数独，使得每行、每列、每个 2×3 的粗线围成的宫中都是1～6各一个。

答案：见解答。

图5

1	4				
		6			
			4		
			3		1
	5				
6			1		3

【解答】如图6所示,依次填写如下:$D_{25}=D_{53}=D_{32}=1$,$D_{42}=6$,$D_{51}=D_{33}=D_{22}=D_{15}=3$,$D_{63}=4$,$D_{62}=2$,$D_{65}=5$,$D_{41}=4$,$D_{36}=D_{43}=5$,…。其余可自填。

1	4			3	
	3	6		1	
	1	3	4		5
4	6	5	3		1
3	5	1			
6	2	4	1	5	3

图6

例题 1-2 如图7所示,完成九宫数独,使得每行、每列、每个3×3的粗线围成的宫中都是1~9各一个。

9			4			1		
		4	7					
8				2		9		4
5			6					
1	4					2		9
	8						3	6
	1				5	3		
	9		1		7			
7		3	8	9		2		

图7

答案: 见解答。

【解答】如图8所示,依次如下填写:$D_{33}=D_{99}=D_{48}=1$,$D_{74}=2$,$D_{85}=3$,$D_{78}=9$,$D_{53}=6$,$D_{64}=D_{43}=D_{26}=9$,$D_{66}=1$,$D_{46}=2$,$D_{42}=D_{21}=D_{19}=3$,$D_{63}=7$,$D_{61}=D_{83}=2$,$D_{13}=5$,$D_{73}=8$,…。

9	2	5	4	8	6	1	7	3
3	6	4	7	1	9	5	8	2
8	7	1	5	2	3	9	6	4
5	3	9	6	4	2	7	1	8
1	4	6	3	7	8	2	5	9
2	8	7	9	5	1	4	3	6
4	1	8	2	6	5	3	9	7
6	9	2	1	3	7	8	4	5
7	5	3	8	9	4	6	2	1

图8

例题 2-1 如图 9 所示，完成五宫数独，使得每行、每列、每个粗线围成的区域内都是 1～5 各一个。

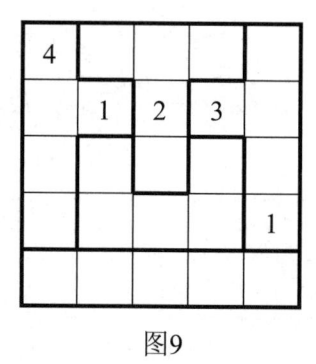

4				
	1	2	3	
				1

图9

答案：见解答。

【解答】 如图 10 所示，这是变形的五宫数独。依次填写：$D_{21}=5$，$D_{25}=4$，$D_{34}=D_{13}=D_{51}=1$，$D_{33}=4$，$D_{12}=3$，$D_{14}=5$，$D_{15}=2$，$D_{35}=5$，$D_{55}=3$，…。

4	3	1	5	2
5	1	2	3	4
3	2	4	1	5
2	5	3	4	1
1	4	5	2	3

图10

例题 2-2 如图 11 所示，完成六宫数独，使得每行、每列、每个粗线围成的 2×3 区域内都是 1～6 各一个，同时每个圆圈的数表示相邻的几个方格所填数字的乘积。

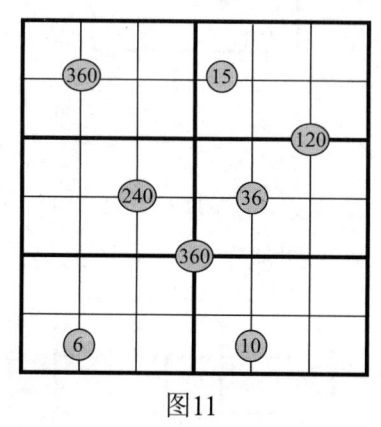

图11

答案：见解答。

【解答】如图 12 所示,对每个因数进行分解,根据六宫数独的基本方法进行填写,同时满足乘积的条件。幻积为 $1×2×3×4×5×6=720$。

依次填写:$D_{36}=5, D_{46}=4, D_{63}=4, D_{66}=3, D_{65}=5, D_{64}=2, D_{61}=6, D_{62}=1, D_{54}=4, D_{34}=1, D_{44}=6, D_{41}=1, D_{33}=6, D_{31}=3, D_{32}=4, D_{35}=2, D_{43}=5, D_{53}=3, \cdots$。

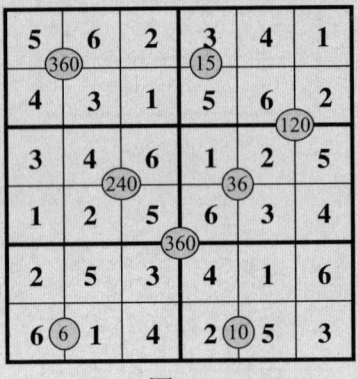

图12

针对性练习

练习❶ 如图 13 所示,完成四宫数独,使得每行、每列、每个粗线围成的区域都是 1~4 各一个,那么从上到下第四行形成的四位数为_____。

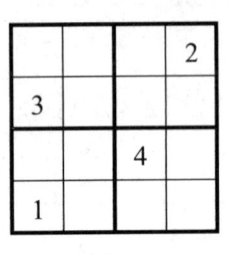

图13

练习❷ 如图 14 所示,完成五宫数独,使得每行、每列、每个粗线围成的区域都是 1~5 各一个,那么左起第一列从上到下形成的五位数是_____。

图14

练习❸ 如图 15 所示,完成六宫数独,使得每行、每列、每个粗线围成的区域都是 1~6 各一个,那么从上到下最后一行形成的六位数是_____。

图15

练习❹ 如图 16 所示,完成六宫数独,使得每行、每列、每个粗线围成的区域都含 1~6 六个数字各一个,同时每个圆圈的数表示相邻两个方格所填数字的乘积,那么从上到下最后一行形成的六位数是_____。

练习❺ 如图 17 所示,完成九宫数独,使得每行、每列、每个 3×3 的粗线围成的宫中都是 1~9 各一个,那么阴影部分填写的五位数是_____。

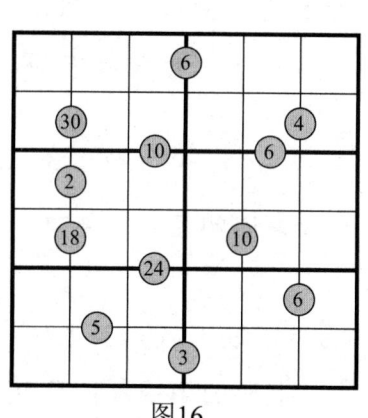

图16

图17

练习参考答案

练习题号	练习 1	练习 2	练习 3	练习 4	练习 5
参考答案	1423	45123	641352	253146	86975
解答提示	基本练习	基本练习	六宫数独练习	六宫邻积数独	九宫数独练习

221

SL-56　聪明格(肯肯数独)

神器内容	聪明格常用方法： (1)幻和 $S=\dfrac{n(n+1)}{2}$ 法。　　(2)幻积优先法。 (3)最值优先法。　　　　　(4)十字排除法。 (5)结果分解法。　　　　　(6)同数错位法。 (7)剩余补缺法。
要点与说明	聪明格,真是宝,老少皆宜可练脑。 数独升级计算好,提高速度有技巧。 上面七法掌握牢,关键数字哪里逃? 每天练练聪明格,精力充沛乐呵呵。

神器溯源

聪明格是升级版的数独,在数独基本规则的基础上加入了四则运算。解题时需要反复进行运算、试算和位置判断。聪明格比数独更有挑战性,更能锻炼思维、开发思维。聪明格不需要较多的知识储备,填写起来像下棋一样每步都需要严谨的推理,受到广大学习者的关注。

聪明格起源于日本,由宫本哲也先生发明,现风靡全世界。在中国,聪明格被正式命名为"肯肯数独",由"数独老头"王幸村老人从美国购买其全部商标,也就是说聪明格在中国也有了产权商标"肯肯数独"。

可以对聪明格进行分级和分类:①按照方格的大小,$n \times n(\geqslant 2)$方格构成的聪明格称为 n 阶聪明格,例如二阶、三阶、四阶等。②按照聪明格涉及的运算,可以分为加法聪明格、加减聪明格、乘法聪明格、四则运算聪明格等。

1. 聪明格的基本规则

(1)每行、每列都是 $1 \sim n$ 各出现一次。

(2)粗线围成的区域有运算限制。有些区域的左上角写有一个数和运算符号,该运算符号表示区域内的所有数所做的运算,该数表示该区域内的所有数按照指定运算得到的结果。如果粗线区域内仅有一个方格,且左上角只有数而没有运算符号,则表示该区域填该数,一般都首先把这样的几个小格组成的区域先填好。如果一个区域既没有数也没有运算,说明这个区域的数不受四则运算限制。

如图1所示,这是一个五阶聪明格,共分成了七个区域,每行、每列和每个粗线围成区域都是1~5各出现一次。其中有四个区域有运算限制,右上角的粗线区域需满足填入的四个数之积为300,中间的"十字架"区域需满足填入的五个数乘积是30,涉及的四则运算有乘法和减法。

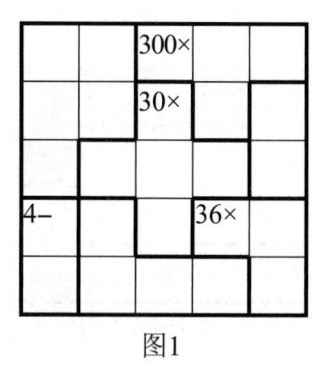

图1

2. 聪明格常用方法

(1)幻和法 $S=\dfrac{n(n+1)}{2}$。聪明格中的每行、每列都是1~n,它们的和是 $1+2+\cdots+n=\dfrac{n(n+1)}{2}$。如果粗线围成的区域占据一行或一列的大部分,就可以判断该行或该列剩下的方格中的所填的数字。

如图2所示,从第一列看,每列五个数之和为 $1+2+3+4+5=15$,故阴影部分的两个数和为 $15-8=7$,又因为已标注两者之差是3,从而得到阴影部分的两个方格中的数字分别是5和2。

为了叙述的方便,我们把第 a 行、第 b 列处所填的数记为 x,记作 $D_{ab}=x$。把两个数确定,而位置不定的无序数组记作 $(D_{ab},D_{cd})=(x,y)$,因此在图2中,可以记作 $(D_{41},D_{51})=(2,5)$。当然对于多于两个数的位置不定问题,这种方法也同样适用。

图2

(2)幻积优先法。在聪明格中的每行、每列都是1~n,那么它们的乘积是 1×2

$\times 3 \times \cdots \times n = n!$。如果知道一行或一列的大部分方格的乘积，就可以优先求剩下的方格中所填的数字。

如图 3 所示，在第二行中，原来五个数之积为 $1 \times 2 \times 3 \times 4 \times 5 = 120$，现在其中四个数和第三行的第五个数的乘积为 160，则 $\frac{120}{D_{21}} \times D_{35} = 160$，$\frac{D_{35}}{D_{21}} = \frac{4}{3}$，$D_{21} = 3$，$D_{35} = 4$。

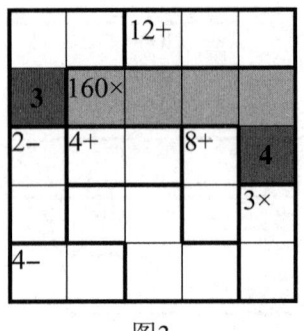

图3

(3) 最值优先法。一般对于两个方格组成的粗线区域，如果标记的结果是指明运算下的最大或最小值，则说明这里的数大小固定，但是位置不一定固定。例如，在五阶聪明格中，对于标记"3+"，"4+"，"8+"，"9+"，"4−"，"2×"，"3×"，"5×"，"6×"，"8×"，"10×"，"12×"，"15×"，"20×"，"5÷"，"4÷"，"3÷"，这些满足运算的数字都是确定的。当然如果三个方格组成的区域，也可以按此方法分析。例如，"6×"，"60×"，这些区域的数可以优先确定，再综合判断其具体位置。

如图 4 所示，根据最值优先法，得到 $(D_{12}, D_{22}) = (2, 5)$，$(D_{13}, D_{14}) = (4, 5)$，$(D_{43}, D_{44}) = (1, 2)$，$(D_{53}, D_{54}) = (3, 4)$。

(4) 十字排除法。如果两个区域的数字都确定，而位置还没有确定，可以看具体位置的横行和数列有没有矛盾的地方。如果有矛盾，就避免矛盾的出现，从而数字的位置就固定了，这种方法就叫作十字排除法，或者行列排除法。

如图 5 所示，根据 $(D_{12}, D_{22}) = (2, 5)$ 和 $(D_{13}, D_{14}) = (4, 5)$，可以得到 $D_{12} = 2$，$D_{22} = 5$。根据 $(D_{41}, D_{51}) = (2, 5)$ 和 $(D_{43}, D_{44}) = (1, 2)$，可以得到 $D_{41} = 5$，$D_{51} = 2$。

图4　　　　图5

(5)结果分析法。对于粗线围成的区域,如果方格比较多,那么它的运算结果就会比较大,需要快速地按照指明的运算进行分拆或分解。一般地,需要加法的加数分拆和乘法的因数分解。根据结果分拆或分解特点确定一些数的大小和位置。

如图6所示,在5×5的聪明格中,中间"十字架"部分的五个方格内所填数乘积为30,由于分解的因数范围为1~5,因此需要对30进行规定范围内的五个数分解:30=5×3×2×1×1。至于5、3、2、1、1各自在哪个位置,仅凭这个条件还是不能确定的,只能是$(D_{23}, D_{32}, D_{33}, D_{34}, D_{43})=(1,1,2,3,5)$。再对右上角的"T"字形粗线区域的标数300进行分解,得到$(D_{13}, D_{14}, D_{15}, D_{24})=(3,4,5,5)$。右下角的粗线区域为$(D_{44}, D_{45}, D_{55})=(3,3,4)$。

(6)同数错位法。聪明格与一般的数独有不同之处。在数独中,一般每个粗线区域的数互不相同,而聪明格中粗线围成区域的数可以相同,只需满足相同的数不在同一行、同一列即可。根据这条性质,我们得到填写聪明格的同数错位法。

如图7所示,根据上面方法的因数分解得到$(D_{13}, D_{14}, D_{15}, D_{24})=(3,4,5,5)$,再根据同数错位法,可以得到$D_{24}=5$。同理$(D_{44}, D_{45}, D_{55})=(3,3,4)$,得到$D_{44}=3, D_{55}=3, D_{45}=4$。两个条件相互对照,使用十字排除法,进一步得到$D_{13}=3, D_{14}=4, D_{15}=5$。

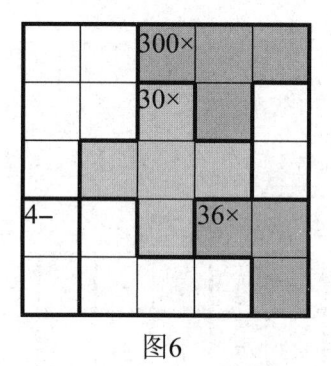

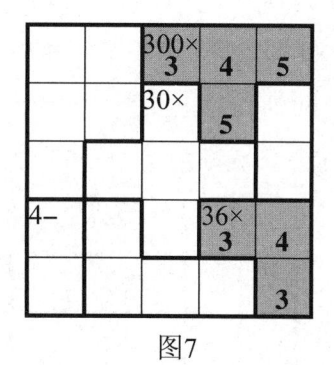

图6　　　　　　图7

(7)剩余补缺法。当聪明格的某一行或一列仅剩下一个方格内的数没有填出时,赶快把所缺少的数字填出来,就是剩余补缺法。

掌握了聪明格的基本规则和技巧之后,就需要花时间去练习、去摸索、去提高判断能力和填写速度了。

例题精讲

例题 1 如图 8 所示，填写聪明格。使得每行、每列都是 1～5 各一次，并且一些粗线围成区域左上角的标数是该区域所有填数按其指明运算得到的结果，那么第三行从左到右形成的五位数是_____。

图8

答案： 34521

【解答】先浏览一下整个聪明格，发现可入手解题的地方比较多。根据填写聪明格的技巧，可以依次得到下面的填法。（填法顺序不唯一）

如图 9 所示，$D_{23}=1$（一个区域一个数，先搞定）→$D_{43}=2$（和为 3 的只有 1+2，注意同行、同列数不同）→$D_{44}=1$→$D_{42}=3$（商为 3 的只能是 $3\div1=3$）→$D_{52}=1$→$D_{32}=4$（同列补缺，只能是 4）→$D_{41}=5$（同列分析，和为 7，差为 3）→$D_{51}=2$→$D_{45}=4$（同行补缺）→$D_{33}=5$（第三行填 5 的位置唯一）→$D_{13}=4$（十字排除）→$D_{14}=5$→$D_{53}=3$（同列补缺）→$D_{54}=4$→$D_{55}=5$（同行补缺）。

此后的填法一般都没有什么难度了，最后得到的完整填法如图 10 所示。

所以，第三行从左到右形成的五位数是 34521。

图9　　　图10

例题 2 请完成图 11 的七阶聪明格。使得每行、每列都是 1～7，且每个粗线围成区域左上角的运算符号和标数，表示该区域所有填数按照指明运算和结果，那么第五列从上至下得到的七位数是_____。

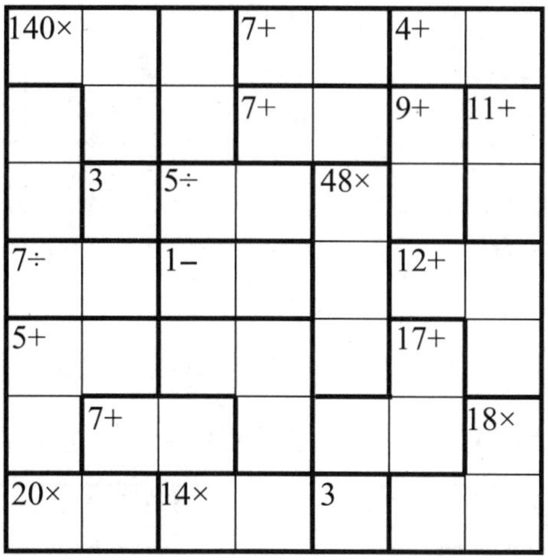

图11

答案: 5126473

【解答】如图 12 所示,$D_{32}=3$(单格)→$D_{75}=3$→$D_{67}=3$(18 分解与第 7 行排除)→$D_{17}=1$(第 7 列排除)→$D_{16}=3$→$D_{76}=1$(第 7 列排除)→$D_{77}=6$→$D_{46}=5$(12 分拆与第 7 列幻和)→$D_{57}=5$(同数错位)→$D_{47}=2$→$D_{65}=7$(第 6 列幻和)→$D_{25}=1$(同列排除)→$D_{24}=6$→$D_{15}=5$(同列排除)→$D_{14}=2$→$D_{13}=6$(第 1 行排除)→$D_{74}=7$(同列排除)→$D_{73}=2$→$D_{22}=5$(第 1 行排除)……

得到的完整填法如图 13 所示,第五列从上至下得到的七位数 5126473。

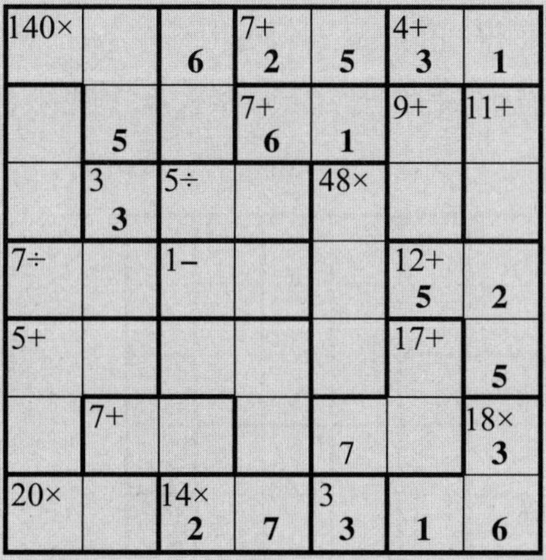

图12 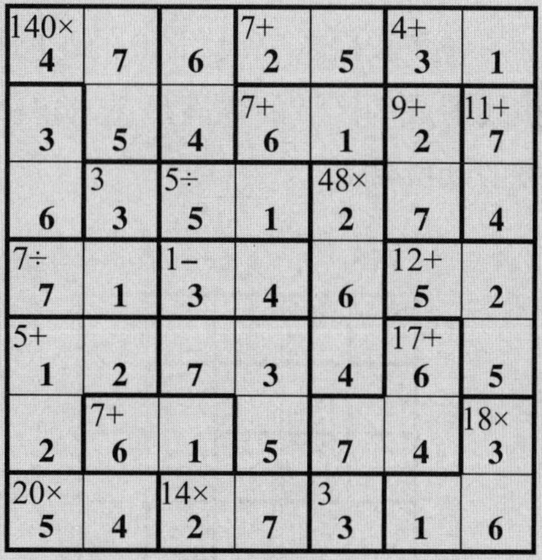   图13

针对性练习

练习① 请完成图 14 和图 15 的聪明格(肯肯数独),使得每行、每列都是 1~3 各一个,图 14 中每个粗线区域左上角的数表示区域内所有数之和。图 15 中每个粗线区域左上角的数表示区域内所有数之积。

图14

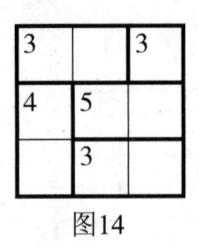

图15

练习❷ 按要求完成图 16 和图 17 的聪明格。使得每行、每列都是 1～4 各一个,同时每个粗线围成的区域的数满足左上角标记的运算和运算结果。

图16

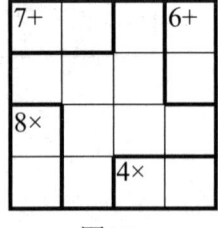

图17

练习❸ 按要求完成图 18 的聪明格。使得每行、每列都是 1～5 各一个,同时每个粗线围成的区域的数满足左上角标记的运算和运算结果,那么从下往上数第 2 行形成的五位数是_____。

练习❹ 按要求完成图 19 的聪明格。使得每行、每列都是 1～6 各一个,同时每个粗线围成的区域的数满足左上角标记的运算和运算结果,那么从上往下数第 3 行形成的六位数是_____。

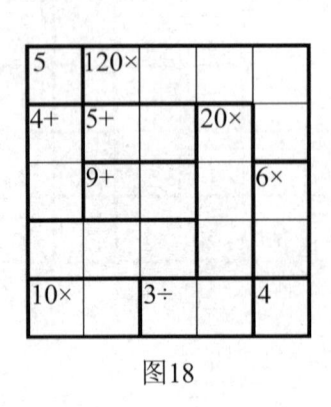

图18

图19

练习❺ 按要求完成图 20 的聪明格。使得每行、每列都是 1～7 各一个,同时每个粗线围成的区域的数满足左上角标记的运算和运算结果,那么最后一行形成的七位数是_____。

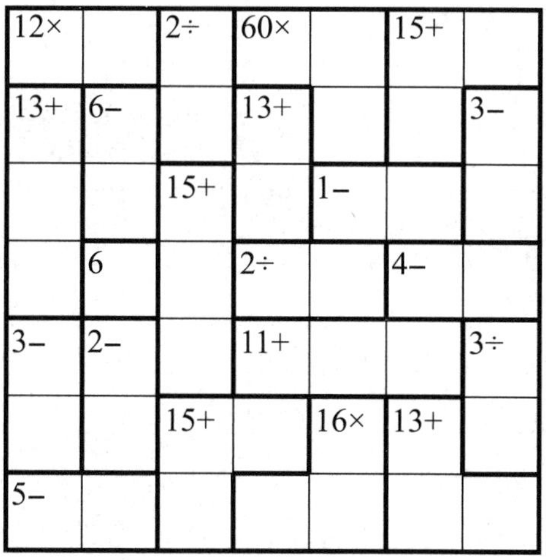

图20

练习参考答案

练习题号	练习1		练习2		练习3
参考答案	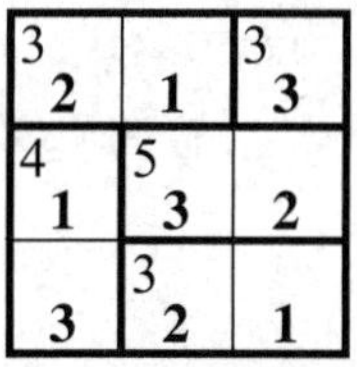 3 2 1 3 2 1 3 4 5 1 3 2 3 2 1	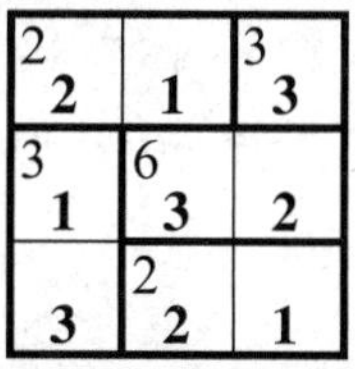 2 3 2 1 3 3 6 1 3 2 2 3 2 1	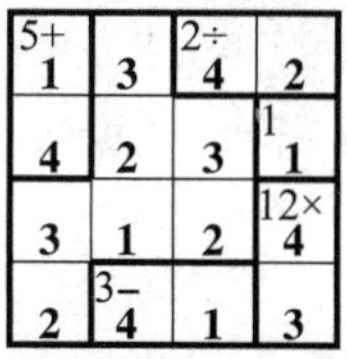 5+ 2÷ 1 3 4 2 4 2 3 1 12× 3 1 2 4 3− 2 4 1 3	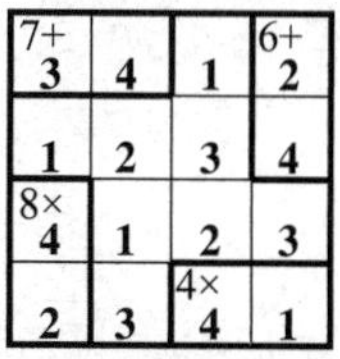 7+ 6+ 3 4 1 2 1 2 3 4 8× 4 1 2 3 4× 2 3 4 1	41253
解答提示	基本练习	基本练习	基本练习	基本练习	按聪明格要求 找关键位置
练习题号	练习4	练习5			
参考答案	425361	7234165			
解答提示	按聪明格要求 找关键位置	按聪明格要求 找关键位置			

· 229 ·

SL-57　带余除法

神器内容	带余除法有三种形式,可相互转化: (1) $a \div b = q \cdots\cdots r$。 (2) $a = bq + r$。 (3) $b \mid (a-r)$,且 $q \mid (a-r)$。
要点与说明	带余除法很重要,数论问题常用到。 三种形式互转化,减去余数整除它。 余数再大比除小,余数常常先去掉。

神器溯源

对于两个整数 a、$b(a、b \neq 0)$,若存在两个整数 q、r,使 $a \div b = q \cdots\cdots r (0 \leq r < b)$ 成立。当余数 $r \neq 0$ 时,称 q 为商或不完全商。当 $r = 0$ 时,称 b 能整除 a,q 是商或完全商。

带余除法有三种形式,可相互转化:

(1) $a \div b = q \cdots\cdots r$。

(2) $a = bq + r$。

(3) $b \mid (a-r)$,且 $q \mid (a-r)$。

注意:第三种形式,当被除数减去余数时,就可以把带余除法转化为整除问题来处理。

例题精讲

例题 1-1 在带余除法中,被除数、除数、商和余数四个数之和为569,其中商为13,余数为19,那么被除数为_____。

答案:500

【解答】设除数为 a,则被除数为 $13a + 19$,

$(13a + 19) + a + 13 + 19 = 569$

$a = 37$

被除数为 $37 \times 13 + 19 = 500$。

例题 1-2 一个三位数,被 23 除,所得的商和余数相等,那么这样的三位数共有 _____ 个。

答案:18

【解答】设余数为 r,则 $0<r<23$,
$100 \leqslant 23r+r<1000$,$5 \leqslant r \leqslant 41$。
进一步得到 $5 \leqslant r \leqslant 22$,余数有 $22-5+1=18$ 个取值,对应的被除数共有 18 个。

例题 2-1 一个质数依次除 1658、3407、4962,所得的余数互不相同且恰好成等差数列,那么这个质数是 _____。

答案:97

【解答】设这个质数为 p,根据等差数列性质——"中间项的 2 倍,等于前后两项之和",则有 $p|(1658+4962-2\times3407) \Rightarrow p|194$,质数 $p=97$ 或 $p=2$。
经检验得 $p=2$ 时,三个数的余数分别为 0、1、0,不符合题意。
验证得到 $1658=97\times17+9$,$3407=97\times35+12$,$4962=97\times51+15$。
所以,这个质数为 97。

例题 2-2 在一个三位数的后面添上 31,得到的五位数能被 23 整除;在这个三位数的前面添上 23,得到的五位数能被 31 整除,那么这个三位数为 _____。

答案:436

【解答】设这个三位数为 x,则 $23|\overline{x31}$,$31|\overline{23x}$,
从而 $23\times31|\overline{23x31} \Rightarrow 713|(2300031+100x) \Rightarrow 713|(2300031+713\times3+100x) \Rightarrow 713|(230217+10x) \Rightarrow 713|(230217+713+10x) \Rightarrow 713|(23093+x) \Rightarrow 713|(277+x) \Rightarrow x=436$。
所以,这个三位数为 436。

针对性练习

练习❶ 一个整数被 3 除余 2,被 4 除余 3,被 5 除余 4,被 7 除余 6,那么这个数最小为 _____。

练习❷ 一个带余除法,被除数、除数、商和余数这四个数之和为 433,且除数为 49,余数为 17,那么被除数为 _____。

练习❸ 一个质数除 2260 所得的余数的 4 倍等于这个质数除 2010 所得的余数,也等于这个质数除 2716 所得余数的 $\frac{4}{5}$,那么这个质数是_____。

练习❹ 一个自然数被 12 除余 7,被 21 除余 16,那么这个数被 28 除,所得余数为_____。

练习❺ 有一类自然数,它除以 5 的余数(大于 1)与除以 11 的商相加得到的和为 20,那么这些自然数之和为_____。

练习参考答案

练习题号	练习1	练习2	练习3	练习4
参考答案	419	360	37	23
解答提示	这个数加上 1 是 3、4、5、7 的公倍数	三种形式转化	余数 1:4:5	转化为整除
练习题号	练习5			
参考答案	1153			
解答提示	分类讨论,调整余数			

SL-58　同余与运算

神器内容	同余式 $a \equiv b \pmod{p}$ 与五则运算可以交换顺序,这样就可以把大数的运算转化为较小的余数运算。
要点与说明	同余符号大发明,使用起来像方程。 它比方程更广泛,随便加来随便减。 所加所减都是模,互质扩倍也很多。 同余运算可交换,大数立刻就被歼。 同余性质有几条,写到下面自己瞧。

神器溯源

德国数学家高斯在其数学名著《数学探索》中首次使用了同余符号。这一伟大的发明,使得整除问题和余数问题都可用类似于方程的方式来解答,其作用巨大。

为了让大家更能理解同余的概念,请看下面的两个带余除法算式:

$59 \div 7 = 8 \cdots\cdots 3$

$31 \div 7 = 4 \cdots\cdots 3$

高斯(Gauss,1777—1855年)
德国数学家、物理学家

在这两个带余除法算式中,除数都是7,余数都是3。也就是说59和31同时被7除,所得余数相同,都是3,则称59和31被7除同余。记作:

$$59 \equiv 31 \pmod{7}$$

其中,"≡"是同余符号,仅表示前后两个数被同一个数除的余数相同。前后两个数不一定相同,当然相同一定成立。"(mod 7)"中的"mod"是英文单词"model"的前三个字母,表示"模型、标准"的意思。说明两个数都用"7"这个标准来数,7个7个地数,最后剩下的余数都是3。同余式的前后项及模是一个整体,模起到说明注释作用,三者缺一不可。由此得到同余的定义:

1. 同余:对于两个整数 a、b,若被同一个非零整数 p 除,所得余数相同,则称 a 与 b 模 p 同余,记作: $a \equiv b \pmod{p}$。

为了加深对同余式的理解，下面举几个例子：

(1)把同余式 $150≡69(\mod 9)$ 改成两个带余除法算式：_____和_____。

同余式是由两个带余除法算式组合而成的。

答案：$150÷9=16……6$。$69÷9=7……6$。

(2)若 $x≡58(\mod 7)$，则 $x=$ _____。

在模固定的情况下，与一个数同余的数有无数多个，这些数从小到大排列，可以构成等差数列。

答案：$x=7k+2$（k 为整数）。

(3)若 $100≡37(\mod p)$，则 $p=$ _____。

余数相同可以作差，其差被模整除。故 $p|(100-37)\Rightarrow p|63$。

答案：$p=63$、21、9、7、3 或 1。

2. 同余性质

(1)自身性：$a≡a(\mod p)$。

(2)对称性：若 $a≡b(\mod p)$，则 $b≡a(\mod p)$。

(3)传递性：若 $a≡b(\mod p)$，$b≡c(\mod p)$，则 $a≡c(\mod p)$。

(4)同余与整除转化：若 $a≡b(\mod p)$，则 $p|(a-b)$。

(5)同余与等式转化：若 $a≡b(\mod p)$，则 $a=b+kp$（k 为整数）。

(6)同余式与五则运算可以调换顺序：

①单侧加减性：如果 $a≡b(\mod p)$，则 $a≡b+p+p+…+p(\mod p)$，（可以加减任意个模 p）。

②两侧加减性：如果 $a≡b(\mod p)$，$c≡d(\mod p)$，则 $a±c≡b±d(\mod p)$。

③可乘性：如果 $a≡b(\mod p)$，$c≡d(\mod p)$，则 $ac≡bd(\mod p)$。

④可幂性：如果 $a≡b(\mod p)$，则 $a^n≡b^n(\mod p)$。

⑤可除性：如果 $na≡nb(\mod(np))$，则 $a≡b(\mod p)$。

如果 $na≡nb(\mod p)$，且 $(p,n)=1$，则 $a≡b(\mod p)$。

做同余式的除法一定要慎重，注意相同的因数 n 是否与模 p 互质。例如，$3x≡15(\mod 9)\Rightarrow x≡5(\mod 3)$，$3x≡15(\mod 11)\Rightarrow x≡5(\mod 11)$。

例题精讲

例题 1-1 算式 $123×456-789$ 被 11 除，所得余数为_____。

答案：2

【解答】$123×456-789≡2×5-8≡2(\mod 11)$

例题 1-2 $\underbrace{12341234\cdots1234}_{100\text{个}1234}$ 被 9 除,所得余数为 _____;被 7 除,所得余数为 _____。

答案:1　2

【解答】(1)9 的整除特征是看多位数的数字和。原式 $\equiv(1+2+3+4)\times100\equiv1\times1\equiv1(\bmod\ 9)$。

(2)任意一个四位数重写 3 次,得到的多位数都是 7 的倍数。原式 $\equiv1234\equiv234-1\equiv2(\bmod\ 7)$。

例题 2-1 2025^{1000} 被 19 除,所得余数为 _____。

答案:11

【解答】$2025^{1000}\equiv11^{1000}\equiv(-8)^{1000}\equiv2^{3000}\equiv16^{750}\equiv(-3)^{750}\equiv243^{150}\equiv(-4)^{150}\equiv16^{75}\equiv(-3)^{75}\equiv(-243)^{15}\equiv4^{15}\equiv16^{7}\times4\equiv(-3)^{7}\times4\equiv(-243)\times9\times4\equiv-27\equiv11(\bmod\ 19)$。

例题 2-2 123^{1234} 转化为多位数时,末两位数字为 _____。

答案:09

【解答】(1)一个多位数的末两位数字,就是多位数被 100 除,所得的余数。同时 $100=4\times25$,转化为模 4 和模 25 两个同余运算。

(2) $123^{1234}\equiv(-1)^{1234}\equiv1(\bmod\ 4)$。

$123^{1234}\equiv(-2)^{1234}\equiv2^{1234}\equiv1024^{123}\times2^{4}\equiv(-1)^{123}\times2^{4}\equiv9(\bmod\ 25)$。

所以,这个数转化为多位数的末两位数字为 09。

针对性练习

练习❶ 已知 $x\equiv100(\bmod\ 7)$,那么两位数 x 的最小值为 _____。

练习❷ 已知 $65\equiv122(\bmod\ p)$,那么质数 p 的取值共有 _____ 个。

练习❸ 算式 $1357\times2468-321\times654$ 被 13 除,所得余数为 _____。

练习❹ $\underbrace{20252025\cdots2025}_{200\text{个}2025}$ 被 396 除,所得余数为 _____。

235

练习❺ 1234^{4321} 被 17 除,所得的余数为_____。

练习参考答案

练习题号	练习1	练习2	练习3	练习4
参考答案	16	2	6	189
解答提示	基本练习	$p\mid(122-65)$	先取余再运算	分成4和99分别考虑
练习题号	练习5			
参考答案	10			
解答提示	逐步降次			

SL-59　一次同余方程

神器内容	形如 $ax\equiv b(\bmod p,a\neq 0)$ 的同余方程,这样的同余方程叫作一次同余方程。 其解法步骤为:①先取余;②移项;③合并同类项;④扩倍或缩倍(倍数与模互质);⑤单侧加减模。
要点与说明	一次同余解方程,解法步骤要记清。 一般方程那一套,同余照样能用到。 最牛就是加减模,单侧就可随意做。 缩倍一定看条件,与模互质最好算。

神器溯源

解一次同余方程 $ax\equiv b(\bmod p,a\neq 0)$ 与解一元一次方程的步骤基本相同。除了移项、合并同类项等步骤,还有同余方程的特有步骤,即单侧加减模。

(1)先取余:把同余方程中比模大的加数、减数和因数先模取余数,达到把较大数变为较小数来解题。

例如,$67x+26\equiv 100-21x(\bmod 9)$,$4x+8\equiv 1-3x(\bmod 9)$。

(2)移项:把一些项从同余符号"≡"的一侧移到另一侧,叫作移项。在移项前,一般需要去括号,注意乘法中加法分配律与去括号法则的使用。移项一定要注意变号。

例如,$3x+4\equiv 7-2x(\bmod 8)$,$3x+2x\equiv 7-4(\bmod 8)$。

(3)合并同类项:把同类项合并成一项的过程叫作合并同类项,简称合并。合并同类项可以发生在移项的前后,移项前合并,起到化简整理的作用,不易出错。移项后合并,能化成同余方程的标准形式。

例如,$6x+4-2x\equiv 7-x+5(\bmod 11)$,$4x+4\equiv 12-x(\bmod 11)$。

(4)扩倍与缩倍:在同余方程两边同时扩大相同的倍数,同余方程的解不变。如果是缩倍,情况有些复杂。在同余方程两边同时缩小相同的倍数,若模与这个倍数互质,则模不变。若这个倍数能整除模,则模也缩小同样的倍数,算式如下:

若 $kx\equiv ka(\bmod p)$,$(k,p)=1$,则 $x\equiv a(\bmod p)$。

若 $kx \equiv ka (\mod (kp))$，则 $x \equiv a (\mod p)$。

例如，$6x \equiv 15 (\mod 7)$，$2x \equiv 5 (\mod 7)$。

$6x \equiv 15 (\mod 21)$，$2x \equiv 5 (\mod 7)$。

当同余方程两边扩大相同倍数时，最好能使含未知数项的系数化为 1。这个扩大的倍数就是原系数的数论倒数。一般地，若 $ab \equiv 1 (\mod p)$，则 a 与 b 互为模 p 的数论倒数，且数论倒数不唯一。

∵ $3 \times 5 \equiv 1 (\mod 7)$，∴ 3 关于模 7 的数论倒数是 5，也可以是 $7k+5$（k 为整数）。

∵ $3 \times 7 \equiv 1 (\mod 10)$，∴ 3 关于模 10 的数论倒数是 7，也可以是 $10k+7$（k 为整数）。

例如，$4x \equiv 9 (\mod 11)$，$4x \times 3 \equiv 9 \times 3 (\mod 11)$，$12x \equiv 27 (\mod 11)$，$x \equiv 5 (\mod 11)$。

(5) 单侧加减模：在同余方程的一侧加减模的整数倍，同余方程的解不变。到底加减模的多少倍合适？关键看未知数的系数，最好使得加减模后的数是系数的倍数，然后同余方程两边缩倍。

例如，$4x \equiv 9 (\mod 11)$，$4x \equiv 9+11 (\mod 11)$，$x \equiv 5 (\mod 11)$。

$5x \equiv 4 (\mod 23)$，$5x \equiv 4+2 \times 23 (\mod 23)$，$x \equiv 10 (\mod 23)$。

例题精讲

例题 1-1 解同余方程，求正整数 x 的最小值。$4(x-2) \equiv 21-3(5-2x)(\mod 11)$。

答案：4

【解答】$4(x-2) \equiv 21-3(5-2x)(\mod 11)$

$4x-8 \equiv -1-15+6x (\mod 11)$

$-2x \equiv -8 (\mod 11)$

$x \equiv 4 (\mod 11)$

所以，正整数 x 的最小值为 4。

例题 1-2 解同余方程，求通解。$2021x - 2626 \equiv 2000x + 2567 (\mod 36)$。

答案：$x = 12k+9$（k 为整数）

【解答】$2021x - 2626 \equiv 2000x + 2567 (\mod 36)$

$21x \equiv 5193 (\mod 36)$，$7x \equiv 1731 (\mod 12)$

$7x \equiv 3 \pmod{12}, 7x \equiv 3+12 \times 5 \pmod{12}$,
$x \equiv 9 \pmod{12}$。

所以,这个同余方程的通解为 $x=12k+9$(k 为整数)。

例题 2-1 用同余法解不定方程:$29x+11y=300$(正整数解)。

答案:$\begin{cases} x=2 \\ y=22 \end{cases}$

【解答】$29x \equiv 300 \pmod{11}, 7x \equiv 3 \pmod{11}, x \equiv 2 \pmod{11}$。

取 $x=2, 29 \times 2+11y=300, y=22$。

所以,不定方程的正整数解为 $\begin{cases} x=2 \\ y=22 \end{cases}$。

例题 2-2 一个三位数,扩大 36 倍后再加上 23,得到的结果被 17 除,所得余数为 8,那么这个三位数最小为_____。

答案:103

【解答】设三位数为 x,则 $36x+23 \equiv 8 \pmod{17}, x \equiv 1 \pmod{17}$。

所以,这三个三位数 x 最小为 $1+17 \times 6=103$。

针对性练习

练习❶ 求同余方程的最小正整数解。

(1)$3(x-2)+2x \equiv 4-2(x-1) \pmod{10}$

(2)$123x+321 \equiv 26(4x-5)+2 \pmod{11}$

练习❷ 求同余方程的通解。

(1)$4(x-1)+7 \equiv 6(2x+3) \pmod 9$

(2)$10x+11 \equiv 4(4x-3)+5 \pmod{21}$

练习❸ 一个两位数,扩大23倍再减去2,得到结果被15除,余数为7,那么这个两位数最大为_____。

练习❹ 用同余方法解不定方程:$71x+17y=800$(正整数解)。

练习❺ 同余方程$\frac{2x+3}{5}\equiv 7\pmod{11}$的最小正整数解为$x=$_____。

练习❻ 一些盒装巧克力,每盒巧克力的块数一样多,且不到35块。如果给每人发9块巧克力,那么5盒还会剩余6块;如果把4盒巧克力分给9个人,每人分得一样多,还剩余3块,那么每盒巧克力最多有_____块。

练习参考答案

练习题号	练习1(1)	练习1(2)	练习2(1)	练习2(2)
参考答案	6	3	$x=9k+6$(k为整数)	$x=7k+3$(k为整数)
解答提示	基本练习	基本练习	基本练习	基本练习
练习题号	练习3	练习4	练习5	练习6
参考答案	93	$\begin{cases}x=6\\y=22\end{cases}$	16	30
解答提示	$x\equiv 3\pmod{15}$	转化为同余方程	需要检验所求解	模为9,列同余方程

SL-60　一次同余方程组

神器内容	几个一次同余方程组成同余方程组：$$\begin{cases} a_1x \equiv b_1 (\bmod\ p_1) \\ a_2x \equiv b_2 (\bmod\ p_2) \\ \cdots\cdots \\ a_nx \equiv b_n (\bmod\ p_n) \end{cases},$$ 解一次同余方程组一般采用逐步调整法。
要点与说明	同余方程组，个个都满足。 逐步调整法，模来迈大步。 最小公倍数，通解我能出。 出现合数模，互质拆开做。

神器溯源

把几个一次同余方程放在一起，组成同余方程组。满足每个同余方程的解才是同余方程组的解。解一次同余方程组，一般采用逐步调整法，为了尽快达成目标，最好从较大的模开始进行调整。满足每个一次同余方程的通解都是一个等差数列，其公差就是这个同余方程的模，当满足两个一次同余方程的解观察出来以后，再加上这两个模的最小公倍数，也就是把这两个模的最小公倍数作为公差，可以找到所有解，多个一次同余方程的解采用逐步调整法依次类推。

例如，$\begin{cases} a_1x \equiv b_1 (\bmod\ p_1) \cdots\cdots(1) \\ a_2x \equiv b_2 (\bmod\ p_2) \cdots\cdots(2) \\ a_3x \equiv b_3 (\bmod\ p_3) \cdots\cdots(3) \end{cases}$

设一次同余方程(1)的通解为 $x = x_1 + k_1 p_1$（k_1 为整数），设一次同余方程(1)和(2)的一个解为 $x = x_2$，那么满足一次同余方程(1)和(2)的通解为 $x = x_2 + k_2[p_1, p_2]$（k_2 为正整数）。以此类推，设一次同余方程(1)(2)和(3)的一个解为 $x = x_3$，那么满足一次同余方程(1)(2)和(3)的通解为 $x = x_3 + k_3[p_1, p_2, p_3]$（$k_3$ 为正整数）。

注意：如果同余方程组的解较大，逐步调整法解题速度就很慢，也可以再次转化为同余方程来找到满足一些同余方程的特解。

对于合数模的一次同余方程,也可以把模进行分拆,转化为一次同余方程组来求解。

若 $ax \equiv b \pmod{p_1 \times p_2 \times \cdots \times p_n}$,且 p_1、p_2、$\cdots$、p_n 两两互质,

则此一次同余方程通解可以转化为一次同余方程组:$\begin{cases} ax \equiv b \pmod{p_1} \\ ax \equiv b \pmod{p_2} \\ \cdots \cdots \\ ax \equiv b \pmod{p_n} \end{cases}$。

例题精讲

例题 1-1 解同余方程组:$\begin{cases} x \equiv 4 \pmod{7} \cdots\cdots(1) \\ x \equiv 6 \pmod{11} \cdots\cdots(2) \end{cases}$。

答案:$x = 39 + 77k$(k 为整数)

【解答】满足方程(2)的解为:6、17、28、39、$\cdots$。

从上述数列中,找到满足方程(1)的解为:39(找到一个解即可)。

所以,同余方程组的解为:39、39+77、39+77×2、$\cdots$。

也可以把通解表达为 $x = 39 + 77k$(k 为整数)。

另解:设 $x = 6 + 11m$(m 为整数),代入方程(1)得,$6 + 11m \equiv 4 \pmod{7}$,$m \equiv 3 \pmod{7}$。

再设 $m \equiv 3 + 7k$(k 为整数),则 $x = 6 + 11(3 + 7k) = 39 + 77k$($k$ 为整数)。

例题 1-2 解同余方程组:$\begin{cases} x \equiv 1 \pmod{2} \cdots\cdots(1) \\ x \equiv 3 \pmod{5} \cdots\cdots(2) \\ x \equiv 7 \pmod{23} \cdots\cdots(3) \end{cases}$。

答案:$x = 53 + 230k$(k 为整数)

【解答】满足方程(3)的解为:7、30、53、$\cdots$。

从上述数列中找到满足方程(2)的解 53,同时满足方程(1),找到一个解即可。

所以,同余方程组的解为:53、53+230、53+230×2、$\cdots$。

也可以把通解表达为 $x = 53 + 230k$(k 为整数)。

另解:$\begin{cases} x \equiv 1 \pmod{2} \\ x \equiv 3 \pmod{5} \\ x \equiv 7 \pmod{23} \end{cases} \Rightarrow \begin{cases} x \equiv 3 \pmod{2} \\ x \equiv 3 \pmod{5} \\ x \equiv 7 \pmod{23} \end{cases} \Rightarrow \begin{cases} x \equiv 3 \pmod{10} \\ x \equiv 7 \pmod{23} \end{cases}$

$\Rightarrow \begin{cases} x \equiv 3+50 \pmod{10} \\ x \equiv 7+46 \pmod{23} \end{cases} \Rightarrow x \equiv 53 \pmod{230} \Rightarrow x = 53+230k(k\text{ 为整数})$。

例题 2-1 解同余方程组：$\begin{cases} 4x \equiv 3 \pmod 7 \\ 5x \equiv 1 \pmod{11} \\ 6x \equiv 5 \pmod{13} \end{cases}$。

答案：$x = 328+1001k(k\text{ 为整数})$

【解答】原同余方程组整理得 $\begin{cases} x \equiv 6 \pmod 7 \\ x \equiv 9 \pmod{11} \\ x \equiv 3 \pmod{13} \end{cases} \Rightarrow \begin{cases} x \equiv 6 \pmod 7 \\ x \equiv 9+33 \pmod{11} \\ x \equiv 3+39 \pmod{13} \end{cases} \Rightarrow$

$\begin{cases} x \equiv 6 \pmod 7 \\ x \equiv 42 \pmod{143} \end{cases}$。

设 $x = 42+143m(m\text{ 为整数})$，则 $42+143m \equiv 6 \pmod 7$，$m \equiv 2 \pmod 7$。

设 $m = 2+7k(k\text{ 为整数})$，则 $x = 42+143(2+7k) = 328+1001k(k\text{ 为整数})$。

例题 2-2 算式 $1 \times 3 \times 5 \times 7 \times \cdots \times 2023 + 2023^{2024}$ 的计算结果的末两位数为 _____。

答案：66

【解答】设算式计算结果为 x，则

$x \equiv (1 \times 3)^{506} + 3^{2024} \equiv 9^{253} + 9^{1012} \equiv 1+1 \equiv 2 \pmod 4$。

$x \equiv 0+(-2)^{2024} \equiv 0+1024^{202} \times 16 \equiv 0+16 \equiv 16 \pmod{25}$。

则有 $\begin{cases} x \equiv 2 \pmod 4 \\ x \equiv 16 \pmod{25} \end{cases}$。

设 $x = 16+25m(m\text{ 为整数})$，$16+25m \equiv 2 \pmod 4$，$m \equiv 2 \pmod 4$。

所以，$x \equiv 16+25 \times 2 \pmod{100}$，其末两位数为 $16+25 \times 2 = 66$。

针对性练习

练习❶ 求一次同余方程组的最小正整数解。

(1) $\begin{cases} x \equiv 1 \pmod 4 \\ x \equiv 2 \pmod 9 \end{cases}$ 　　(2) $\begin{cases} x \equiv 2 \pmod 4 \\ x \equiv 3 \pmod 5 \\ x \equiv 7 \pmod{11} \end{cases}$

练习❷ 求一次同余方程组的整数解。

(1) $\begin{cases} 3x \equiv 2 \pmod{7} \\ 4x \equiv 5 \pmod{17} \end{cases}$
(2) $\begin{cases} 4x \equiv 2 \pmod{7} \\ 7x \equiv 3 \pmod{10} \\ 9x \equiv 5 \pmod{13} \end{cases}$

练习❸ 韩信带兵近一万,请你准确算一算。排成七纵少两员,排成八纵多一员。如果排成十七纵,正好一人都不剩。韩信这次带兵共有_____人。

练习❹ 老师给班级学生发糖果,每盒糖果的数量一样多。如果每人发 7 块,那么 3 盒糖果共剩 3 块;如果每人发 8 块,那么 4 盒恰好分完;如果每人发 11 块,则 5 盒糖果还差 3 块,那么每盒糖果最少有_____块。(每次发到的学生数不相同)

练习❺ 算式 1×5×9×13×17×⋯×2025 的结果的末三位数为_____。

练习❻ 算式 123^{456} 被 161 除,所得余数为_____。

练习参考答案

练习题号	练习1(1)	练习1(2)	练习2(1)	练习2(2)
参考答案	29	18	$x=119k+31$(k 为整数)	$x=910k+249$(k 为整数)
解答提示	基本练习	基本练习	转化为等式代入	转化为等式代入
练习题号	练习3	练习4	练习5	练习6
参考答案	9945	50	125	85
解答提示	逐步调整	转化为同余方程组	合数模 1000 分解为:8×125	合数模分解为:7×23

SL-61　中国剩余定理

神器内容	同余方程组：$\begin{cases} x \equiv a \pmod{3} \\ x \equiv b \pmod{5} \\ x \equiv c \pmod{7} \end{cases}$， 其通解为 $x = 70a + 21b + 15c - 105k$（$k$ 为整数）。
要点与说明	中国剩余好定理，秒杀求解真可以。 记住衍数公式套，每个答案都找到。 感谢明朝程大位，下面四句要背会。 三人同行七十稀，五树梅花廿一枝。 七子团圆整半月，除百零五便得知。

神器溯源

在中国古代的数学宝书《孙子算经》中，有这样一个"物不知数"问题：

题曰："今有物不知其数，三三数之余二，五五数之余三，七七数之余二，问物几何？答曰：'二十三。'"

设所求物之数为 x，则依题意得 $\begin{cases} x \equiv 2 \pmod{3} \\ x \equiv 3 \pmod{5} \\ x \equiv 2 \pmod{7} \end{cases}$。

中国剩余定理的解题要点：所求的未知数就像家庭中劳苦的主妇，她需要操三份心：第一份心照顾家中的小孩 3 的余数，且其他两份心都是 3 的倍数；第二份心照顾自己的老公 5 的余数，且其他两份心都是 5 的倍数；第三份心照顾家中老人 7 的余数，且其他两份心是 7 的倍数。这样得到的第一份心是 $[5,7]k = 35k$（k 为整数），为了保证被 3 除余 1，找到 $35 \times 2 = 70$，这个数 70 叫作模 3 关于 5 和 7 的衍数，如图 1 所示。找到衍数的好处是，要得到被 3 除余 a 的数，只需"衍数$\times a$"，就满足被 3 除余 a 的余数要求，同时是 5 和 7 的倍数。3、5、7 的各自衍数如下表所示，最后所求为 $70a + 21b + 15c - 105k$（k 为整数）。

除数	3	5	7
衍数	70	21	15
余数	a	b	c
结果	$70a+21b+15c-105k$（k 为整数）		

图1

所以，本题的最小正整数解为 $70\times2+21\times3+15\times2-105\times2=23$。

明朝程大位的歌诀唱道：

三人同行七十稀，五树梅花廿一枝。

七子团圆整半月，除百零五便得知。

这首歌谣给出各个模的衍数，得到一种有效的算法：

用70乘某数除以3得到的余数，用21乘某数除以5得到的余数，用15乘某数除以7得到的余数，再把这三个积相加，除以105所得的余数就是所求的数的最小值。

程大位（1533—1606年），明代商人，中国计算机——珠算的发明者，著有《算法统宗》

一般地，对于一次同余方程组：$\begin{cases} x\equiv a(\bmod\ 3) \\ x\equiv b(\bmod\ 5) \\ x\equiv c(\bmod\ 7) \end{cases}$，

其通解为 $x=70a+21b+15c-105k$（k 为整数）。

由此，这个求余数的理论被称为中国剩余定理，又称孙子定理，是中国古代人民对余数问题深入研究的成果。

一旦模不是3、5、7，那么它们的衍数也将随之改变。大家不妨探索一下模7、9、11对应的衍数。

例题精讲

例题 1-1 解同余方程组：$\begin{cases} x\equiv 1(\bmod\ 3) \\ x\equiv 4(\bmod\ 5) \\ x\equiv 2(\bmod\ 7) \end{cases}$，其最小正整数解为 _____。

答案：79

【解答】根据中国剩余定理，$x=70\times1+21\times4+15\times2-105=79$。

例题 1-2 一个三位数，如果扩大2倍加上1，能被3整除；如果扩大3倍减少2，能被5整除；如果扩大5倍加上3，能被7整除。那么这个三位数最小为 _____。

246

答案:124

【解答】设这个三位数为 x,则 $\begin{cases} 2x+1\equiv 0(\mod 3) \\ 3x-2\equiv 0(\mod 5) \\ 5x+3\equiv 0(\mod 7) \end{cases}$,整理得 $\begin{cases} x\equiv 1(\mod 3) \\ x\equiv 4(\mod 5) \\ x\equiv 5(\mod 7) \end{cases}$。

这个三位数最小为 $x=70\times 1+21\times 4+15\times 5-105=124$。

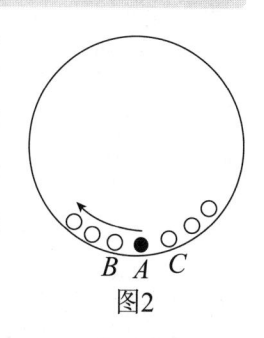

例题 2-1 如图 2 所示,木质圆板的一周有 100 多个孔。小明用一枚棋子像玩跳棋那样从 A 孔出发顺时针方向跳,希望跳一圈能回到 A 孔。如果每隔 6 孔跳一步,结果能跳到 B 孔;如果每隔 4 孔跳一步,结果能跳到 C 孔;如果每隔 2 孔跳一步,结果能跳回 A 孔。那么这个圆圈上共有_____个孔。

答案:111

【解答】设圆板一周有 x 个孔,则 $\begin{cases} x\equiv 0(\mod 3) \\ x\equiv 1(\mod 5) \\ x\equiv 6(\mod 7) \end{cases}$,

$x=70\times 0+21\times 1+15\times 6-105\times 0=111$ 个孔。

例题 2-2 九个连续自然数与 930 的最大公约数都不互质,那么这九个自然数之和最小为_____。

答案:1944

【解答】设九个连续自然数中最小的一个为 x,又知 $930=2\times 3\times 5\times 31$,则

自然数	x	$x+1$	$x+2$	$x+3$	$x+4$	$x+5$	$x+6$	$x+7$	$x+8$
条件1	2倍	3倍	2倍	5倍	6倍	31倍	2倍	3倍	10倍
条件2	10倍	3倍	2倍	31倍	6倍	5倍	2倍	3倍	2倍

$\begin{cases} x\equiv 0(\mod 2) \\ x\equiv 2(\mod 3) \\ x\equiv 2(\mod 5) \\ x\equiv 26(\mod 31) \end{cases}$ 或 $\begin{cases} x\equiv 0(\mod 2) \\ x\equiv 2(\mod 3) \\ x\equiv 0(\mod 5) \\ x\equiv 28(\mod 31) \end{cases}$

2 关于 3 和 5 的衍数为 $3\times 5=15$,3 关于 2 和 5 的衍数为 $2\times 5=10$,5 关于 2 和 3 的衍数为 $2\times 3=6$。

$\begin{cases} x\equiv 2(\mod 30) \\ x\equiv 26(\mod 31) \end{cases}$ 或 $\begin{cases} x\equiv 20(\mod 30) \\ x\equiv 28(\mod 31) \end{cases}$

$x \equiv 212 \pmod{930}$ 或 $x \equiv 710 \pmod{930}$

综上所述,九个连续自然数中最小的一个为 212,它们的总和为 $(212+4) \times 9 = 1944$。

针对性练习

练习❶ 根据衍数求下列一次同余方程的最小正整数解。

(1) $\begin{cases} x \equiv 0 \pmod{3} \\ x \equiv 2 \pmod{5} \\ x \equiv 4 \pmod{7} \end{cases}$
(2) $\begin{cases} x \equiv 1 \pmod{3} \\ x \equiv 2 \pmod{5} \\ x \equiv 3 \pmod{7} \end{cases}$

练习❷ 保密局有 100 个保险箱,编号从 001 至 100,每个保险箱都有一把钥匙。为了保密,钥匙上编号分别是将保险箱的编号除以 7、5、3 所得余数排成的三位数码。如果钥匙的编号为 520,那么它所对应的保险箱的编号为_____。

练习❸ 已知 $\begin{cases} 4x \equiv 2 \pmod{3} \\ 7x \equiv 3 \pmod{5} \\ 9x \equiv 4 \pmod{7} \end{cases}$,那么三位数 x 的最大值为_____。

练习❹ 通过求出 7、11、13 的衍数,可得一次同余方程组 $\begin{cases} x \equiv a \pmod{7} \\ x \equiv b \pmod{11} \\ x \equiv c \pmod{13} \end{cases}$ 的通解为_____。

练习❺ 有许多箱苹果,每箱的苹果个数一样多。现在要把这些苹果分发给小朋友,如果分 5 箱,分到的小朋友每人都发 6 个,剩下 4 个;如果分 6 箱,分到的小朋友每人都发 9 个,剩下 3 个;如果分 7 箱,分到的小朋友每人都发 8 个,剩下 4 个。那么每箱苹果最少有_____个。(每次分给的小朋友数不一定相同。)

练习❻ 九个连续的自然数,每个数与 690 的最大公约数都大于 1。那么这九个数之和最小为_____。

练习❼ 如图3所示,一堆火柴有100多根,用它们既可以如图3(1)摆成 m 个连续的正方形,又可以如图3(2)摆成 $2n$ 个连续的正方形,还可以如图3(3)摆成 $3k$ 个正方形,那么这堆火柴至少有_____根。(在每种摆法中,火柴都恰好用尽。)

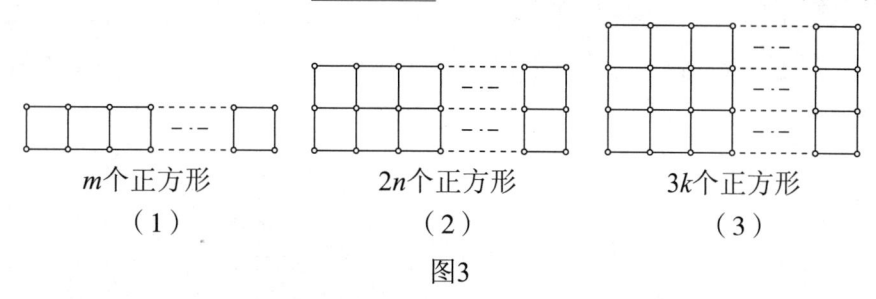

m 个正方形　　　　$2n$ 个正方形　　　　$3k$ 个正方形
（1）　　　　　　　（2）　　　　　　　（3）

图3

练习❽ 韩信带兵一千五,战死沙场四五百。剩余士兵集合来,加上一人站五排。站成七排余三人,九人一排伫在外。请问聪明小军师,具体兵数报上来。还有士兵_____人。

练习❾ 卖鸡蛋。请你帮忙算一算。
七个七个蛋取走,恰好鸡蛋都取完。
九个九个同样取,最后恰好剩空篮。
五个五个取鸡蛋,剩余两个篮里边。
八个八个放一边,仅剩一个烂鸡蛋。
鸡蛋最少有几个?算对水平不一般。

练习参考答案

练习题号	练习1(1)	练习1(2)	练习2	练习3	练习4
参考答案	102	52	012	989	$x=715a+364b+924c+1001k$（k 为整数）
解答提示	$70\times 0+21\times 2+15\times 4=102$	$70\times 1+21\times 2+15\times 3-105=52$	$15\times 5+21\times 2-105=12$	$\begin{cases} x\equiv 2(\text{mod } 3) \\ x\equiv 4(\text{mod } 5) \\ x\equiv 2(\text{mod } 7) \end{cases}$	对应的衍数为 715、364、924

练习题号	练习5	练习6	练习7	练习8	练习9
参考答案	20	216	157	1074	2457
解答提示	$\begin{cases} 5x\equiv 4(\text{mod } 6) \\ 6x\equiv 3(\text{mod } 9) \\ 7x\equiv 4(\text{mod } 8) \end{cases}$	枚举或同余	$\begin{cases} x\equiv 1(\text{mod } 3) \\ x\equiv 2(\text{mod } 5) \\ x\equiv 3(\text{mod } 7) \end{cases}$	$\begin{cases} x\equiv 3(\text{mod } 9) \\ x\equiv 4(\text{mod } 5) \\ x\equiv 3(\text{mod } 7) \end{cases}$	$2520k+2457$（k 为整数）

SL-62 三个连续两位数 ★

神器内容	设 a 为两位数，则 (1) $\overline{a(a+1)(a+2)}\equiv 4\pmod 7$，$\overline{(a+2)(a+1)a}\equiv 3\pmod 7$。 (2) $\overline{a(a+1)(a+2)}\equiv 11\pmod{13}$，$\overline{(a+2)(a+1)a}\equiv 2\pmod{13}$。 (3) $\overline{a(a+1)(a+2)}\equiv 28\pmod{37}$，$\overline{(a+2)(a+1)a}\equiv 9\pmod{37}$。
要点与说明	两位数，连续排，依次六位写出来。 如果从小写到大，减四能被七除它。 如果减去是十一，十三整除也可以。 如果从大写到小，七除余三要知道。 如果此数加十一，十三整除好惊奇。 三十七的整除性，自己动手去算清。

神器溯源

设 a 为两位数，则

(1) $\overline{a(a+1)(a+2)}=10000a+100(a+1)+(a+2)=10101a+102=7\times 13\times 37\times 3a+102\equiv\begin{cases}4\pmod 7\\11\pmod{13}\\28\pmod{37}\end{cases}$。

(2) $\overline{(a+2)(a+1)a}=10000(a+2)+100(a+1)+a=10101a+20100=7\times 13\times 37\times 3a+20100\equiv\begin{cases}3\pmod 7\\2\pmod{13}\\9\pmod{37}\end{cases}$。

由于 $\overline{(a+2)(a+1)a}+\overline{a(a+1)(a+2)}=(2a+2)\times 10101$，所以 $10101\mid(\overline{(a+2)(a+1)a}+\overline{a(a+1)(a+2)})$。$10101=3\times 7\times 13\times 37$。

根据从小到大排列与从大到小的排列形成的数和能被 7、13、37 整除，所以两者排列的多位数被 7、13、37 整除的余数可以互补。

例题精讲

例题 1 把 1～999 依次排成一个多位数 $a=123456789\,10\,11\,12\cdots998\,999$，那么 a 被 7 除，所得余数为_____。（为了看起来方便，相邻数字间空开了，下同。）

答案：4

【解答】按位数进行分类讨论：

(1)对于三位数 $100\sim999$：$100\,101\,102\cdots998\,999\equiv-100+101-\cdots-996+997-998+999=450\equiv2\pmod 7$。

(2)对于两位数 $10\sim99$：$10\,11\,12\cdots98\,99\equiv101112+131415+\cdots+979899\equiv4\times30\equiv1\pmod 7$，$1\times10^{900\times3}\equiv1\times1\equiv1\pmod 7$。

(3)对于一位数 $1\sim9$：$123456789\equiv123-456+789=456\equiv1\pmod 7$，$1\times10^{900\times3+90\times2}\equiv1\times1\equiv1\pmod 7$。

所以，多位数 a 被 7 除，余数为 $2+1+1=4$。

例题 2-1 把 999～1 依次排成一个多位数 $a=999\,998\,997\cdots10\,9\,8\,7\,6\,5\,4\,3\,2\,1$，那么 a 被 13 除，所得余数为_____。

答案：4

【解答】按位数进行分类讨论：

(1)对于三位数 $999\sim100$：$999\,998\,997\cdots101\,100\equiv-999+998-997+996-\cdots+102-101+100=-450\equiv5\pmod{13}$，$5\times10^{2\times90+9}\equiv5\times1000^{63}\equiv5\times(-1)\equiv8\pmod{13}$。

(2)对于两位数 $99\sim10$：$99\,98\,97\cdots11\,10\equiv999897+969594+\cdots+121110\equiv2\times30\equiv8\pmod{13}$，$8\times10^9\equiv8\times1000^3\equiv8\times(-1)^3\equiv5\pmod{13}$。

(3)对于一位数 $9\sim1$：$987654321\equiv321-654+987=654\equiv4\pmod{13}$。

$a\equiv8+5+4\equiv4\pmod{13}$。

所以，多位数 a 被 13 除，余数为 4。

例题 2-2 把 1～500 依次排成一个多位数 $a=1234567891011\cdots499\,500$，那么 a 被 37 除，所得余数为_____。

答案：1

【解答】按位数进行分类讨论：

(1)对于三位数 $100\sim500$：$100\,101\,102\cdots499\,500\equiv100+101+102+\cdots+499+500=300\times401\equiv13\pmod{37}$。

252

(2)对于两位数 10~99：10 11 12…98 99≡10+11+12+13+14+15+…+97+98+99≡28×30≡26(mod 37)。

(3)对于一位数 1~9：1 2 3 4 5 6 7 8 9≡123+456+789=1368≡36(mod 37)。

$a≡13+26×10^{401×3}+36×10^{401×3+90×2}≡13+26+36≡1(\text{mod }37)$。

所以，多位数 a 被 37 除，余数为 1。

针对性练习

练习❶ 把 1~100 依次排成一个多位数 1 2 3 4 5 6 7 8 9 10 11…100，那么这个多位数被 11 除，所得余数为_____。

练习❷ 把 1~99 依次排成一个多位数 1 2 3 4 5 6 7 8 9 10 11…99，那么这个多位数被 7 除，所得余数为_____。

练习❸ 把 1~99 依次排成一个多位数 1 2 3 4 5 6 7 8 9 10 11…99，那么这个多位数被 13 除，所得余数为_____。

练习❹ 把 100~1 依次排成一个多位数 100 99 98…9 8 7 6 5 4 3 2 1，那么这个多位数被 364 除，所得余数为_____。

练习❺ 把 1000~1 依次排成一个多位数 1000 999 998…9 8 7 6 5 4 3 2 1，那么这个多位数被 37 除，所得余数为_____。

练习参考答案

练习题号	练习1	练习2	练习3	练习4	练习5
参考答案	8	2	6	65	22
解答提示	基本练习	按数位分段	按数位分段	按数位分段	按数位分段，37 是 999 的因数

253

SL-63　完全剩余系

神器内容	从整数中选出 m 个模 m 互不同余的整数，组成模 m 的完全剩余系，模 m 的最小非负完全剩余系为 $\{0,1,2,3,\cdots,m-1\}$。模 m 的绝对最小完全剩余系为 $\left\{-\left[\dfrac{m}{2}\right],\cdots,-3,-2,-1,0,1,2,3,\cdots,\left[\dfrac{m+1}{2}-1\right]\right\}$。
要点与说明	完全剩余系，知识了不起。 不但能分类，证明多常遇。 原理有抽屉，综合大威力。 千万别小气，多多来学习。

神器溯源

把整数按照模 m 的余数进行分类，余数相同的归为一类，一共可以分为 m 类，每类都是模 m 剩余类。模 m 的余数为 r 的剩余类，记作 $\{r\}_m$，例如，$\{3\}_5$ 表示被 5 除，所有余数为 3 的数。$r=3$、$r=8$，或者 $r=-2$，所有 r 的值可以表示为 $r=5k+r$（k 为整数）。

每类任选其中的一个元素作为本剩余类的代表，这 m 个不同类代表组成的集合，叫作模 m 的一个完全剩余系。同一个模的剩余系很多，如模 7 的剩余系：

模 7 的最小非负完全剩余系：$\{0,1,2,3,4,5,6\}$。

模 7 的最小正完全剩余系：$\{1,2,3,4,5,6,7\}$。

模 7 的绝对最小完全剩余系：$\{-3,-2,-1,0,1,2,3\}$。

模 m 的完全剩余系构成，需要满足以下两个条件：

(1) m 个整数。

(2) 任意两个数模 m 不同余。

模 m 的完全剩余系具有以下两个性质：

(1) 模 m 的完全剩余系中的每个数都加上同一个整数 b，仍是模 m 的完全剩余系。

(2) 模 m 的完全剩余系中的每个数都乘同一个整数 k，且 $(k,m)=1$，仍是模 m 完全剩余系。

证明：(1)设模 m 的完全剩余系为 $\{r_1,r_2,r_3,\cdots,r_m\}$，则 $\{r_1+b,r_2+b,r_3+b,\cdots,r_m+b\}$ 仍是模 m 的完全剩余系。

只需证明任意两个模 m 不同余。如果 $r_i+b\equiv r_j+b(\bmod m),1\leqslant r_i,r_j\leqslant m$，那么 $r_i\equiv r_j(\bmod m)$，这与已知 r_i、r_j 是模 m 的不同剩余类的代表相矛盾。

(2)设模 m 的完全剩余系为 $\{r_1,r_2,r_3,\cdots,r_m\},(k,m)=1$，则 $\{kr_1,kr_2,kr_3,\cdots,kr_m\}$ 仍是模 m 的完全剩余系。如果 $kr_i\equiv kr_j(\bmod m),1\leqslant r_i,r_j\leqslant m$，且 $(k,m)=1$，那么 $r_i\equiv r_j(\bmod m)$，这与已知 r_i、r_j 是模 m 的不同剩余类的代表相矛盾。

由此得到模 m 的完全剩余系 $\{r_1,r_2,r_3,\cdots,r_m\}$ 的线性变换 $\{kr_1+b,kr_2+b,kr_3+b,\cdots,kr_m+b\},(k,m)=1$，仍是模 m 的完全剩余系。如 $\{7,8,2,3,4,12,6\}$ 是模 7 的完全剩余系，则每个数扩大 3 倍再减去 2，得到结果

$$\{7\times 3-2,8\times 3-2,2\times 3-2,3\times 3-2,4\times 3-2,12\times 3-2,6\times 3-2\}=\{19,22,4,7,10,34,16\}$$

仍是模 7 的完全剩余系。

利用完全剩余类可以对自然数进行分类。如模 2 可以把自然数分为 $2k$ 型和 $(2k+1)$ 型（k 为整数），也就是偶数与奇数。模 3 可以把自然数分为三类：$3k$、$3k+1$、$3k+2$（k 为整数）。这些完全剩余类在与余数有关的证明中经常用到。

例题精讲

例题 1-1 给出的九个数 5、18、28、80、83、93、184、366、457。它们能否构成模 9 的完全剩余系？请给出理由。

答案：能

【解答】$5\equiv 5(\bmod 9),18\equiv 0(\bmod 9),28\equiv 1(\bmod 9),80\equiv 8(\bmod 9),83\equiv 2(\bmod 9),93\equiv 3(\bmod 9),184\equiv 4(\bmod 9),366\equiv 6(\bmod 9),457\equiv 7(\bmod 9)$。

模 9 的余数 0~8 各出现一次，两两模 9 不同余，所以所给九个数是模 9 的完全剩余类。

例题 1-2 证明：任意给定四个正整数，从中一定能找到两个数，它们的和或差能被 5 整除。

答案：见证明。

【证明】(1)对于给定的四个数 a、b、c、d，若其中存在两个数模 5 同余，设其为 a、b，$5\mid(a-b)$，结论成立。

(2)若四个数 a、b、c、d 模 5 两两不同余，根据模 5 的最小非负完全剩余系 $\{0,1,2,3,4\}$，有一个同余类不存在。

若无剩余类 0,则 1+4=5 或者 2+3=5,结论成立。

若无剩余类 1,则 2+3=5,结论成立。

若无剩余类 2,则 1+4=5,结论成立。

若无剩余类 3,则 1+4=5,结论成立。

若无剩余类 4,则 2+3=5,结论成立。

综上所述,原结论成立。

例题 2-1 对于任意的质数 $p>3$,能整除所有 p^4-1 的正整数最大为_____。

答案:48

【解答】(1)能整除所有的 p^4-1,一定能整除其中的任意两个,且不超过这两个数的最大公约数。验证 $(5^4-1, 7^4-1)=(624, 2400)=48$,那么这个正整数最大不超过 48。

(2)下面按照模 2 和模 3 的剩余类证明这个正整数最大值就是 48。

$$p^4-1=(p^2+1)(p^2-1)=(p^2+1)(p+1)(p-1)$$

因为大于 2 的质数都是奇数,故 $2|(p^2+1)$,且两个连续偶数 $p-1, p+1$,必有一个是 4 的倍数,$8|(p-1)(p+1)$,所以 $16|(p^4-1)$。

当 $p=3k(k$ 为整数$)$时,大于 3 的质数 p 不存在。

当 $p=3k+1(k$ 为整数$)$时,$3|(p-1)$。

当 $p=3k+2(k$ 为整数$)$时,$3|(p+1)$。

得到 $3|(p^4-1)$。

综上所述,$(16,3)|(p^4-1) \Rightarrow 48|(p^4-1)$。

例题 2-2 请用数字 1、3、7、9,构造七个首位数字相同、且每个数字至少出现一次的五位数,它们恰好是模 7 的完全剩余系,那么这七个数之和最小为_____。

答案:83937

【解答】由 1、3、7、9 组成不含重复数字的四位数共有 $A_4^4=24$ 个,分别考察它们各自模 7 的余数。

$1379 \equiv 7931 \equiv 9317 \equiv 0 \pmod 7$

$1793 \equiv 3179 \equiv 9731 \equiv 1 \pmod 7$

$3719 \equiv 3971 \equiv 9137 \equiv 2 \pmod 7$

$1739 \equiv 7913 \equiv 9173 \equiv 3 \pmod 7$

$1397 \equiv 3791 \equiv 3917 \equiv 7193 \equiv 7319 \equiv 9713 \equiv 4 \pmod 7$

$1937 \equiv 3197 \equiv 9371 \equiv 5 \pmod{7}$

$1973 \equiv 7139 \equiv 7391 \equiv 6 \pmod{7}$

在每个模 7 的剩余类中,取出最小的一个作为本剩余类的代表,且在前面加上 1,得到和最小的模 7 完全剩余系。11379＋11793＋13719＋11739＋11397＋11937＋11973＝83937。

针对性练习

练习❶ 判断下面两组数是否是模 8 的完全剩余系。

(1){1,2,3,4,5,6,7}　　(2){11,24,65,815,77,22,162,36}

练习❷ 完全立方数模 8 的完全剩余系共有_____个数组成。

练习❸ 用数字 1、2、3、4 组成的不含重复数字的两位数中,能得到模 6 的完全剩余类共有_____组。(不考虑每组同余类的排列顺序)

练习❹ 证明:任意九个正整数,一定能从中找到八个数 a、b、c、d、e、f、g、h,使得 $(a-b)(c-d)(e-f)(g-h)$ 是 210 的倍数。

练习❺ 对于三个不同的正整数 a、b、c,则 a、b、c、ab、ac、bc、abc 这七个数中必有两个数的差能被 7 整除。

练习参考答案

练习题号	练习1	练习2	练习3	练习4
参考答案	(1)否 (2)是	5	36	略
解答提示	从定义出发进行判断	{0,1,3,5,7}	按剩余类组合完全剩余系	模 7、5、3、2
练习题号	练习5			
参考答案	略			
解答提示	模 7 完全剩余类			

· 258 ·

SL-64　欧拉数

神器内容	欧拉数：小于 n，且与 n 互质的自然数个数，记作 $\varphi(n)$。 若 $n = p_1^{a_1} \times p_2^{a_2} \times \cdots \times p_r^{a_r}$，则 $\varphi(n) = n \times \left(1 - \dfrac{1}{p_1}\right) \times \left(1 - \dfrac{1}{p_2}\right) \times \cdots \times \left(1 - \dfrac{1}{p_r}\right)$。
要点与说明	欧拉数，怎么算？找到质因是关键。 质因倍数都去完，互质个数记心间。 互质个数用欧拉，巨大贡献纪念他。

神器溯源

欧拉数：小于 n，且与 n 互质的自然数个数，记作 $\varphi(n)$。例如，小于 10 且与 10 互质的自然数有 1、3、7、9，共 4 个，所以 $\varphi(10) = 4$。其实，不大于 10 的非零自然数有 1、2、3、4、5、6、7、8、9、10，先排除 2 的倍数 2、4、6、8、10，共 5 个；然后排除 5 的倍数 5、10，共 2 个。再加回 10 的倍数 10，共 1 个。根据容斥原理得到 $\varphi(10) = 10 - 5 - 2 + 1 = 4$。

设 p_1、p_2、p_3、$\cdots$、p_r 为互不相同的质数，

若 $n = p_1$，则 $\varphi(n) = n - 1 = n\left(1 - \dfrac{1}{p_1}\right)$。

若 $n = p_1^{a_1}$，则 $\varphi(n) = n - \dfrac{n}{p_1} = n\left(1 - \dfrac{1}{p_1}\right)$。

若 $n = p_1^{a_1} \times p_2^{a_2}$，则 $\varphi(n) = n - \dfrac{n}{p_1} - \dfrac{n}{p_2} + \dfrac{n}{p_1 p_2} = n\left(1 - \dfrac{1}{p_1}\right)\left(1 - \dfrac{1}{p_2}\right)$。

欧拉（Euler,1707—1783年）
瑞士数学家、自然科学家

证明：假设 $m = p_1^{a_1} \times p_2^{a_2} \times \cdots \times p_{r-1}^{a_{r-1}}$，$\varphi(m) = m\left(1 - \dfrac{1}{p_1}\right)\left(1 - \dfrac{1}{p_2}\right) \cdots \left(1 - \dfrac{1}{p_{r-1}}\right)$ 成立，

那么 $m = p_1^{a_1} \times p_2^{a_2} \times \cdots \times p_r^{a_r}$ 时，

$$\varphi(m) = m\left(1-\frac{1}{p_1}\right)\left(1-\frac{1}{p_2}\right)\cdot\cdots\cdot\left(1-\frac{1}{p_{r-1}}\right) - \frac{m\left(1-\frac{1}{p_1}\right)\left(1-\frac{1}{p_2}\right)\cdot\cdots\cdot\left(1-\frac{1}{p_{r-1}}\right)}{p_r}$$

$$= m\left(1-\frac{1}{p_1}\right)\left(1-\frac{1}{p_2}\right)\cdot\cdots\cdot\left(1-\frac{1}{p_{r-1}}\right)\left(1-\frac{1}{p_r}\right)\text{。}$$

所以 $\varphi(m) = m\left(1-\frac{1}{p_1}\right)\left(1-\frac{1}{p_2}\right)\cdot\cdots\cdot\left(1-\frac{1}{p_r}\right)$ 成立。

欧拉数还满足性质：当 $(a,b)=1$ 时，则 $\varphi(ab)=\varphi(a)\varphi(b)$。

设 $a = p_1^{a_1} \times p_2^{a_2} \times \cdots \times p_t^{a_t}$，$b = p_{t+1}^{a_{t+1}} \times p_{t+2}^{a_{t+2}} \times \cdots \times p_r^{a_r}$，因为 $(a,b)=1$，故质因数 $p_1、p_2、p_3、\cdots、p_r$ 互不相同。

$$\varphi(ab) = ab\left(1-\frac{1}{p_1}\right)\left(1-\frac{1}{p_2}\right)\cdot\cdots\cdot\left(1-\frac{1}{p_r}\right)$$

$$= ab \times \left(1-\frac{1}{p_1}\right)\left(1-\frac{1}{p_2}\right)\cdot\cdots\cdot\left(1-\frac{1}{p_t}\right) \times \left(1-\frac{1}{p_{t+1}}\right)\left(1-\frac{1}{p_{t+2}}\right)\cdot\cdots\cdot\left(1-\frac{1}{p_r}\right)$$

$$= a\left(1-\frac{1}{p_1}\right)\left(1-\frac{1}{p_2}\right)\cdot\cdots\cdot\left(1-\frac{1}{p_t}\right) \times b\left(1-\frac{1}{p_{t+1}}\right)\left(1-\frac{1}{p_{t+2}}\right)\cdot\cdots\cdot\left(1-\frac{1}{p_r}\right)$$

$$= \varphi(a)\varphi(b)\text{。}$$

例题精讲

例题 1-1 计算：(1) $\varphi(19) =$ _____ (2) $\varphi(2016) =$ _____

答案：(1) 18 (2) 576

【解答】(1) $\varphi(19) = 19 \times \left(1-\frac{1}{19}\right) = 18$。

(2) $\varphi(2016) = \varphi(2^5 \times 3^2 \times 7) = 2016 \times \frac{1}{2} \times \frac{2}{3} \times \frac{6}{7} = 576$。

或者 $\varphi(2016) = \varphi(2^5 \times 3^2 \times 7) = \varphi(2^5) \times \varphi(3^2) \times \varphi(7) = (2^5 - 2^4) \times (3^2 - 3^1) \times (7 - 7^0) = 16 \times 6 \times 6 = 576$。

例题 1-2 分母为 360 的最简真分数，共有 _____ 个，这些最简真分数之和为 _____。

答案：96 48

【解答】(1) 因为 $360 = 2^3 \times 3^2 \times 5$，所以分母为 360 的最简真分数共有 $360 \times \left(1-\frac{1}{2}\right)\left(1-\frac{1}{3}\right)\left(1-\frac{1}{5}\right) = 12 \times 2 \times 4 = 96$ 个。

(2) 易知 $(a,b)=1$，则 $(a-b,b)=1$，而 $\frac{b}{a} + \frac{a-b}{a} = 1$。如 $\frac{1}{360} + \frac{359}{360} = \frac{7}{360} +$

$\frac{353}{360} = \frac{11}{360} + \frac{349}{360} = \cdots = 1$。

这 96 个最简真分数之和为 96÷2＝48。

例题 2 将与 105 互质的自然数从小到大排成一排,第 1000 个数是_____。

答案:2186

【解答】因为 $105 \times \frac{2}{3} \times \frac{4}{5} \times \frac{6}{7} = 48$,所以连续 105 个自然数从小到大排列,其中有 48 个与 105 互质。

又因为 1008÷48×105＝2205,从 2205 开始,排除最大的 8 个与 105 互质的数,具体排除 2204、2203、2201、2197、2194、2192、2189、2188,

所以得到第 1000 个数是 2186。

针对性练习

练习❶ 计算:$\varphi(29)=$_____,$\varphi(144)=$_____。

练习❷ 小于 2025,且与 2025 互质的数共有_____个。

练习❸ 分母为 120 的最简真分数共有_____个,这些最简真分数之和为_____。

练习❹ 在 1~500 之中,与 70 互质的自然数共有_____个。

练习❺ 1~500 中,既不是 3 倍数,也不是 4 倍数,但却是 5 倍数,这样的数共有_____个。

练习参考答案

练习题号	练习1	练习2	练习3	练习4	练习5
参考答案	28　48	1080	32　16	171	50
解答提示	基本练习	$\varphi(2025)$	$\varphi(120)$	$\varphi(70)\times 7+3$	$100-96\times\frac{2}{3}\times\frac{3}{4}$,再排除 97 和 98

· 261 ·

SL-65　简化剩余系

神器内容	简化剩余系：从模 m 的完全剩余系中，所有与 m 互质的剩余类各选取一个代表组成的集合，叫作模 m 的简化剩余系。 模 m 最小正简化剩余系为 $\{r_1, r_2, r_3, \cdots, r_{\varphi(m)}\}$，且每个元素不大于 m。
要点与说明	幂之数，来取模，余数规律该咋着？ 尽管计算千万遍，有些余数难出现。 余数要与模互质，否则不懂这常识。 互质剩余成集合，简化剩余就这个。 元素个数咋确定，欧拉之数定义用。

神器溯源

探索 3^n 的个位数的数字规律，也就是看 3^n 被 10 除，所得的余数有哪些。是否能呈现出规律呢？

3^n 的个位数的数字规律：3、9、7、1、3、9、7、1、3、9、7、1、$\cdots$。

显然 $3^n \neq 10k+0、2、4、5、6、8$（k 为整数）。因为当模 10 的余数是 2 的倍数时，这个数一定是 2 的倍数，而 $2 \nmid 3^n$。当模 10 的余数是 5 的倍数时，这个数一定是 5 的倍数，而 $5 \nmid 3^n$。这些模 10 不可能出现的剩余类就可以不考虑了，只需找与 10 互质的剩余类 $\{1,3,7,9\}$。

简化剩余系：从模 m 的完全剩余系中，在所有与 m 互质的剩余类中各选取一个代表组成的集合，叫作模 m 的简化剩余系。由于不大于 m 且与 m 互质的正整数的个数就是欧拉数，故模 m 的简化剩余系中共有 $\varphi(m)$ 个元素。例如，模 12 的最小非负完全剩余系为 $\{0,1,2,3,4,5,6,7,8,9,10,11\}$，其中与 12 互质的数只有 1、5、7、11，所以模 12 的最小非负简化剩余系为 $\{1,5,7,11\}$。

模 m 最小正简化剩余系为 $\{r_1, r_2, r_3, \cdots, r_{\varphi(m)}\}$，且每个元素不大于 m。

设 $\{k_1, k_2, k_3, \cdots, k_{\varphi(m)}\}$ 是模 m 的简化剩余系，那么，

(1) 当 $(a,m)=1$ 时，$\{ak_1, ak_2, ak_3, \cdots, ak_{\varphi(m)}\}$ 也是模 m 的简化剩余系。

(2) $\{k_1+b, k_2+b, k_3+b, \cdots, k_{\varphi(m)}+b\}$ 不一定是模 m 的简化剩余系。

对于结论(1)，我们只需证明 ak_1、ak_2、ak_3、$\cdots$、$ak_{\varphi(m)}$ 都与 m 互质，且两两都与模 m 不同余。

因为 k_1、k_2、k_3、$\cdots$、$k_{\varphi(m)}$ 都与 m 互质(简化剩余系的定义)，$(a,m)=1$，所以 ak_1、ak_2、ak_3、$\cdots$、$ak_{\varphi(m)}$ 都与 m 互质。

假设存在 $1 \leqslant i < j \leqslant \varphi(m)$，使得 $ak_i \equiv ak_j \pmod{m}$，又知 $(a,m)=1$，所以 $k_i \equiv k_j \pmod{m}$，这与 k_i、k_j 是模 m 的不同剩余类相矛盾。故对于任意的 $1 \leqslant i < j \leqslant \varphi(m)$，$ak_i \not\equiv ak_j \pmod{m}$，得到 $\{ak_1, ak_2, ak_3, \cdots, ak_{\varphi(m)}\}$ 是模 m 的简化剩余系。

对于结论(2)，只需举出反例。例如，10 的简化剩余系为 $\{1,3,7,9\}$，每个数都加上 1，则 $\{2,4,8,10\}$ 就不是模 10 的简化剩余系。

例题精讲

例题 1-1 模 15 的最小正简化剩余系为_____。

答案：$\{1,2,4,7,8,11,13,14\}$

【解答】从 1~15 之中，排除 3 和 5 的倍数，剩下的数构成模 15 的最小正简化剩余系 $\{1,2,4,7,8,11,13,14\}$。

例题 1-2 模 60 的最小正简化剩余系共有_____个元素。

答案：16

【解答】$\varphi(60) = 60 \times \dfrac{1}{2} \times \dfrac{2}{3} \times \dfrac{4}{5} = 16$。

例题 2 模 48 的最小正简化剩余系的所有元素之和为_____。

答案：384

【解答】$(1+2+3+\cdots+48) - (2+4+6+\cdots+48) - (3+6+9+\cdots+48) + (6+12+18+\cdots+48)$
$= 24 \times 49 - 24 \times 25 - 8 \times 51 + 8 \times 27$
$= 24 \times (49 - 25 - 17 + 9)$
$= 384$

针对性练习

练习 ❶ 模 21 的最小正简化剩余系为_____。

练习❷ 模 100 的简化剩余系共有_____个元素。

练习❸ 模 100 的最小正简化剩余系的所有元素之和为_____。

练习❹ 88^{123} 被 15 除，所得余数为_____。

练习参考答案

练习题号	练习1	练习2	练习3	练习4
参考答案	{1,2,4,5,8,10,11,13,16,17,19,20}	40	2000	7
解答提示	1~21 中排除 3 和 7 的倍数	$\varphi(100)$	容斥排除	找规律或简化剩余系

264

SL-66　费尔马小定理

神器内容	费尔马小定理:对于质数 p, 当 $p \mid a$ 时,$a^{p-1} \equiv 0 (\bmod p)$。当 $(a,p)=1$ 时,$a^{p-1} \equiv 1(\bmod p)$。
要点与说明	费尔马,小定理,帮你余数找规律。 最长周期是多少? 用模减 1 就知道。 定理找到余数 1,其实到此是周期。 模是质数要知道,底数条件别忘掉。

神器溯源

对于一个底数或指数很大的幂 a^n,如何快速发现其余数呈现的规律与周期长度? 当模为质数 p 时,就是费尔马小定理要解决的问题。

费尔马小定理:对于质数 p,当 $p \mid a$ 时,$a^{p-1} \equiv 0(\bmod p)$。当 $(a,p)=1$ 时,$a^{p-1} \equiv 1(\bmod p)$。

证明:(1)质数 $p \geq 2$,$p-1 \geq 1$,又知 $p \mid a$,则 $p \mid a^{p-1}$,即 $a^{p-1} \equiv 0(\bmod p)$。

(2)质数 p 的正简化剩余系为 $\{1,2,3,\cdots,p-1\}$,当 $(a,p)=1$ 时,则 $\{a,2a,3a,\cdots,(p-1)a\}$ 也是质数 p 的简化剩余系。否则必存在两个数 $1 \leq i < j \leq p-1$,使得 $ia \equiv ja(\bmod p)$,且 $(a,p)=1$,$i \equiv j(\bmod p)$,这与简化剩余系的元素两两与模 p 不同余矛盾。

$a \times 2a \times 3a \times \cdots \times (p-1)a \equiv 1 \times 2 \times 3 \times \cdots \times (p-1)(\bmod p)$

$a^{p-1} \times (p-1)! \equiv (p-1)! \ (\bmod p)$

因为 $1,2,3,\cdots,p-1$ 都与 p 互质,所以 $((p-1)!,p)=1$,$a^{p-1} \equiv 1(\bmod p)$。

注意:费尔马小定理的逆命题不成立。也就是说,当 $a^{p-1} \equiv 1(\bmod p)$,$(a,p)=1$ 时,p 不一定是质数,这样的数 p 叫作伪质数。例如,$a=7$,$p=6$,满足条件,而 $p=6$ 却不是质数。

费尔马小定理可以帮助寻找 a^n 被 p 除,余数呈现规律的最长周期,避免再一一列举归纳周期了。但是,它的使用有局限性,即要求 p 是一个质数。

例题精讲

例题 1-1 2025^{1234} 被 17 除,余数为_____。

答案:4

【解答】根据费尔马小定理,$2^{16} \equiv 1 \pmod{17}$,所以 $2025^{1234} \equiv 2^{1234} \equiv 2^{16 \times 77 + 2} \equiv 2^2 \equiv 4 \pmod{17}$。

例题 1-2 $520^{13^{14}}$ 被 7 除,余数为_____。

答案:2

【解答】根据费尔马小定理,$2^6 \equiv 1 \pmod 7$,同时 $13^{14} \equiv 1^{14} \equiv 1 \pmod 6$。
$520^{13^{14}} \equiv 2^{13^{14}} \equiv 2^1 \equiv 2 \pmod 7$。

例题 2-1 对于自然数 n,3^n 与 n 被 5 除所得余数相同,5^n 与 n 被 3 除所得余数相同,那么 n 的最小值为_____。

答案:16

【解答】(1) $3^n \equiv n \pmod 5$,根据费尔马小定理 $3^4 \equiv 1 \pmod 5$,余数周期长度为 $[4, 5] = 20$。

3^n 被 5 除,余数为:3、4、2、1、3、4、2、1、3、4、2、1、3、4、2、1、3、4、2、1、…
n 被 5 除,余数为:1、2、3、4、0、1、2、3、4、0、1、2、3、4、0、1、2、3、4、0、…
所以 $n \equiv 7$ 或 13 或 14 或 $16 \pmod{20}$。

(2) $5^n \equiv n \pmod 3$,根据费尔马小定理 $5^2 \equiv 1 \pmod 3$,余数周期长度为 $[2, 3] = 6$。

5^n 被 3 除,余数为:2、1、2、1、2、1、…
n 被 3 除,余数为:1、2、0、1、2、0、…
所以 $n \equiv 4$ 或 $5 \pmod 6$。

(3) $\begin{cases} n \equiv 7 \pmod{20} \\ n \equiv 4 \pmod 6 \end{cases}$ 或 $\begin{cases} n \equiv 13 \pmod{20} \\ n \equiv 4 \pmod 6 \end{cases}$ 或 $\begin{cases} n \equiv 14 \pmod{20} \\ n \equiv 4 \pmod 6 \end{cases}$ 或 $\begin{cases} n \equiv 16 \pmod{20} \\ n \equiv 4 \pmod 6 \end{cases}$

或 $\begin{cases} n \equiv 7 \pmod{20} \\ n \equiv 5 \pmod 6 \end{cases}$ 或 $\begin{cases} n \equiv 13 \pmod{20} \\ n \equiv 5 \pmod 6 \end{cases}$ 或 $\begin{cases} n \equiv 14 \pmod{20} \\ n \equiv 5 \pmod 6 \end{cases}$ 或 $\begin{cases} n \equiv 16 \pmod{20} \\ n \equiv 5 \pmod 6 \end{cases}$

八个同余方程组分别是无解、无解、$n \equiv 60k + 34$、$n \equiv 60k + 16$、$n \equiv 60k + 47$、$n \equiv 60k + 53$、无解、无解。

综上所述,自然数 n 的最小值为 16。

例题 2-2 如果 $\dfrac{2^{p-1}-1}{p}$ 是一个完全平方数,那么满足条件的所有质数 p 的总和为 _____。

答案:10

【解答】 根据费尔马小定理,p 为质数时,$2^{p-1} \equiv 1 \pmod{p}$,所以 $p \mid (2^{p-1}-1) \Rightarrow p \mid (2^{\frac{p-1}{2}}+1)(2^{\frac{p-1}{2}}-1)$。

又因为两个连续的奇数互质,得到 $p \mid (2^{\frac{p-1}{2}}+1)$ 或 $p \mid (2^{\frac{p-1}{2}}-1)$。

(1) 若 $p \mid (2^{\frac{p-1}{2}}+1)$,设 $2^{\frac{p-1}{2}}+1=pa^2$,$2^{\frac{p-1}{2}}-1=b^2$。当 $p \geqslant 5$ 则有 $b^2 = 2^{\frac{p-1}{2}}-1 \equiv 3$ 或 $7 \pmod{8}$,这与奇平方数被 8 除余 1 矛盾。显然 $p=2$ 不成立,验证 $p=3$ 成立。

(2) 若 $p \mid (2^{\frac{p-1}{2}}-1)$,设 $2^{\frac{p-1}{2}}+1=a^2$,$2^{\frac{p-1}{2}}-1=pb^2$。则有 $a^2-1=2^{\frac{p-1}{2}}$,$(a+1)(a-1)=2^{\frac{p-1}{2}}$,这是两个连续偶数乘积,且乘积只有质因数 2,只能是 2×4,所以 $a=3$,$\dfrac{p-1}{2}=3$,$p=7$。

综上所述,$3+7=10$。

针对性练习

练习 ❶ 6^{100} 被 9 除,余数为 _____,6^{100} 被 13 除,余数为 _____。

练习 ❷ 4321^{1000} 被 7 除,余数为 _____。

练习 ❸ 已知 $a = 100^{101} + 102^{102} + 104^{103} + 106^{104}$,那么 a 被 11 除,所得余数为 _____。

练习 ❹ 2^n 与 n^2 被 5 除,所得的余数相同,那么当 n 不大于 2026 时,共有 _____ 个不同取值。

练习 ❺ 今天是星期三,那么再过 $10^{10^{10}}$ 天,是星期 _____。

练习 ❻ 在数列 1、3、9、27、81、…,数列 1、3、6、10、15、… 中。如果有一个自然数 n,使得两个数列的前 n 项和除以 7 的余数相同,那么就称 n 为"好数"。在不大于 1000 的自然数中,有 _____ 个"好数"。

练习参考答案

练习题号	练习1	练习2	练习3	练习4
参考答案	0 9	2	6	406
解答提示	基本练习	$2^6 \equiv 1 \pmod 7$	分开使用费尔马小定理	连续20个自然中有4个
练习题号	练习5	练习6		
参考答案	日	142		
解答提示	先求 10^{10} 被 6 除的余数	42个自然数中有6个好数		

SL-67 欧拉定理

神器内容	欧拉定理：若 $(m,a)=1$，则 $a^{\varphi(m)}\equiv 1(\bmod\ m)$。
要点与说明	高次剩余模合数，欧拉定理都能做。 余数出现周期长，欧拉之数能帮忙。 费尔马，小定理，特殊情况就是你。 注：当 m 为质数时，就是费尔马小定理。

神器溯源

a^m 被质数除，余数呈现的周期长已经由费尔马小定理解决了。如果 a^m 不是被质数除，而是被合数除，那么余数周期的长度如何求呢？也就是如何把费尔马小定理的模是质数的条件扩充到整个正整数呢？这就是欧拉定理解决的问题。

欧拉定理：若 $(m,a)=1$，则 $a^{\varphi(m)}\equiv 1(\bmod\ m)$。

证明：设 $\{r_1,r_2,r_3,\cdots,r_{\varphi(m)}\}$ 是模 m 的最小正简化剩余系，当 $(m,a)=1$ 时，则 $\{ar_1,ar_2,ar_3,\cdots,ar_{\varphi(m)}\}$ 也是模 m 的简化剩余系。再设 $ar_1\equiv s_1(\bmod\ m)$，$ar_2\equiv s_2(\bmod\ m)$，$\cdots$，$ar_{\varphi(m)}\equiv s_{\varphi(m)}(\bmod\ m)$，$1\leqslant s_1、s_2、s_3、\cdots、s_{\varphi(m)}<m$，那么 $s_1、s_2、s_3、\cdots、s_{\varphi(m)}$ 就是 $r_1、r_2、r_3、\cdots、r_{\varphi(m)}$ 的一个排列，排列的顺序有可能不同。

$ar_1\times ar_2\times ar_3\times\cdots\times ar_{\varphi(m)}\equiv s_1\times s_2\times s_3\times\cdots\times s_{\varphi(m)}\equiv r_1\times r_2\times r_3\times\cdots\times r_{\varphi(m)}(\bmod\ m)$

$a^{\varphi(m)}r_1\times r_2\times r_3\times\cdots\times r_{\varphi(m)}\equiv r_1\times r_2\times r_3\times\cdots\times r_{\varphi(m)}(\bmod\ m)$

$a^{\varphi(m)}\equiv 1(\bmod\ m)$

注意：欧拉定理得到的是 a^m 模 m 的余数的最长周期长度，对于具体的 a，周期长度可能缩短。

例题精讲

例题1-1 520^{1314} 被 33 除，所得的余数为_____。

答案：4

【解答】因为 $\varphi(33)=33\times\left(1-\dfrac{1}{3}\right)\left(1-\dfrac{1}{11}\right)=20$，

所以 $520^{1234}\equiv 25^{1314}\equiv 25^{20\times 65+14}\equiv 25^{14}\equiv 5^{8}\equiv 4(\bmod\ 33)$。

例题 1-2 4321^{1234} 的末两位数为_____。

答案：81

【解答】因为 $\varphi(100)=100\times\left(1-\dfrac{1}{2}\right)\left(1-\dfrac{1}{5}\right)=40$，

所以 $4321^{1234}\equiv 21^{1234}\equiv 21^{40\times 30+34}\equiv 21^{34}\equiv 21^{5\times 6+4}\equiv 21^{4}\equiv 81(\bmod\ 100)$。

例题 2 设 A 是一个循环节长为 35 的循环小数，即 $A=0.\overline{a_1 a_2 a_3 \cdots a_{35}}$。把 A 小数点后的所有奇数位上数字画去，得到一个新的无限小数 $A_1=0.\overline{a_2 a_4 a_6 a_8}\cdots$，称作操作 1 次；再把 A_1 小数点后的所有奇数位上数字画去，得到无限小数 $A_2=0.\overline{a_4 a_8 a_{12} a_{16}}\cdots$，称作操作 2 次……如此按规律画去，至少操作_____次，就能变为原数 A。

答案：12

【解答】设最少操作 x 次，则 $a_1\times 2^x\equiv a_1(\bmod\ 35)$，$a_2\times 2^x\equiv a_2(\bmod\ 35)$，…，$a_{35}\times 2^x\equiv a_{35}(\bmod\ 35)$。所以 $2^x\equiv 1(\bmod\ 35)$，根据欧拉定理得到 $2^{\varphi(35)}\equiv 2^{24}\equiv 1(\bmod\ 35)$。可是，24 并不能保证最小操作 24 次。可以转化为同余方程组 $\begin{cases}2^x\equiv 1(\bmod\ 5)\\ 2^x\equiv 1(\bmod\ 7)\end{cases}$，$x=[\varphi(5),\varphi(7)]=[4,6]=12$，所以，最少操作 12 次就能变回到原来的 A。

针对性练习

练习 ❶ 7^{100} 被 24 除，所得余数为_____。

练习 ❷ 1000^{169} 被 21 除，所得余数为_____。

练习 ❸ 289^{2022} 的计算结果的末两位数为_____。

练习❹ 已知 a 为正整数,证明:$24|(a^{2025}-a^{881})$。

练习❺ 2023^{2000} 的各位数字之和为 A,A 的各位数字之和为 B,B 的各位数字之和为 C,C 的各位数字之和为 D,那么 $D=$_____。

练习❻ 54 张扑克牌摞在一起,从上到下按从小到大的顺序编号:最上面一张标 1,接下来一张标 2……直到最后一张扑克牌标 54。再按照如下规则洗牌:把上面 27 张牌整体取出来,然后把下面 27 张牌按顺序一一插到上面 27 张牌的上面。例如,第一次洗牌后,这些牌就由 1、2、3、…、54 变为 28、1、29、2、30、3、…、54、27,那么最少经过_____洗牌之后,这 54 张扑克牌恢复了原来的顺序。

练习参考答案

练习题号	练习1	练习2	练习3	练习4
参考答案	1	13	89	略
解答提示	找规律或欧拉定理	欧拉定理	40 个数为一周期	使用欧拉定理找周期
练习题号	练习5	练习6		
参考答案	4	20		
解答提示	先判断 D 为一个数字,弃九法	$2^n \equiv 1 \pmod{55}$ 周期长不大于 40		

· 271 ·

SL-68　阶与原根 ★

神器内容	(1)阶：当 $m>1,(a,m)=1$ 时，使得 $a^r\equiv 1(\bmod m)$ 成立的最小值 r，叫作 a 模 m 的阶。 (2)原根：当阶 $r=\varphi(m)$ 时，那么 a 叫作模 m 的原根。
要点与说明	欧拉定理也头疼，最小周期它不灵。 周期必是它约数，这个欧拉能做到。 最小周期次是阶，原根不是都存在。 质数是奇你放心，一定找到它原根。

神器溯源

因为 $\varphi(10)=10\times\dfrac{1}{2}\times\dfrac{4}{5}=4$，当 $(a,10)=1$，得到 $a^{\varphi(m)}\equiv a^4\equiv 1(\bmod 10)$。这说明 3^n、7^n、9^n 的个位数字呈现的周期长度不大于 4。而事实上，

3^n 的个位周期长度是 4，循环节为 3、9、7、1。

7^n 的个位周期长度是 4，循环节为 7、9、3、1。

9^n 的个位周期长度是 2，循环节为 9、1。

可见，有些 a 模 10 的个位周期长度"缩短"了。什么时候周期长度才会缩短呢？最短的周期长度是多少？且看阶与原根的概念。

(1)阶：当 $m>1,(a,m)=1$ 时，使得 $a^r\equiv 1(\bmod m)$ 成立的最小值 r，叫作 a 模 m 的阶。

(2)原根：当阶 $r=\varphi(m)$ 时，那么 a 叫作模 m 的原根。

例如，$2^1\equiv 2(\bmod 7),2^2\equiv 4(\bmod 7),2^3\equiv 1(\bmod 7)$，所以 2 模 7 的阶为 3，而 $\varphi(7)=6$，故 2 不是模 7 的原根。

$3^1\equiv 3(\bmod 7),3^2\equiv 2(\bmod 7),3^3\equiv 6(\bmod 7),3^4\equiv 4(\bmod 7),3^5\equiv 5(\bmod 7)$，$3^6\equiv 1(\bmod 7)$，所以 3 模 7 的阶为 6，而 $\varphi(7)=6$，故 3 是模 7 的原根。

由此可以看出，找 a 模 m 的最小周期长度（阶），可以锁定在 $\varphi(m)$ 的约数范围内，逐个验证即可。当 a 是模 m 的原根时，得到的余数取遍模 m 的最小正简化剩余系。

并不是任何正整数作为模都有原根，数论中已经证明，当 p 为奇质数，$t\geqslant 1$ 时，

模为 2、4、p^t、$2p^t$ 才会有原根。

例题精讲

例题 1-1 7^x 被 9 除,所得的余数列周期长度最小为_____。

答案:3

【解答】$7^1 \equiv 7 \pmod 9$,$7^2 \equiv 4 \pmod 9$,$7^3 \equiv 1 \pmod 9$,所以 7^x 被 9 除,余数列周期长度最小为 3。

例题 1-2 一个正整数的 n 次方被 26 除,余数只可能是 1、3、5、7、9、11、15、17、19、21、23、25 这 12 个数,那么这个正整数的最小值为_____。

答案:7

【解答】(1)因为 $\varphi(26)=26 \times \frac{1}{2} \times \frac{12}{13}=12$,所给余数就是模 26 的最小正简化剩余系,这个正整数就是 26 的原根,从余数 3 开始验证它们的 6、4、3、2 次方模 26 是否同余 1 即可。

(2)$3^3=27 \equiv 1 \pmod{26}$,所以 3 不是模 26 的原根。

$5^4=25^2 \equiv (-1)^2 \equiv 1 \pmod{26}$,所以 5 不是模 26 的原根。

$7^2 \equiv 23 \pmod{26}$,$7^3 \equiv 5 \pmod{26}$,$7^4 \equiv 9 \pmod{26}$,$7^6 \equiv 25 \pmod{26}$,$7^{12} \equiv 1 \pmod{26}$,所以,这个正整数最小为 7。

例题 2 是否存在这样的正整数 a,使得 a^2、a^3、a^4、a^6 被 28 除,余数不是 1,而 a^{12} 被 28 除余 1。如果存在,请找出来一个。如果不存在,请给出理由。

答案:不存在。理由见解答。

【解答】(1)因为 $\varphi(28)=28 \times \frac{1}{2} \times \frac{6}{7}=12$,$a$ 模 28 的余数列周期长度只能是 12 的约数。小于 28 且与 28 互质的数 $a=1$、3、5、9、11、13、15、17、19、23、25、27,分别验证它们 a^2、a^3、a^4、a^6 模 28 的余数。

验证得到 $1^2 \equiv 1 \pmod{28}$,$3^6 \equiv 1 \pmod{28}$,$5^6 \equiv 1 \pmod{28}$,$9^3 \equiv 1 \pmod{28}$,$11^6 \equiv 1 \pmod{28}$,$13^2 \equiv 1 \pmod{28}$,$15^2 \equiv (-13)^2 \equiv 1 \pmod{28}$,$17^6 \equiv (-11)^6 \equiv 1 \pmod{28}$,$19^6 \equiv (-9)^6 \equiv 1 \pmod{28}$,$23^6 \equiv (-5)^6 \equiv 1 \pmod{28}$,$25^6 \equiv (-3)^6 \equiv 1 \pmod{28}$,$27^2 \equiv (-1)^1 \equiv 1 \pmod{28}$。

在小于 28 且与 28 互质的正整数中,它们的阶都不是 $\varphi(28)$,所以不存在符合题目要求的正整数 a。

针对性练习

练习❶ 5^x 被 14 除,所得的余数列周期长度最小为_____。

练习❷ 一个正整数的 n 次方被 18 除,余数只可能是 1、5、7、11、13、17 这 6 个数,那么这个正整数的最小值为_____。

练习❸ 是否存在这样的正整数 a,使得 a^2 被 12 除,余数不是 1,而 a^4 被 12 除余 1。如果存在,请找出来一个。如果不存在,请给出理由。

练习参考答案

练习题号	练习1	练习2	练习3
参考答案	6	5	不存在
解答提示	余数列:5、11、13、9、3、1	从与18互质的数中寻找	对小于 12 且与 12 互质的数逐个验证

SL-69　威尔逊定理★

神器内容	威尔逊定理：当 p 为质数时，$(p-1)!+1\equiv 0\pmod{p}$。
要点与说明	阶乘数，加上1，质数整除是必须。 英国威尔逊定理，四大定理它占一。 其实其逆也成立，具体内容看分析。

神器溯源

$(2-1)!+1\equiv 0\pmod{2}$

$(3-1)!+1\equiv 0\pmod{3}$

$(5-1)!+1\equiv 0\pmod{5}$

$(7-1)!+1\equiv 0\pmod{7}$

……

约翰·威尔逊在研究质数问题时，发现了上面的质数规律，通过大量的质数试验，向其老师爱德华·华林提出了威尔逊猜想。但是师生都没有给出合理的证明，这个问题最终被数学家拉格朗日完美解决。

威尔逊定理：当 p 为质数时，$(p-1)!+1\equiv 0\pmod{p}$。

在证明威尔逊定理之前，我们举一个特例：$(7-1)!+1\equiv 0\pmod{7}$。

因为 $(7-1)!=1\times 2\times 3\times 4\times 5\times 6=1\times(2\times 4)\times(3\times 5)\times 6$，$2\times 4\equiv 1\pmod{7}$，$3\times 5\equiv 1\pmod{7}$，所以 $(7-1)!+1\equiv 1\times 6+1\equiv 0\pmod{7}$。

证明：(1) 当 $p=2$ 时，$(2-1)!+1\equiv 0\pmod{2}$，结论成立。

(2) 当 p 为大于2的质数时，对于每个 $1<a<p-1$ 的正整数 a，存在一个 a 的数论倒数 b，$1<b<p-1$，使得 $ab\equiv 1\pmod{p}$，从而 $2\times 3\times 4\times 5\times\cdots\times(p-2)\equiv 1\pmod{p}$。

又知 $p-1\equiv -1\pmod{p}$，$1\times 2\times 3\times 4\times 5\times\cdots\times(p-2)(p-1)\equiv -1\pmod{p}$，所以 $(p-1)!+1\equiv 0\pmod{p}$。

威尔逊定理的逆命题也成立，即当正整数 p 满足条件 $(p-1)!+1\equiv 0\pmod{p}$ 时，p 是质数。此逆定理提供了证明一个正整数是质数的方法，但是由于计算量太大，实际的使用价值较小。

例题精讲

例题 1-1 10! 被 11 去除,所得的余数为_____。

答案:10

【解答】根据威尔逊定理,10! ≡ -1+11 ≡ 10(mod 11)。

例题 1-2 已知 $a=7×8×9×15×16×17×23×24×25$,那么 a 被 11 除,所得的余数为_____。

答案:1

【解答】$a ≡ 7×8×9×4×5×6×1×2×3 = 1×(7×8)×(9×5)×(4×3)×(6×2) ≡ 1 \pmod{11}$。

例题 2-1 设 $a=1×1!+2×2!+3×3!+\cdots+11×11!$,那么 a 被 13 除,所得的余数为_____。

答案:11

【解答】$a=(2-1)×1!+(3-1)×2!+(4-1)×3!+\cdots+(12-1)×11!$
$=2!-1!+3!-2!+4!-3!+\cdots+12!-11!$
$=12!-1$

根据威尔逊定理,$12!+1 ≡ 0 \pmod{13}$,所以 $12!-1 =(12!+1)-2 ≡ -2 ≡ 13-2 ≡ 11 \pmod{13}$。

例题 2-2 $\dfrac{100!}{5^{24}}$ 被 5 除,所得的余数为_____。

答案:4

【解答】$\dfrac{100!}{5^{24}} ≡ \dfrac{(1×2×3×4)^{20}×20!}{5^4} ≡ \dfrac{(-1)^{20}×20!}{5^4} ≡ \dfrac{20!}{5^4} ≡ (1×2×3×4)^4 × 4! ≡ 4 \pmod{5}$。

针对性练习

练习 ❶ 16! 被 17 除,所得的余数为_____。

练习 ❷ 17!+17 被 19 除,所得的余数为_____。

练习❸ 已知 $a = 2 \times 4 \times 6 \times 8 \times \cdots \times 18$,那么 a 被 11 除,所得的余数为 _____。

练习❹ $\dfrac{100!}{7^{16}}$ 被 7 除,所得的余数为 _____。

练习❺ 把 100! 转化为多位数,最右边不是"0"的两位数是 _____。

练习❻ 若 p 为质数,$12x \equiv 1 \pmod{p}$,证明:一定存在 x_0,使得 $1 \leqslant x_0 \leqslant p-1$,$12x_0 \equiv 1 \pmod{p}$ 成立。

练习参考答案

练习题号	练习1	练习2	练习3	练习4
参考答案	16	18	6	4
解答提示	基本练习	基本练习	转化为 $2^9 \times 9!$	分离质因数7,使用威尔逊定理
练习题号	练习5	练习6		
参考答案	64	略		
解答提示	$\begin{cases} x \equiv 0 \pmod{4} \\ x \equiv 14 \pmod{25} \end{cases}$	构造模 p 的正完全剩余类		

SL-70　明码与密码

神器内容	根据条件进行加密与解密，理解加密密钥与解密密钥。
要点与说明	信息传递真重要，不想人人都知道。 都要加密来传送，翻译信息密钥用。 加密解密恰相反，数论知识在其间。 信息怎么保安全？密码设置本领显。

神器溯源

谋成于密而败于泄，三军之事莫重于密。

这是明末清初揭暄的《兵经百言》中的一句名言，意思是：做事的计划要秘密，才能成功。失败都是因为计划被泄露。军事活动中保密工作最重要。

信息传递的历史源远流长，特别是加密传送，是重要信息不被泄露的主要方法。加密方法一般是传递信息的双方事先约定好的，北宋的《武经总要》就利用阴符（纸张或特殊的其他物品）的长短，来表示前方的军情，克敌制胜。打了胜仗，就做成一尺的阴符。攻破敌防，斩杀敌军将领，就做成九寸的阴符。军队溃败，将士阵亡，就做成四寸阴符等。

对于一个信息的加密与解密，其一般过程如下所示：

对于一个字母或字符，通过一定方法转化为一个数 x，通过对 x 进行运算 f，得到一个数 $y=f(x)$，然后把这个数转换为字母或字符，这个过程称作加密。

把各种途径得到的密码和密钥，或者通过破译得到的解密密钥，解密密钥把加密过程反过来，关键找到加密过程函数的逆运算 $y=f^{-1}(x)$，然后对密码施加运算，得到明码，这个过程叫作解密。

对于加密的方法，一般进行位移变换、放射变换和指数变换等。

例题精讲

例题 1-1 在密码学中，直接可以看到的信息称为明码，加密后的信息称为密码。任何密码只要找到了明码和密码的对应关系，就可以被破译。小明根据下面字母与数的对应表,按照一定的对应关系设计字母密码。

字母	A	B	C	D	E	F	G	H	I	J	K	L	M
对应数	0	1	2	3	4	5	6	7	8	9	10	11	12
字母	N	O	P	Q	R	S	T	U	V	W	X	Y	Z
对应数	13	14	15	16	17	18	19	20	21	22	23	24	25

密码设计规则如下:

①将明码中的字母,按照字母与对应的数表将字母转换成数。

②分别把每个字母所对应的数加上 12,再除以 26 后,所得的余数转换为对应的字母,形成密码。

③所得的字母密码连续记录下来,不需要空格。

根据上面的规则,那么明码"PANTULISI"经过加密得到的密码是_____。密码"IAMUZU"经过解密得到的明码是_____。

答案: BMZFGXUEU WOAINI

【解答】根据题意,加密函数为 $y \equiv x+12 \pmod{26}$,则解密函数为 $y \equiv x-12+26 \equiv x+14 \pmod{26}$。

(1)明码"PANTULISI"可以理解传递的信息为"叛徒李四"。

通过查对应表,对应的数串为:15 0 13 19 20 11 8 18 8。

施加加密运算后,对应的数串变为:1 12 25 5 6 23 20 4 20。

查字母与数的对应表,得到密码为:BMZFGXUEU。

(2)密码"IAMUZU"通过查对应表,对应的数串为:8 0 12 20 25 20。

施加解密运算后,对应的数串变为:22 14 0 8 13 8。

查字母与数的对应表,得到密码为:WOAINI。

例题 1-2 下面是字母与数的对应表,小明把要传递的信息的每个字母对应的数,扩大 7 倍后再加上 5,得到的结果除以 26,所得到的余数就是明文字母对应数。

字母	A	B	C	D	E	F	G	H	I	J	K	L	M
对应数	0	1	2	3	4	5	6	7	8	9	10	11	12
字母	N	O	P	Q	R	S	T	U	V	W	X	Y	Z
对应数	13	14	15	16	17	18	19	20	21	22	23	24	25

如果明文对应数为 x,则加密算式为_____,解密算式为_____。

把密码"DFIHU"进行解密,得到的明文为_____。

答案：$y \equiv 7x+5 \pmod{26}$ $y \equiv 15x+3 \pmod{26}$ WATER

【解答】加密函数为 $y \equiv 7x+5 \pmod{26}$，解密函数为 $y \equiv 15x+3 \pmod{26}$。

密码"DFIHU"对应数串为"3 5 8 7 20"，施加解密运算 $y \equiv 15x+3 \pmod{26}$，得到数串"22 0 19 4 17"，对应的明码为：WATER。

例题 2 一封重要文件用 29 个不同的汉字写成，现在需要加密再传送。首先把每个汉字用 00～28 之间的两位数码表示，然后对这组数码进行如下加密：每个两位数码都 25 次方，然后被 29 除，所得余数作为密码（若余数为一个数字，则需要在前面补 0 变成两位数码）。如果其中两个汉字加密后为"20""25"，那么这两个汉字对应的数字明码组成的四位数为 _____。

答案：2316

【解答】(1) 已知加密算法为 $y \equiv x^{25} \pmod{29}$，下面先求解密算法，$y^k \equiv x^{25k} \pmod{29}$，根据费尔马小定理，$25k \equiv 1 \pmod{\varphi(29)}$，$25k \equiv 1 \pmod{28}$，$k \equiv 9 \pmod{28}$，得到解密算法为 $y \equiv x^9 \pmod{29}$。

(2) 下面对 20 和 25 进行解密：

$20^9 \equiv 2^{18} \times 5^9 \equiv 2^{18} \times 25^4 \times 5 \equiv 2^{18} \times 4^4 \times 5 \equiv 2^{26} \times 5 \equiv 2^{26} \times (5+3 \times 29) \equiv 2^{28} \times 23 \equiv 23 \pmod{29}$

$25^9 \equiv 5^{18} \equiv 24^{18} \equiv 2^{54} \times 3^{18} \equiv 2^{54} \times (3+29) \times 3^{17} \equiv 2^3 \times 27^5 \times 9 \equiv 2^8 \times 20 \equiv 16 \pmod{29}$

所以，这两个汉字对应的数字明码组成的四位数为 2316。

针对性练习

练习 ❶ 下面是字母与数的对应表，加密算法是把明码对应的数扩大 3 倍后再加上 11，得到的结果除以 26，所得到的余数就是明文字母对应数。

字母	A	B	C	D	E	F	G	H	I	J	K	L	M
对应数	0	1	2	3	4	5	6	7	8	9	10	11	12
字母	N	O	P	Q	R	S	T	U	V	W	X	Y	Z
对应数	13	14	15	16	17	18	19	20	21	22	23	24	25

把明文"THANKYOU"加密，得到的密码为 _____。把密码"RGXYQTB"进行解密，得到的明文为 _____。

280

练习❷ 已知加密的算法：$y \equiv ax+b \pmod{11}$，明码 0～10 与密码的对应规律如下残表。

明文	0	1	2	3	4	5	6	7	8	9	10
密码		0			2	10					6

那么密码"389432"的明文是_____．

练习❸ 一封重要文件用 25 个不同的汉字写成，现在需要加密再传送。首先把每个汉字用 00～24 之间的两位数码表示，然后对这组数码进行如下加密：每个两位数码都 19 次方，然后用 25 除，所得余数作为密码（若余数为一个数字，则需要在前面补 0 变成两位数码）。现在把其中两个汉字对应的明码"1221"进行加密，那么得到的密码为_____。

练习❹ 一封重要文件用 25 个不同的汉字写成，现在需要加密再传送。首先把每个汉字用 00～24 之间的两位数码表示，然后对这组数码进行如下加密：每个两位数码都 19 次方，然后用 25 除，所得余数作为密码（若余数为一个数字，则需要在前面补 0 变成两位数码）。如果其中两个汉字加密后为"1221"，那么这两个汉字对应的数字明码组成的四位数为_____。

练习❺ 一封重要文件用 11 个不同的汉字写成，现在需要加密再传送。首先把每个汉字用 00～10 之间的两位数码表示，然后对这组数码进行如下加密：每个两位数码都 7 次方，然后用 11 除，所得余数作为密码（若余数为一个数字，则需要在前面补 0 变成两位数码）。现在把其中三个汉字对应的密码 100108 进行解密，那么得到的明码为_____。

练习❻ 下面的算式都是加密的十进制四则算式。每个数字都对应着 0～9 中的一个数字，相同的数字代表相同的数字，不同的数字代表不同数字。

①$9+8=73$；②$6+4=6$；③$23+9=34$；④$61+0=65$；⑤$1-0=2$；⑥$22\times 2=66$。

根据以上对应规律，算式 $43\div 5+18=$_____。

练习参考答案

练习题号	练习1	练习2	练习3	练习4
参考答案	QGLYPFBT CHENTUO	029704	2306	2306
解答提示	根据条件取余数	从中找到数组，求出 a、b	使用欧拉定理	解密与加密算法巧合相同
练习题号	练习5	练习6		
参考答案	100106	02		
解答提示	解密算式 $y\equiv x^3 \pmod{11}$	0~9 依次对应 4、7、0、2、3、1、9、5、8、6		

SL-71　校验码

神器内容	为了检验出数串在传送过程中可能出现错误,在数串后面增加一个与每个数字都相关的数字,一旦出现传送错误能立即被发现,这个添加的数字叫作校验码。
要点与说明	校验码,真有效,传输错误能找到。 根据规则去校验,取余之前仔细算。 校验方法常用到,身份证上你瞧瞧。

神器溯源

为了检验出数串在传送过程中可能出现错误,在数串后面增加一个与每个数字都相关的数字,一旦出现传送错误能立即被发现,这个添加的数字叫作校验码。例如,中国的居民身份证最后一位,ISBN 书号的最后一位,都是校验码。

常见的校验码添加的方法有三种:第一种是数字的奇偶验证;第二种是循环取余验证;第三种是分组奇偶验证。

例题精讲

例题 1-1 对下面数串进行奇偶校验,校验规则是:每个数字模 2 所得的余数求和,若和为奇数,在末尾添加校验码"1";若和为偶数,在末尾添加校验码"0"。那么对数串"1689563"校验后得到的数串为_____。

答案:16895630

【解答】"1689563"模 2 后的数串为"1001101",其数字和为偶数,在原数串后面添加"0",校验后得到的数串为 16895630。

例题 1-2 某次考试准考证号编码规则为:第 1、2 位代表区县,第 3、4 位代表学校,第 5、6 位代表考场,第 7、8 位代表座位;第 9 位为验证码,验证方法是前八位数字之和被 9 除所得余数。如果一位考生的准考证前八位为"12603016",那么这个准考证号的验证码为_____。

答案:1

【解答】12603016≡1+2+6+0+3+0+1+6≡1(mod 9)。

例题 2 中国居民身份证共 18 位,其中最后一位是为了检验前面数字是否有误的验证码。校验方法是前 17 位数字依次乘 4、2、1、6、3、-4、-2、-1、5、-3、4、2、1、6、3、-4、-2,得到 17 个乘积再相加得到一个和,这个和除以 11 得到的余数即为校验码,余数为 10 时用"X"表示。身份证号:110116202004100218 前 17 位完全正确,仅是校验码错了,那么正确的校验码是_____。

答案:7

【解答】根据验证码计算方法,得到

1×4+1×2+0×1+1×6+1×3+6×(-4)+2×(-2)+0×(-1)+2×5+0×(-3)+0×4+4×2+1×1+0×6+0×3+2×(-4)+1×(-2)=-4≡7(mod 11)。

所以,正确的验证码为 7。

针对性练习

练习❶ 小明爸爸的身份证号码为 10111219861026105□,其中从左至右依次是省号两位,市号两位,区号两位,出生年四位,出生月两位,出生日两位,顺序码三位,校验码一位,那么小明爸爸的出生日期是_____年_____月_____日,校验码为_____。

练习❷ 一张银行卡号为 60202052013140□,其中最后一位是校验码。校验码计算规则是银行卡号前 14 位与 12345678912345 的对应数位上的数字相乘,得到的乘积再相加得到一个和,这个和除以 10 得到的余数就是校验码,那么这张银行卡号的校验码是_____。

练习❸ 中国居民身份证共 18 位,其中最后一位是为了检验前面数字是否有误的验证码。校验方法是前 17 位数字依次乘 4、2、1、6、3、-4、-2、-1、5、-3、4、2、1、6、3、-4、-2,得到 17 个乘积再相加得到一个和,这个和除以 11 得到的余数即为校验码,余数为 10 则用"X"表示。如果某居民身份证前 17 位为 11010120200229021,那么此身份证号码的最后一位数字为_____。

练习❹ 对于一串数码 $a_1a_2a_3\cdots a_8$,为了能发现在传送过程中出现的错误,对

284

其进行校验。校验码为 a，满足条件 $a_1+3a_2+5a_3+7a_4+2a_5+4a_6+6a_7+8a_8 \equiv a \pmod{8}$。如果数串校验后为 103256753，检查后发现是其中一处相乘错算成相加，那么算错的数字处在数串的第_____位。

练习参考答案

练习题号	练习1	练习2	练习3	练习4
参考答案	1986　10　26　8	9	9	1
解答提示	基本练习	基本练习	按照取余规则计算	正确的校验码为2。和比积大1

SL-72　二次同余方程★

神器内容	形如 $ax^2+bx+c\equiv 0(\bmod\ p)$（$a$、$b$、$c$ 为整数，且 $a\neq 0$，x 为未知数）的同余方程，叫作二次同余方程。
要点与说明	二次同余方程，配方解法常用。 数论倒数驰骋，系数为 1 非 0。 掌握基本类型，佩服你最聪明。

神器溯源

形如 $ax^2+bx+c\equiv 0(\bmod\ p)$（$a$、$b$、$c$ 为整数，且 $a\neq 0$，x 为未知数）的同余方程，叫作二次同余方程。二次同余方程可能有无数解，也可能没有正整数解。求解方法一般使用完全平方公式 $a^2\pm 2ab+b^2=(a\pm b)^2$ 进行配方，转化为 $x^2\equiv a(\bmod\ p)$，再求解。

根据同余的性质，可以得到下面两个常用性质：

(1) $(km+b)^2\equiv b^2(\bmod\ m)$。

(2) $(m-b)^2\equiv b^2(\bmod\ m)$。

例题精讲

例题 1-1 解二次同余方程：$x^2\equiv 5(\bmod\ 11)$。

答案：$x\equiv 4$ 或 $7(\bmod\ 11)$

【解答】(1) 当 $x=11k+b$（k、b 均为整数）时，$(11k+b)^2\equiv b^2(\bmod\ 11)$，又知 $(11-b)^2\equiv b^2(\bmod\ 11)$。只需验证 x 在 1~5 之间的取值。

(2) 验证得到 $2^2\equiv 4(\bmod\ 11)$，$3^2\equiv 9(\bmod\ 11)$，$4^2\equiv 5(\bmod\ 11)$，$5^2\equiv 3(\bmod\ 11)$。从而原同余方程的解为 $x\equiv 4$ 或 $7(\bmod\ 11)$。

例题 1-2 解二次同余方程：$x^2\equiv 1(\bmod\ 28)$。

答案：$x\equiv 1,13,15$ 或 $27(\bmod\ 28)$

【解答】因为 $28=4\times 7$，原二次同余方程转化为同余方程组：

$$\begin{cases} x^2\equiv 1(\bmod\ 4)\cdots(1)\\ x^2\equiv 1(\bmod\ 7)\cdots(2) \end{cases}$$

同余方程(1)有解 $x\equiv 1$ 或 $3\pmod 4$。同余方程(2)有解 $x\equiv 1$ 或 $6\pmod 7$，方程组又转化为四个一次同余方程组：

$$\begin{cases}x\equiv 1\pmod 4\\ x\equiv 1\pmod 7\end{cases},\begin{cases}x\equiv 1\pmod 4\\ x\equiv 6\pmod 7\end{cases},\begin{cases}x\equiv 3\pmod 4\\ x\equiv 1\pmod 7\end{cases},\begin{cases}x\equiv 3\pmod 4\\ x\equiv 6\pmod 7\end{cases}。$$

用逐步调整法求得四组解：

$x\equiv 1\pmod{28}$，$x\equiv 13\pmod{28}$，$x\equiv 15\pmod{28}$，$x\equiv 27\pmod{28}$。其解简写为 $x\equiv 1,13,15$ 或 $27\pmod{28}$。

例题 2-1 解二次同余方程：$5x^2+7x+2\equiv 0\pmod{11}$。

答案：$x\equiv 10$ 或 $4\pmod{11}$

【解答】$5x^2+7x+2\equiv 0\pmod{11}$，$x^2-14x\equiv 4\pmod{11}$，$x^2-14x+7^2\equiv 4+7^2\pmod{11}$，$(x-7)^2\equiv 9\pmod{11}$，$x-7\equiv 3$ 或 $8\pmod{11}$，$x\equiv 10$ 或 $4\pmod{11}$。

例题 2-2 解二次同余方程：$2x^2+3x-6\equiv 0\pmod{21}$。

答案：$x\equiv 3$ 或 $6\pmod{21}$

【解答】$2x^2+3x-6\equiv 0\pmod{21}$，$22x^2+33x-66\equiv 0\pmod{21}$，$x^2+12x-3\equiv 0\pmod{21}$，

$x^2+12x+36\equiv 18\pmod{21}$，$(x+6)^2\equiv 18\pmod{21}$，$x+6\equiv 9$ 或 $12\pmod{21}$，$x\equiv 3$ 或 $6\pmod{21}$。

另解：原二次同余方程转化为 $\begin{cases}2x^2+3x-6\equiv 0\pmod 3\\ 2x^2+3x-6\equiv 0\pmod 7\end{cases}$，

$\begin{cases}x^2\equiv 0\pmod 3\\ (x-1)^2\equiv 4\pmod 7\end{cases}$，

$\begin{cases}x\equiv 0\pmod 3\\ x\equiv 3 \text{ 或 } 6\pmod 7\end{cases}$，$x\equiv 3$ 或 $6\pmod{21}$。

针对性练习

练习❶ 二次同余方程 $x^2\equiv 11\pmod{19}$ 的最小正整数解为_____。

练习❷ 二次同余方程 $x^2\equiv 3\pmod{23}$ 的解为_____。

练习❸ 解二次同余方程。

(1) $x^2 \equiv 1 \pmod{14}$ (2) $x^2 \equiv 11 \pmod{35}$

练习❹ 解二次同余方程。

(1) $x^2 + 3x + 2 \equiv 0 \pmod 7$ (2) $2x^2 - x + 8 \equiv 0 \pmod{33}$

练习参考答案

练习题号	练习1	练习2	练习3(1)	练习3(2)
参考答案	7	$x \equiv 7$ 或 $16 \pmod{23}$	$x \equiv 1$ 或 $13 \pmod{14}$	$x \equiv 9, 16, 19$ 或 $26 \pmod{35}$
解答提示	对 x 取值验证	对 x 取值验证	分成模 2 和模 7 两种情况	分成模 5 和模 7 两种情况
练习题号	练习4(1)	练习4(2)		
参考答案	$x \equiv 5$ 或 $6 \pmod 7$	$x \equiv 7$ 或 $10 \pmod{33}$		
解答提示	配方	配方		

SL-73　勒让德符号★

神器内容	勒让德符号：$\left(\dfrac{a}{p}\right)=\begin{cases}1 & (a\text{ 是 }p\text{ 的二次剩余})\\ -1 & (a\text{ 是 }p\text{ 的非二次剩余})\\ 0 & (p\mid a)\end{cases}$
要点与说明	二次同余解咋算，未求之前先判断。 累得出了几身汗，方程无解才发现。 勒让德和欧拉，二人的功劳都很大。 数学大师符号造，通过判断早知道。

神器溯源

我们发现 $x^2\equiv 4(\bmod\ 7)$ 有解 $x\equiv 2$ 或 $5(\bmod\ 7)$，而 $x^2\equiv 3(\bmod\ 7)$ 却没有整数解。如何判断二次同余方程是否有解呢？这将是本节解决的问题。

二次同余方程：

$x^2\equiv a(\bmod\ p)$（其中 a、p 均为整数）　……………… (1)

$x^2\equiv a(\bmod\ p)$（其中 $0\leqslant a<p$，p 为奇质数）　………… (2)

(1)式叫作二次同余普通式，(2)式叫作二次同余标准式。它们都由三部分组成：一个同余方程；一个 a 的取值范围；一个 p 的限制条件。

若二次同余方程(1)有解，则具体的 a 叫作模 p 的二次剩余，或平方剩余。

若二次同余方程(1)无解，则具体的 a 叫作模 p 的非二次剩余。

例如：求 $x^2\equiv a(\bmod\ 11)$ 的所有二次剩余。

解：(1) $0^2\equiv 0(\bmod\ 11)$，

$1^2\equiv 1(\bmod\ 11)$，$2^2\equiv 4(\bmod\ 11)$，$3^2\equiv 9(\bmod\ 11)$，$4^2\equiv 5(\bmod\ 11)$，$5^2\equiv 3(\bmod\ 11)$，$10^2\equiv 1(\bmod\ 11)$，$9^2\equiv 4(\bmod\ 11)$，$8^2\equiv 9(\bmod\ 11)$，$7^2\equiv 5(\bmod\ 11)$，$6^2\equiv 3(\bmod\ 11)$。

(2)对于 $x\geqslant 11$，不妨设 $x=11k+t$（k 为自然数，$0\leqslant t<11$），则 $x^2\equiv(11k+t)^2\equiv t^2\equiv a(\bmod\ 11)$。所以当 x 需取遍所有自然数时，不需要一一去取，取遍无限个自然数是无法完成的。x 只需取 $0\sim 10$ 即可。

(3)又因为 $x^2 \equiv (11-x)^2 \pmod{11}$，所以，$x$ 的取值范围又可以缩小到 0~5 的范围。

验证得到模 11 的二次剩余系为 $\{0,1,3,4,5,9\}$，非二次剩余类为 $\{2,6,7,8,10\}$。

1. 二次同余方程是否有解的欧拉判别法

若 a 是二次同余标准方程(2)的二次剩余，则有 $a^{\frac{p-1}{2}} \equiv 1 \pmod{p}$。

若 a 是二次同余标准方程(2)的非二次剩余，则有 $a^{\frac{p-1}{2}} \equiv -1 \pmod{p}$。

证明：由费尔马小定理知，当 p 为奇质数且 $(a,p)=1$ 时，$a^{p-1} \equiv 1 \pmod{p}$，所以 $a^{p-1}-1 \equiv 0 \pmod{p}$，$(a^{\frac{p-1}{2}})^2 - 1^2 \equiv 0 \pmod{p}$，$(a^{\frac{p-1}{2}}+1)(a^{\frac{p-1}{2}}-1) \equiv 0 \pmod{p}$，即 $p \mid (a^{\frac{p-1}{2}}+1)$ 或 $p \mid (a^{\frac{p-1}{2}}-1)$。

所以，如果 a 是二次同余标准方程(2)的二次剩余，那么存在 x_0，使得 $x_0^2 \equiv a \pmod{p}$，$a^{\frac{p-1}{2}} \equiv (x_0^2)^{\frac{p-1}{2}} \equiv x_0^{p-1} \equiv 1 \pmod{p}$。否则，如果 a 是二次同余标准方程(2)的非二次剩余，那么 $p \mid (a^{\frac{p-1}{2}}+1)$，$a^{\frac{p-1}{2}} \equiv -1 \pmod{p}$。

2. 勒让德(Legendre)符号

对于二次同余标准方程 $x^2 \equiv a \pmod{p}$，p 为奇质数，简记为 $\left(\dfrac{a}{p}\right)$，读作："$a$ 对 p 的勒让德符号"。结合欧拉判别法，规定：

$$\left(\frac{a}{p}\right) = \begin{cases} 1 & (a \text{ 是 } p \text{ 的二次剩余}) \\ -1 & (a \text{ 是 } p \text{ 的非二次剩余}) \\ 0 & (p \mid a) \end{cases}$$

(1) "$x^2 \equiv a \pmod{p}$（p 为奇质数）有解" $\Leftrightarrow$ "a 是 p 的二次剩余" $\Leftrightarrow$ "$a^{\frac{p-1}{2}} \equiv 1 \pmod{p}$" $\Leftrightarrow$ "$\left(\dfrac{a}{p}\right) = 1$"。

(2) "$x^2 \equiv a \pmod{p}$（p 为奇质数）无解" $\Leftrightarrow$ "a 是 p 的非二次剩余" $\Leftrightarrow$ "$a^{\frac{p-1}{2}} \equiv -1 \pmod{p}$" $\Leftrightarrow$ "$\left(\dfrac{a}{p}\right) = -1$"。

(3) "当 $p \mid a$，$x^2 \equiv a \equiv 0 \pmod{p}$" $\Leftrightarrow$ "$\left(\dfrac{a}{p}\right) = 0$"。

3. 勒让德符号的常用性质

(1) $\left(\dfrac{1}{p}\right) = 1$。 (2) $\left(\dfrac{-1}{p}\right) = (-1)^{\frac{p-1}{2}}$。 (3) $\left(\dfrac{2}{p}\right) = (-1)^{\frac{p^2-1}{8}}$。

(4) $\left(\dfrac{a^2}{p}\right) = 1$。 (5) $\left(\dfrac{a+p}{p}\right) = \left(\dfrac{a}{p}\right)$。 (6) $\left(\dfrac{ab}{p}\right) = \left(\dfrac{a}{p}\right) \times \left(\dfrac{b}{p}\right)$。

4. 二次互反定律

若 p 与 q 是不同的奇质数,则有 $\left(\dfrac{p}{q}\right) \times \left(\dfrac{q}{p}\right) = (-1)^{\frac{(p-1)(q-1)}{4}}$。

例题精讲

例题 1-1 二次同余方程:$x^2 \equiv a \pmod{13}$,且 $0 \leqslant a < 13$,其同余方程的二次剩余组成的集合为_____,非二次剩余组成的集合为_____。

答案:$\{0,1,3,4,9,10,12\}$ $\{2,5,6,7,8,11\}$

【解答】根据性质,只需令 $x = 0 \sim 6$。

$0^2 \equiv 0 \pmod{13}, 1^2 \equiv 1 \pmod{13}, 2^2 \equiv 4 \pmod{13}, 3^2 \equiv 9 \pmod{13}, 4^2 \equiv 3 \pmod{13}, 5^2 \equiv 12 \pmod{13}, 6^2 \equiv 10 \pmod{13}$。

模 13 的二次剩余组成的集合为 $\{0,1,3,4,9,10,12\}$。

模 13 的非二次剩余组成的集合为 $\{2,5,6,7,8,11\}$。

例题 1-2 二次同余方程:$5x^2 - 3x + 2 \equiv 0 \pmod{12}$ 是否有解?如果有解,求出最小的两个解。如果无解,请说明理由。

答案:无解

【解答】$5x^2 - 3x + 2 \equiv 0 \pmod{12}$,$\begin{cases} 5x^2 - 3x + 2 \equiv 0 \pmod{3} \\ 5x^2 - 3x + 2 \equiv 0 \pmod{4} \end{cases}$,

$\begin{cases} x^2 \equiv 2 \pmod{3} \\ x(x+1) \equiv 2 \pmod{4} \end{cases}$,

因为 $0^2 \equiv 0 \pmod{3}, 1^2 \equiv 1 \pmod{3}, 2^2 \equiv 1 \pmod{3}$,得到模 3 的二次剩余只能是 0 或 1,所以 $x^2 \equiv 2 \pmod{3}$ 无解。尽管 $x(x+1) \equiv 2 \pmod{4}$ 有解 $x \equiv 1$ 或 $2 \pmod{4}$,但原二次同余方程仍无解。

注:对于 $x^2 \equiv 2 \pmod{3} \Rightarrow \left(\dfrac{2}{3}\right) = (-1)^{\frac{3^2-1}{8}} = -1$。

所以,2 是 3 的非二次剩余,原二次同余方程无解。

例题 2-1 二次同余方程 $x^2 \equiv 3 \pmod{29}$ 是否有解?如果有解,请求出通解。如果没有解,请说明理由。

答案:无解。理由见解答。

【解答】$\left(\dfrac{3}{29}\right) = 3^{\frac{29-1}{2}} = 3^{14} \equiv (-2)^4 \times 9 \equiv -1 \pmod{29}$,所以此二次同余方程无解。

例题 2-2 (1) $\left(\dfrac{39}{7}\right) =$ _____ (2) $\left(\dfrac{53}{35}\right) =$ _____

答案：(1) 1 (2) -1

【解答】(1) $\left(\dfrac{39}{7}\right) = \left(\dfrac{3}{7}\right) \times \left(\dfrac{13}{7}\right) = \left(\dfrac{3}{7}\right) \times \left(\dfrac{-1}{7}\right) = \left(\dfrac{7}{3}\right) \times (-1)^{\frac{7-1}{2} \times \frac{3-1}{2}} \times (-1)^{\frac{7-1}{2}}$

$= \left(\dfrac{1}{3}\right) \times 1 = 1$。

(2) $\left(\dfrac{53}{35}\right) = \left(\dfrac{18}{35}\right) = \left(\dfrac{2 \times 3^2}{35}\right) = \left(\dfrac{2}{35}\right) = \left(\dfrac{2}{5}\right) \times \left(\dfrac{2}{7}\right) = (-1) \times 1 = -1$。

针对性练习

练习 ❶ 二次同余方程：$x^2 \equiv a \pmod{11}$，且 $0 \leqslant a < 11$，其同余方程的二次剩余组成的集合为 _____，非二次剩余组成的集合为 _____。

练习 ❷ 判断二次同余方程 $x^2 \equiv 11 \pmod{23}$ 是否有解。

练习 ❸ 判断二次同余方程 $3x^2 + x - 4 \equiv 0 \pmod{11}$ 是否有解。

练习 ❹ 用勒让德符号计算：

(1) $\left(\dfrac{123}{17}\right) =$ _____ (2) $\left(\dfrac{139}{39}\right) =$ _____

练习参考答案

练习题号	练习1	练习2	练习3	练习4(1)	练习4(2)
参考答案	$\{0,1,3,4,5,9\}$ $\{2,6,7,8,10\}$	无解	有解	1	1
解答提示	x 取值 $0\sim 5$ 验证	用勒让德符号计算	用勒让德符号计算	$\left(\dfrac{123}{17}\right) = \left(\dfrac{2^2}{17}\right) = 1$	$\left(\dfrac{22}{39}\right) = 1$

292

SL-74　二元一次不定方程

神器内容	(1)当$(a,b) \mid c$时,方程$ax+by=c$有整数解。设一个特解为$\begin{cases} x=x_0 \\ y=y_0 \end{cases}$,那么二元一次不定方程的通解为$\begin{cases} x=x_0 \pm bt \\ y=y_0 \mp at \end{cases}$($t$为整数)。 (2)当$(a,b) \nmid c$时,方程$ax+by=c$无整数解。
要点与说明	不定方程整数解,如何求解解哪些? 二元一次先学会,特解通解都做对。 和同一加另一减,对方系数来相联。 差同同减或同加,相同倍数笑哈哈。

神器溯源

如果一个方程中未知数的个数多于1个,那么这样的方程叫作不定方程。含有n个未知数,其最高次数是1次,系数不为0的方程叫作n元一次不定方程,又称线性方程。

一个不定方程有无数多个解,常常只求其整数解,那么整数解是否存在?如果整数解存在,那么会有几个整数解?如何求不定方程的整数解?如何判断一个不定方程是否有整数解?这些都是不定方程的主要学习内容,下面学习二元一次不定方程的整数解理论。

形如$ax+by=c$(x、y为未知数,a、b、c均为常数,且$ab \neq 0$)的方程叫作二元一次不定方程。求此方程的整数解,首先要观察出一个特解来,然后利用和差不变性得到通解。求特解的方法很多,常用的有验证法、连分数法、整除法、同余法等。

设$\begin{cases} x=x_0 \\ y=y_0 \end{cases}$是$ax+by=c$的一个特解,$ax_0+by_0=c$,再设$x=x_0+m,y=y_0+n$,则$a(x_0+m)+b(y_0+n)=c,ax_0+am+by_0+bn=c,am+bn=0,m:n=b:(-a)$。

设$m=bt,n=-at,t$为整数,则原方程的通解为$\begin{cases} x=x_0+bt \\ y=y_0-at \end{cases}$($t$为整数)。

当$(a,b) \nmid c$时,方程$ax+by=c$无整数解。

设$(a,b)=d,a=a_1d,b=b_1d,a_1dx+b_1dy=c,(a_1x+b_1y)d=c$,若原方程有整数解,根据整除性,则有$d|c$。反之,若$d\nmid c$,则$ax+by=c$无整数解。

例题精讲

例题 1-1 不定方程$15x+32y=880$的正整数解为_____。

答案:$\begin{cases}x=48\\y=5\end{cases},\begin{cases}x=16\\y=20\end{cases}$

【解答】$15|(880-32y)\Rightarrow 15|(440-16y)\Rightarrow 15|(5-y)\Rightarrow y=5+15t$($t$为整数)。当$t=0$时,$y=5,x=48$;当$t=1$时,$y=20,x=16$,所以原不定方程的整数解为$\begin{cases}x=48\\y=5\end{cases},\begin{cases}x=16\\y=20\end{cases}$。

例题 1-2 不定方程$19x-7y=50$的通解为_____。

答案:$\begin{cases}x=3+7t\\y=1+19t\end{cases}$($t$为整数)

【解答】原方程转化为$19x\equiv 50\pmod 7$,$5x\equiv 50\pmod 7$,$x\equiv 3\pmod 7$,设$x=3+7t$(t为整数),则此方程的通解为$\begin{cases}x=3+7t\\y=1+19t\end{cases}$($t$为整数)。

例题 2-1 求不定方程$21x+7y=100$的整数解。

答案:无整数解。

【解答】因为$(21,7)=7$,$7\nmid 100$,所以此不定方程无整数解。

例题 2-2 一根长10米的PVC水管,需要截成36厘米和48厘米的短管若干根。如果不计损耗,那么剩余废料最短为_____厘米,共有_____种不同截法。

答案:4 7

【解答】(1)因为$(36,48)=12$,$1000\equiv 4\pmod{12}$,故剩余废料最短为4厘米。
(2)设截成36厘米的短管x根,48厘米的短管y根,则$36x+48y=1000-4$,$3x+4y=83$。$\begin{cases}x=1\\y=20\end{cases},\begin{cases}x=5\\y=17\end{cases},\cdots,\begin{cases}x=25\\y=2\end{cases}$,共有$(25-1)\div 4+1=7$种不同截法。

针对性练习

练习❶ 求不定方程的正整数解。

(1) $7x+16y=150$ (2) $7x-16y=50$

练习❷ 求不定方程的自然数通解。

(1) $5x+12y=210$ (2) $12x-28y=160$

练习❸ 不定方程 $10x+25y=123$ 是否有整数解?如果有,请给出一个整数解。如果没有,请给出理由。

练习❹ 将一根长为 5 米的合金钢管截成若干根 21.6 厘米和 24 厘米的两种型号短管。如果加工损耗不计,那么剩余部分最少是_____厘米。

练习❺ 分子与分母之和小于 50,且最接近 $\frac{17}{71}$ 的最简分数为_____。

练习参考答案

练习题号	练习1(1)	练习1(2)	练习2(1)	练习2(2)	练习3
参考答案	$\begin{cases}x=10\\y=5\end{cases}$	$\begin{cases}x=14+16t\\y=3+7t\end{cases}$ (t 为自然数)	$\begin{cases}x=42-12t\\y=0+5t\end{cases}$ ($t=0,1,2,3$)	$\begin{cases}x=18+7t\\y=2+3t\end{cases}$ (t 为自然数)	无整数解
解答提示	基本练习	基本练习	基本练习	基本练习	基本练习
练习题号	练习4	练习5			
参考答案	0.8	$\frac{6}{25}$			
解答提示	转化为毫米单位,列不定方程	分子之差为 ± 1			

SL-75　百钱买百鸡

神器内容	鸡翁一值钱五,鸡母一值钱三,鸡雏三值钱一。百钱买百鸡,鸡翁、鸡母、鸡雏各几何?
要点与说明	用百钱,买百鸡,三个鸡雏值钱一。 三元一次方程组,消元之后答案出。

神器溯源

我国古代数学家张邱建在《张邱建算经》一书中提出如下数学问题:

鸡翁一值钱五,鸡母一值钱三,鸡雏三值钱一。百钱买百鸡,鸡翁、鸡母、鸡雏各几何?

白话意译:公鸡 5 元一只,母鸡 3 元一只,小鸡三只一元。用 100 元钱购买 100 只鸡,那么公鸡、母鸡和小鸡各有多少只?

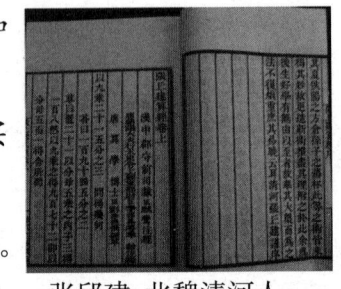

本题可以列出三元一次方程组,求其自然数解。可以通过消元,转化为二元一次不定方程的自然数解问题。

张邱建,北魏清河人,著有《张邱建算经》

例题精讲

例题 1 三元一次不定方程组 $\begin{cases} 3x+7y-2z=28 \\ 4x-9y+5z=82 \end{cases}$ 的正整数解为_____。

答案:$\begin{cases} x=11 \\ y=3 \\ z=13 \end{cases}$

【解答】原方程组消去未知数 z,得到 $23x+17y=304$,$17\mid(304-23x)$,$17\mid(304-23x) \Rightarrow 17\mid(15-23x) \Rightarrow 17\mid(45-69x) \Rightarrow 17\mid(11-x)$,$\begin{cases} x=11 \\ y=3 \end{cases}$。进一步得到原方程组的解为 $\begin{cases} x=11 \\ y=3 \\ z=13 \end{cases}$。

例题 2 公鸡 5 元一只,母鸡 3 元一只,小鸡三只一元。用 100 元钱购买 100 只鸡,那么公鸡、母鸡和小鸡各有多少只?

答案:$\begin{cases}x=0\\y=25,\\z=75\end{cases}\begin{cases}x=4\\y=18,\\z=78\end{cases}\begin{cases}x=8\\y=11,\\z=81\end{cases}\begin{cases}x=12\\y=4\\z=84\end{cases}$

【解答】设公鸡有 x 只,母鸡有 y 只,小鸡有 z 只,则 $\begin{cases}x+y+z=100\cdots\cdots\cdots(1)\\5x+3y+\dfrac{1}{3}z=100\cdots\cdots(2)\end{cases}$。

(2)×3−(1):$14x+8y=200, 7x+4y=100, 4|(100-7x)$,

方程的自然数解为 $\begin{cases}x=0\\y=25\end{cases},\begin{cases}x=4\\y=18\end{cases},\begin{cases}x=8\\y=11\end{cases},\begin{cases}x=12\\y=4\end{cases}$。

分别代入方程(1),得到原方程组的解为

$\begin{cases}x=0\\y=25,\\z=75\end{cases}\begin{cases}x=4\\y=18,\\z=78\end{cases}\begin{cases}x=8\\y=11,\\z=81\end{cases}\begin{cases}x=12\\y=4\\z=84\end{cases}$。

针对性练习

练习❶ 求不定方程组的自然数解。

(1) $\begin{cases}x+2y+3z=100\\4x+7y-3z=120\end{cases}$

(2) $\begin{cases}5x-2y+6z=80\\3x+4y-3z=63\end{cases}$

练习❷ 某公司中午购买了 6 份盒饭,共花费 126 元。已知红烧肉盖饭 25 元一份,宫保鸡丁盖饭 19 元一份,京酱肉丝盖饭 16 元一份,且每种至少购买一份,那么宫保鸡丁盖饭购买了_____份。

练习❸ 蜘蛛有8条腿,蜻蜓有6条腿和2对翅膀,蝉有6条腿和1对翅膀。每种昆虫至少有1只,一共有212条腿,20对翅膀。那么三种昆虫共计最少有_____只。

练习参考答案

练习题号	练习1(1)	练习1(2)	练习2	练习3
参考答案	$\begin{cases} x=26 \\ y=10 \\ z=18 \end{cases}$	$\begin{cases} x=4 \\ y=27 \\ z=19 \end{cases}$	1	30
解答提示	基本练习	基本练习	列三元一次方程组求解	蜘蛛16只,蜻蜓6只,蝉8只

SL-76 多元线性方程

神器内容	对于多元的线性方程，可以通过倍数关系进行换元，转化为二元一次不定方程求解，可以避免过多的分类枚举。
要点与说明	多元一次是线性，自然数解不确定。 自然数解有几组？此类问题丢番都。 打包换元来转化，二元不定能拿下。

神器溯源

至少含有三个未知数，且其最高项为 1 次的不定方程叫作多元线性方程。可以通过倍数关系进行换元，转化为二元一次不定方程求解。对于数量较小的情况，也可以从系数最大的项入手进行分类讨论。

例题精讲

例题 1-1 求不定方程 $4x+7y+21z=100$ 的正整数解。

答案： $\begin{cases}x=4\\y=3\\z=3\end{cases}$, $\begin{cases}x=11\\y=2\\z=2\end{cases}$, $\begin{cases}x=4\\y=6\\z=2\end{cases}$, $\begin{cases}x=18\\y=1\\z=1\end{cases}$, $\begin{cases}x=11\\y=5\\z=1\end{cases}$, $\begin{cases}x=4\\y=9\\z=1\end{cases}$

【解答】(1) 当 $z=4$ 时，$4x+7y=16$，无正整数解。

(2) 当 $z=3$ 时，$4x+7y=37$，正整数解有 1 个：$\begin{cases}x=4\\y=3\end{cases}$。

(3) 当 $z=2$ 时，$4x+7y=58$，正整数解有 2 个：$\begin{cases}x=11\\y=2\end{cases}$, $\begin{cases}x=4\\y=6\end{cases}$。

(4) 当 $z=1$ 时，$4x+7y=79$，正整数解有 3 个：$\begin{cases}x=18\\y=1\end{cases}$, $\begin{cases}x=11\\y=5\end{cases}$, $\begin{cases}x=4\\y=9\end{cases}$。

所以，原不定方程的正整数解有 6 个：$\begin{cases}x=4\\y=3\\z=3\end{cases}$, $\begin{cases}x=11\\y=2\\z=2\end{cases}$, $\begin{cases}x=4\\y=6\\z=2\end{cases}$, $\begin{cases}x=18\\y=1\\z=1\end{cases}$,

$$\begin{cases}x=11\\y=5\\z=1\end{cases}, \begin{cases}x=4\\y=9\\z=1\end{cases}.$$

另解：$4x+7(y+3z)=100$，设 $y+3z=m$，原方程变为 $4x+7m=100$，解得

$$\begin{cases}x=18\\m=4\end{cases}, \begin{cases}x=11\\m=8\end{cases}, \begin{cases}x=4\\m=12\end{cases}.$$

则有 $\begin{cases}x=18\\y+3z=4\end{cases}, \begin{cases}x=11\\y+3z=8\end{cases}, \begin{cases}x=4\\y+3z=12\end{cases}.$

分别求解得 $\begin{cases}x=18\\y=1\\z=1\end{cases}, \begin{cases}x=11\\y=2\\z=2\end{cases}, \begin{cases}x=11\\y=5\\z=1\end{cases}, \begin{cases}x=4\\y=3\\z=3\end{cases}, \begin{cases}x=4\\y=6\\z=2\end{cases}, \begin{cases}x=4\\y=9\\z=1\end{cases}.$

例题 1-2 不定方程 $7x+12y+30z=110$ 的整数通解为_____。

答案：$\begin{cases}x=8+6s\\y=27-21s-5t\\z=-9+7s+2t\end{cases}$ （s、t 为整数）

【解答】$7x+6(2y+5z)=110$，设 $2y+5z=m$，原方程变为 $\begin{cases}7x+6m=110\cdots(1)\\2y+5z=m\cdots\cdots(2)\end{cases}$，

方程(1)的通解为 $\begin{cases}x=8+6s\\m=9-7s\end{cases}$（$s$ 为整数），方程(2)的通解为 $\begin{cases}y=3m-5t\\z=-m+2t\end{cases}$（$t$ 为整数）。

消去未知数 m 得 $\begin{cases}x=8+6s\\y=3(9-7s)-5t\\z=-(9-7s)+2t\end{cases}$（$s$、$t$ 为整数）。

原方程的通解为 $\begin{cases}x=8+6s\\y=27-21s-5t\\z=-9+7s+2t\end{cases}$（$s$、$t$ 为整数）。注：通解形式不唯一。

例题 2-1 小丽陪妈妈去超市买水果，要买四种水果，共计 360 元。其中烟台富士苹果 13 元一斤，新疆阿克苏梨 17 元一斤，海南香蕉 7.8 元一斤，吐鲁番哈密瓜 10.4 元一斤，那么小丽妈妈购买新疆阿克苏梨_____斤。（1 斤=500 克）

答案：12

【解答】设小丽妈妈购买烟台富士苹果 a 斤、新疆阿克苏梨 b 斤、海南香蕉 c 斤，吐鲁番哈密瓜 d 斤，则

$13a+17b+7.8c+10.4d=360$，$65a+85b+39c+52d=1800$，

$13(5a+3c+4d)+85b=1800$。

设 $5a+3c+4d=e$，则 $13e+85b=1800$，

$85b\equiv1800(\bmod 13)$，$b\equiv12(\bmod 13)$。

当 $b=12$ 时，$e=60$；当 $b\geqslant25$ 时，则 $85\times25=2125>1800$（与题意不符）。

所以，小丽妈妈购买新疆阿克苏梨 12 斤。

注：如果本题是求共有几种买法，需要对 $5a+3c+4d=60$ 的正整数解进行分类枚举。

例题 2-2 商店中有五种商品，其价格如表所示（单位：元）。现用 50 元恰好买了 10 件商品，那么有_____种不同选购方式。

品种	A	B	C	D	E
单价/元	1.8	3.0	4.9	9.7	12.1

答案：2

【解答】设 A、B、C、D、E 商品分别购买 a、b、c、d、e 件，则

$$\begin{cases}1.8a+3b+4.9c+9.7d+12.1e=50\cdots(1)\\ a+b+c+d+e=10\cdots\cdots\cdots\cdots\cdots(2)\end{cases}$$

$(1)\times10-(2)\times18$ 得

$12b+31c+79d+103e=320$

$12(b+2c+6d+8e)+7(c+d+e)=320$

令 $x=b+2c+6d+8e$，$y=c+d+e$，显然 $y\leqslant a+b+c+d+e=10$，则

$12x+7y=320(y\leqslant10)$。

其自然数解为 $\begin{cases}x=22\\ y=8\end{cases}$。

即 $\begin{cases}c+d+e=8\\ a+b=2\\ b+2c+6d+8e=22\end{cases}$，$\begin{cases}a+b=2\\ c+d+e=8\\ b+4d+6e=6\end{cases}$，解得 $\begin{cases}a=0\\ b=2\\ c=7\\ d=1\\ e=0\end{cases}$ 或 $\begin{cases}a=2\\ b=0\\ c=7\\ d=0\\ e=1\end{cases}$。

所以，共有 2 种选购方法。

针对性练习

练习❶ 求不定方程的自然数解。

(1) $4x+5y+15z=31$ 　　　　　　　　(2) $5x+9y+45z=120$

练习❷ 不定方程 $3x-7y+14z=30$ 的整数通解为_____。

练习❸ 不定方程 $24x+11y+6z=200$ 的正整数解共有_____个。

练习❹ 某顾客打算花完 583 元,选购下面四种商品,其中每种商品可以买多件,也可以一件都不买,那么运动袜最多可以买_____双。

品种	篮球	运动裤	运动鞋	运动袜
单价/元	46	133	278	17

练习参考答案

练习题号	练习1(1)	练习1(2)
参考答案	$\begin{cases}x=4\\y=3,\\z=0\end{cases}\begin{cases}x=4\\y=0\\z=1\end{cases}$	$\begin{cases}x=24\\y=0,\\z=0\end{cases}\begin{cases}x=15\\y=5,\\z=0\end{cases}\begin{cases}x=6\\y=10,\\z=0\end{cases}\begin{cases}x=15\\y=0,\\z=1\end{cases}\begin{cases}x=6\\y=5,\\z=1\end{cases}\begin{cases}x=6\\y=0\\z=2\end{cases}$
解答提示	换元或分类讨论	换元或分类讨论
练习题号	练习2	练习3	练习4
参考答案	$\begin{cases}x=10+7t\\y=9t+2s\,(s、t\,均为整数)\\z=3t+s\end{cases}$	9	3
解答提示	换元法	换元法	$29(a+4b+9c)+17(a+b+c+d)=583$

SL-77　二次不定方程的双分解

神器内容	求形如 $xy+ax+by=c$（x、y 为未知数，a、b、c 为常数）的不定方程自然数解，可以左侧分解因式，右侧分解因数，双分解再组合搭配。
要点与说明	双分解，真是好，二次不定常用到。 只要来求整数解，两侧分解就这些。 分解之后再组合，丢番都来帮你做。

神器溯源

形如 $xy+ax+by=c$（x、y 为未知数，a、b、c 为常数）的不定方程为一类二元二次不定方程。求其自然数解时，可以左侧分解因式，右侧分解因数，双分解再组合搭配即可。

本方法的难点是左侧的因式分解，一般对含 x 项的进行提取公因式，对含 y 项的进行构造相同因式，从而达到分组分解的目的。

例题精讲

例题 1-1 二次不定方程 $ab-2a+6b=19$ 的自然数解为_____。

答案：$\begin{cases} a=1 \\ b=3 \end{cases}$

【解答】$ab-2a+6b=19$，$a(b-2)+6(b-2)=19-12$，$(a+6)(b-2)=7$，组合得到 $\begin{cases} a+6=7 \\ b-2=1 \end{cases}$，$\begin{cases} a=1 \\ b=3 \end{cases}$。

例题 1-2 已知 x、y 都是正整数，且满足 $2xy+3x-2y=25$，那么 $2x+y=$_____。

答案：10

【解答】$2xy+3x-2y=25$，$x(2y+3)-(2y+3)=25-3$，$(x-1) \times (2y+3)=22$，

组合搭配为 $\begin{cases} x-1=2 \\ 2y+3=11 \end{cases}$，$\begin{cases} x=3 \\ y=4 \end{cases}$。

$2x+y=2 \times 3+4=10$。

例题 2-1 一个三位数,它的百位上的数字与后两位数的乘积恰好等于这个三位数的 $\frac{1}{5}$,那么这个三位数是_____。

答案:125

【解答】设这个三位数为 $\overline{ab}$,其中 b 为两位数,则
$5ab = \overline{ab}, 5ab - 100a - b = 0, 5a(b-20) - (b-20) = 20, (5a-1)(b-20) = 2^2 \times 5$,

因为必有一个因数被 5 除余 4,故 $\begin{cases} 5a-1=4 \\ b-20=5 \end{cases}, \begin{cases} a=1 \\ b=25 \end{cases}$。

所以,这个三位数为 125。

例题 2-2 一个四位数,前两位与后两位之和的平方,恰好等于这个数,那么这个四位数最小为_____。

答案:2025

【解答】设这个四位数为 $\overline{ab}$,其中 a、b 都为两位数,则
$(a+b)^2 = \overline{ab}, (a+b)^2 = 100a+b, (a+b)^2 - (a+b) = 99a$,
$(a+b)(a+b-1) = 3^2 \times 11 \times a = 44 \times 45 = 54 \times 55 = 98 \times 99$,
$\begin{cases} a=20 \\ a+b=45 \end{cases}, \begin{cases} a=30 \\ a+b=55 \end{cases}, \begin{cases} a=98 \\ a+b=99 \end{cases}$。
$\begin{cases} a=20 \\ b=25 \end{cases}, \begin{cases} a=30 \\ b=25 \end{cases}, \begin{cases} a=98 \\ b=01 \end{cases}$。

那么,这个四位数可以为 2025、3025 或 9801,最小为 2025。

针对性练习

练习❶ 求不定方程的正整数解。

(1) $xy + x + y = 20$ (2) $3xy - x + 6y - 42 = 0$

练习❷ 已知 a、b 为正整数,且满足 $7a-8b=ab-6$,则 $a+b$ 的最大值为 _____。

练习❸ 把一个四位数从中间隔开形成两个两位数,它们的乘积的 4 倍再加上前一个两位数,比原四位数小 5,那么原四位数为 _____。

练习❹ 三个质数之积等于它们之和的 11 倍,那么这三个质数中最大的为 _____。

练习❺ 把一个四位数从中间隔开形成两个两位数,它们的乘积的 3 倍恰好等于原四位数,那么原四位数为 _____。

练习❻ 把一个六位数从中间隔开形成两个三位数,它们的乘积的 3 倍恰好等于原六位数,那么原六位数为 _____。

练习❼ 已知 x、y 均为正整数,$2x^2y-xy=8x+84$,那么 $x+y=$ _____。

练习参考答案

练习题号	练习1(1)	练习1(2)	练习2	练习3	练习4
参考答案	$\begin{cases}x=2\\y=6\end{cases}$,$\begin{cases}x=6\\y=2\end{cases}$	$\begin{cases}x=18\\y=1\end{cases}$,$\begin{cases}x=6\\y=2\end{cases}$,$\begin{cases}x=3\\y=3\end{cases}$	48	2025	13
解答提示	基本练习	基本练习	$\begin{cases}a=42\\b=6\end{cases}$	两位一组设未知数	2、11、13,或 3、7、11
练习题号	练习5	练习6	练习7		
参考答案	1734	167334	8 或 93		
解答提示	两位一组设未知数	三位一组设未知数	$(xy-4)(2x-1)=88$		

· 305 ·

SL-78 勾股方程

神器内容	三元二次方程 $x^2+y^2=z^2$ 叫作勾股方程,其正整数解有无数多个,每个解都是勾股数组。
要点与说明	勾股方程很有名,多少英杰赏芳容。 勾股数组咋表达,真是千变又万化。 两千年前古希腊,其解就已被表达。 毕达哥拉斯学派,定理命名仍还在。

神器溯源

三元二次方程 $x^2+y^2=z^2$ 叫作勾股方程,其正整数解有无数多个,每个解都是勾股数组。

对勾股方程的研究在古希腊时就已比较完善,特别是毕达哥拉斯学派,就得到不少相关结论。

如果 $\begin{cases} x=a \\ y=b \\ z=c \end{cases}$ 是勾股方程的解,那么 $\begin{cases} x=ka \\ y=kb \\ z=kc \end{cases}$ (k 为正整数)也是勾股方程的解。

这是因为,当 $a^2+b^2=c^2$ 成立时,$k^2(a^2+b^2)=k^2c^2$,所以 $(ka^2)+(kb^2)=(kc)^2$。

由此,不妨设 x、y、z 两两互质,则 x、y 必定一奇一偶。若 x、y 都是偶数,则其平方和也是偶数,那么 z 也是偶数,与条件两两互质矛盾。若 x、y 都是奇数,则 x^2+y^2 被 8 除余 2,而偶平方数能被 4 整除,这与 z^2 矛盾。所以,x、y 必定一奇一偶,z 一定为奇数。

不妨设 x 为奇数,$z+x$ 与 $z-x$ 都是 2 的倍数,故可设 $z+x=2u$,$z-x=2v$,$u>v$,则

$$y^2=z^2-x^2=(z+x)(z-x)=4uv$$

可以得到 $(u,v)=1$,否则,设 $(u,v)=d>2$,$u=sd$,$v=td$,得到 $z=(s+t)d$,$x=(s-t)d$,这与 x、y、z 两两互质矛盾。

所以,$(u,v)=1$,只有 u、v 都是完全平方数时才成立。再设 $u=m^2$,$v=n^2$,则

$m>n,(m,n)=1$,且一奇一偶。(当 m、n 均为偶数,则 z 和 x 不互质;当 m、n 均为奇数,则 z 和 x 均为偶数,也不互质。)

故 $y^2=4m^2n^2=(2mn)^2$。

x、y、z 两两互质时,所有正整数解为 $\begin{cases} x=m^2-n^2 \\ y=2mn \\ z=m^2+n^2 \end{cases}$ $[m>n,$ 且 $(m,n)=1$,一奇一偶$]$。

勾股方程的几何原型就是直角三角形的三边满足的关系式,这就是大名鼎鼎的勾股定理。当 a、b、c 两两互质, $\begin{cases} x=a \\ y=b \\ z=c \end{cases}$ 是勾股方程的正整数解,数组 (a,b,c) 叫作基本勾股数组,(ka,kb,kc) (k 为正整数)叫作基本勾股数组 (a,b,c) 的衍生勾股数组。

基本勾股数组列表:

m	n	x	y	z
2	1	3	4	5
3	2	5	12	13
4	1	15	8	17
4	3	7	24	25
5	2	21	20	29
5	4	9	40	41
6	1	35	12	37
6	5	11	60	61
7	2	45	28	53
7	4	33	56	65
7	6	13	84	85
8	1	63	16	65
8	3	55	48	73
8	5	39	80	89
8	7	15	112	113
…	…	…	…	…

例题精讲

例题 1 一个直角三角形的三边长都是整数,且其中一边为 20,那么这样的三角形面积最大为_____。

答案：990

【解答】(1) 当 $a=20$ 时，则 $m^2-n^2=20$，$(m+n)(m-n)=20$，$\begin{cases}m+n=10\\m-n=2\end{cases}$，$\begin{cases}m=6\\n=4\end{cases}$。从而 $b=2\times 6\times 4=48$，$c=6^2+4^2=52$。三角形的面积为 $\frac{1}{2}\times 20\times 48=480$。

(2) 当 $b=20$ 时，则 $2mn=20$，$mn=10$，$\begin{cases}m=10\\n=1\end{cases}$ 或 $\begin{cases}m=5\\n=2\end{cases}$。从而 $a=10^2-1^2=99$ 或 $a=5^2-2^2=21$，$c=101$ 或 29。三角形的面积为 $\frac{1}{2}\times 20\times 99=990$ 或 $\frac{1}{2}\times 20\times 21=210$。

(3) 当 $c=20$ 时，则 $m^2+n^2=20$，$\begin{cases}m=4\\n=2\end{cases}$。从而 $a=4^2-2^2=12$，$b=2\times 4\times 2=16$。三角形的面积为 $\frac{1}{2}\times 12\times 16=96$。

综上所述，三角形的面积最大为 990。

例题 2-1 一个直角三角形，其面积恰好在数值上等于它的周长，那么这个直角三角形的斜边为_____。

答案：10 或 13

【解答】设直角三角形的三边长分别为 a、b、c，c 为斜边，则
$\begin{cases}a^2+b^2=c^2\cdots\cdots(1)\\\frac{1}{2}ab=a+b+c\cdots\cdots(2)\end{cases}$

把 (2) 代入 (1)，消去 c 得到 $4a^2+4b^2=(ab-2a-2b)^2$，$4a^2=(ab-2a)^2-4b(ab-2a)$，$4a=(b-2)^2a-4b(b-2)$，$ab-4a-4b+8=0$，$(a-4)(b-4)=8$。不妨设 $a<b$，$\begin{cases}a-4=1\\b-4=8\end{cases}$ 或 $\begin{cases}a-4=2\\b-4=4\end{cases}$，$\begin{cases}a=5\\b=12\end{cases}$ 或 $\begin{cases}a=6\\b=8\end{cases}$。

从而得到该直角三角形的斜边为 13 或 10。

例题 2-2 已知两两互质的正整数 a、b、c 满足 $a^2+b^2=c^2$。证明：$5|abc$。

答案：见证明。

【证明】（1）如果 a、b 有一个是 5 的倍数,则结论显然成立。

（2）如果 a、b 都不是 5 的倍数,又知不是 5 的倍数的平方数被 5 除余 1 或 4,下面证明 c 是 5 的倍数。

当 $a=5m\pm1, b=5n\pm1, m、n$ 为整数时, $c^2=(5m\pm1)^2+(5n\pm1)^2\equiv2\pmod{5}$,矛盾。

当 $a=5m\pm1, b=5n\pm2, m、n$ 为整数时, $c^2=(5m\pm1)^2+(5n\pm2)^2\equiv0\pmod{5}$, $5|c$。

当 $a=5m\pm2, b=5n\pm2, m、n$ 为整数时, $c^2=(5m\pm2)^2+(5n\pm2)^2\equiv3\pmod{5}$,矛盾。

所以,如果两两互质的正整数 a、b、c 满足 $a^2+b^2=c^2$,那么 a、b、c 中必有一个是 5 的倍数,从而 $5|abc$。

针对性练习

练习❶ 一个直角三角形的三边长都是两两互质的整数,且其中一边为 15,那么这样的三角形面积为_____。

练习❷ 已知两两互质的正整数 a、b、c 满足 $a^2+b^2=c^2$。证明: $4|abc$。

练习❸ 已知两两互质的正整数 a、b、c 满足 $a^2+b^2=c^2$。证明: $3|abc$。

练习❹ 已知两两互质的正整数 a、b、c 满足 $a^2+b^2=2c^2(a\neq b)$,那么 $a+b+c$ 的最小值为_____。

练习❺ 9个连续自然数排成一行,从中分成两段,前一段中每个数的平方和恰好等于后一段中每个数的平方和,那么这个数列的最小项为_____。

练习参考答案

练习题号	练习1	练习2	练习3
参考答案	60或840	略	略
解答提示	只能一条直角边为15	平方差,奇偶性质	按3的剩余类讨论
练习题号	练习4	练习5	
参考答案	13	36	
解答提示	$a=7, b=1, c=5$	$36^2+37^2+38^2+39^2+40^2$ $=41^2+42^2+43^2+44^2$	

310

SL-79　分数拆分：$\dfrac{1}{n}=\dfrac{1}{a}\pm\dfrac{1}{b}$

神器内容	1. 分数拆分：$\dfrac{1}{n}=\dfrac{1}{a}+\dfrac{1}{b}$（$n$、$a$、$b$ 都是正整数）。 （1）因为 $n^2=(a-n)(b-n)$，由此得到"平方因子补 n 法"。 （2）$\dfrac{1}{n}=\dfrac{x+y}{n(x+y)}=\dfrac{1}{\frac{n}{x}\times(x+y)}+\dfrac{1}{\frac{n}{y}\times(x+y)}$，其中 x、y 为 n 的约数，由此得到"n 约数搭配法"。 2. 分数拆分：$\dfrac{1}{n}=\dfrac{1}{a}-\dfrac{1}{b}$（$n$、$a$、$b$ 都是正整数），把单位分数之和的拆分中 b 用 $-b$ 替换，由此得到对应解法。
要点与说明	单位分数来拆分，求和求差都顺心。 分母平方再分解，再加分母赶快写。 分母约数来搭配，另辟蹊径也要会。

神器溯源

三千多年前，古埃及人发明了分数后，就考虑把一个分数分成几个单位分数的和或差的形式，这被称为分数的拆分。它是不定方程的一种特殊形式，在解题过程中也有其特殊的方法，这里主要学习把一个单位分数拆分成两个单位分数的和或差的形式。

1. 分数拆分：$\dfrac{1}{n}=\dfrac{1}{a}+\dfrac{1}{b}$（$n$、$a$、$b$ 都是正整数）。

（1）拆分变形：$ab=na+nb$，$ab-na-nb=0$，$a(b-n)-n(b-n)=n^2$，$n^2=(a-n)\times(b-n)$。

设 $a-n=x$，$b-n=y$，则 $n^2=xy$。由此得到"平方因子补 n 法"：
①对 n^2 进行二元分解；②对应的两个因子各加上 n，就是拆分的单位分数的分母。

（2）当 n 较大时，n^2 会更大，用平方因子补 n 法，计算量就会很大。此时可以使用"n 约数搭配法"。

当 x、y 为 n 的约数时，则有 $\dfrac{1}{n}=\dfrac{x+y}{n(x+y)}=\dfrac{1}{\frac{n}{x}\times(x+y)}+\dfrac{1}{\frac{n}{y}\times(x+y)}$。

2. 分数拆分 $\frac{1}{n} = \frac{1}{a} - \frac{1}{b}$，把单位分数之和的拆分中 b 用 $-b$ 替换，即可得到对应解法。

例题精讲

例题 1-1 把 $\frac{1}{6}$ 拆分成两个单位分数之和的形式，共有_____种不同的拆分方法，请一一写出来。

答案：5　$\frac{1}{6} = \frac{1}{7} + \frac{1}{42} = \frac{1}{8} + \frac{1}{24} = \frac{1}{9} + \frac{1}{18} = \frac{1}{10} + \frac{1}{15} = \frac{1}{12} + \frac{1}{12}$。

【解答】

$$6^2 = 1 \times 36 \Rightarrow \frac{1}{7} + \frac{1}{42} = \frac{1}{6}$$

$$= 2 \times 18 \Rightarrow \frac{1}{8} + \frac{1}{24} = \frac{1}{6}$$

$$= 3 \times 12 \Rightarrow \frac{1}{9} + \frac{1}{18} = \frac{1}{6}$$

$$= 4 \times 9 \Rightarrow \frac{1}{10} + \frac{1}{15} = \frac{1}{6}$$

$$= 6 \times 6 \Rightarrow \frac{1}{12} + \frac{1}{12} = \frac{1}{6}$$

（分子上各 +6）

共有 5 种不同拆分方法。

另解：采用 n 约数搭配法。6 的约数有 1、2、3、6，取两个（可以相同）的组合搭配：

(1,1)　(1,2)　(1,3)　(1,6)
(2,2)　(2,3)　(2,6)
(3,3)　(3,6)
(6,6)

两数之比相同的约数组合，拆分是相同的，因此得到不同的拆分有：

$(1,1) \Rightarrow \frac{1}{6} = \frac{1+1}{6 \times 2} = \frac{1}{12} + \frac{1}{12}$，　　$(1,2) \Rightarrow \frac{1}{6} = \frac{1+2}{6 \times 3} = \frac{1}{18} + \frac{2}{18} = \frac{1}{18} + \frac{1}{9}$，

$(1,3) \Rightarrow \frac{1}{6} = \frac{1+3}{6 \times 4} = \frac{1}{24} + \frac{3}{24} = \frac{1}{24} + \frac{1}{8}$，　　$(1,6) \Rightarrow \frac{1}{6} = \frac{1+6}{6 \times 7} = \frac{1}{42} + \frac{6}{42} = \frac{1}{42} + \frac{1}{7}$，

$(2,3) \Rightarrow \frac{1}{6} = \frac{2+3}{6 \times 5} = \frac{2}{30} + \frac{3}{30} = \frac{1}{15} + \frac{1}{10}$。

所以，$\frac{1}{6}=\frac{1}{12}+\frac{1}{12}=\frac{1}{18}+\frac{1}{9}=\frac{1}{24}+\frac{1}{8}=\frac{1}{42}+\frac{1}{7}=\frac{1}{15}+\frac{1}{10}$，共5种不同的拆分方法。

例题 1-2 已知 a、b 都是正整数，且满足 $\frac{1}{6}=\frac{1}{a}-\frac{1}{b}$，那么满足条件的数组 (a,b) 共有_____组，请一一写出来。

答案：4　$\frac{1}{6}=\frac{1}{5}-\frac{1}{30}=\frac{1}{4}-\frac{1}{12}=\frac{1}{3}-\frac{1}{6}=\frac{1}{2}-\frac{1}{3}$。

【解答】

$6^2 = 1 \times 36 \Rightarrow \frac{1}{5} - \frac{1}{30} = \frac{1}{6}$

$\quad\ = 2 \times 18 \Rightarrow \frac{1}{4} - \frac{1}{12} = \frac{1}{6}$

$\quad\ = 3 \times 12 \Rightarrow \frac{1}{3} - \frac{1}{6} = \frac{1}{6}$

$\quad\ = 4 \times 9 \Rightarrow \frac{1}{2} - \frac{1}{3} = \frac{1}{6}$

共有 4 种不同拆分方法。

另解：采用 n 约数搭配法。6 的约数有 1、2、3、6，取不同的两个进行组合搭配：

(1,2)　(1,3)　(1,6)

(2,3)　(2,6)

(3,6)

两数之比相同的约数组合，拆分是相同的，因此得到不同的拆分方法有：

$(1,2) \Rightarrow \frac{1}{6}=\frac{2-1}{6\times 1}=\frac{2}{6}-\frac{1}{6}=\frac{1}{3}-\frac{1}{6}$，　$(1,3) \Rightarrow \frac{1}{6}=\frac{3-1}{6\times 2}=\frac{3}{12}-\frac{1}{12}=\frac{1}{4}-\frac{1}{12}$，

$(1,6) \Rightarrow \frac{1}{6}=\frac{6-1}{6\times 5}=\frac{6}{30}-\frac{1}{30}=\frac{1}{5}-\frac{1}{30}$，　$(3,2) \Rightarrow \frac{1}{6}=\frac{3-2}{6\times 1}=\frac{3}{6}+\frac{2}{6}=\frac{1}{2}-\frac{1}{3}$。

所以，$\frac{1}{6}=\frac{1}{3}-\frac{1}{6}=\frac{1}{4}-\frac{1}{12}=\frac{1}{5}-\frac{1}{30}=\frac{1}{2}-\frac{1}{3}$，共 4 种不同的拆分方法。

例题 2 在每个方框内填入一个合适的数字，使得算式 $\frac{1}{2025}=\frac{1}{\square\square 00}+\frac{1}{\square\square 00}$ 成立，那么所填数字之和为_____。

答案：18

【解答】由于分数拆分的分母末两位都是"00",可以从 2025 中先除以 25,对 $\frac{1}{81}$ 进行单位分数之和的拆分,且每个分母都是 4 的倍数,较大分母小于较小分母的 10 倍。

81 的约数为 1、3、9、27、81,约数的组合搭配为(1,3),从而

$$\frac{1}{81}=\frac{1+3}{81\times 4}=\frac{1}{81\times 4}+\frac{3}{81\times 4}=\frac{1}{324}+\frac{1}{108}$$

$$\frac{1}{81\times 25}=\frac{1}{324\times 25}+\frac{1}{108\times 25}$$

$$\frac{1}{2025}=\frac{1}{8100}+\frac{1}{2700}$$

所以填的四个数字之和为 $8+1+2+7=18$。

针对性练习

练习❶ 分数拆分 $\frac{1}{15}=\frac{1}{a}+\frac{1}{b}$,其中 a、b 为不同的正整数,共有 _____ 种不同的拆分方法,给出所有拆分形式。(位置交换算一种)

练习❷ 分数拆分 $\frac{1}{15}=\frac{1}{a}-\frac{1}{b}$,其中 a、b 都是正整数,共有 _____ 种不同的拆分方法,给出所有拆分形式。(位置交换算一种)

练习❸ 分数拆分 $\frac{1}{12}=\frac{1}{a}+\frac{1}{b}$,其中 a、b 为不同的正整数,那么 $a+b$ 的最小值为 _____。

练习❹ 分数拆分 $\frac{1}{12}=\frac{1}{a}-\frac{1}{b}$,其中 a、b 都是正整数,那么 $a+b$ 的最大值为 _____。

练习❺ 两个正整数的乘积,等于它们的和的 9 倍,那么这两个正整数的差(大减小)最小为 _____。

练习❻ 已知 $\frac{1}{2091}=\frac{1}{a}-\frac{1}{b}$,$a$、$b$ 均为正整数,那么 $a+b$ 的最小值为 _____。

练习参考答案

练习题号	练习1	练习2
参考答案	4。$\frac{1}{16}+\frac{1}{240}=\frac{1}{18}+\frac{1}{90}=\frac{1}{20}+\frac{1}{60}=\frac{1}{24}+\frac{1}{40}$	4。$\frac{1}{14}-\frac{1}{210}=\frac{1}{12}-\frac{1}{60}=\frac{1}{10}-\frac{1}{30}=\frac{1}{6}-\frac{1}{10}$
解答提示	平方因子补n法	平方因子补n法

练习题号	练习3	练习4	练习5	练习6
参考答案	49	143	24	920
解答提示	约数之差尽量小	因数之差尽量大	36－12＝24	410＋510＝920

SL-80　分数拆分：$\dfrac{m}{n}=\dfrac{1}{a}\pm\dfrac{1}{b}$

神器内容	分数拆分：$\dfrac{m}{n}=\dfrac{1}{a}\pm\dfrac{1}{b}$（$m$、$n$、$a$、$b$ 都是正整数），采用分母的约数组合搭配法，求两者和就保证两个约数和是分子的倍数，求两者差就保证两个约数差是分子的倍数。
要点与说明	任意分数来拆分，是和是差记在心。 单位分数和或差，分子倍数满足它。 平方因子补 n 法，分子约分笑哈哈。

神器溯源

分数拆分：$\dfrac{m}{n}=\dfrac{1}{a}\pm\dfrac{1}{b}$，采用 n 约数搭配法，求两者和就保证两个约数和是分子的倍数，求两者差就保证两个约数差是分子的倍数。当然也可以采用平方因子补 n 法，找到分母是 m 的倍数的分拆，约分后分子为 1 即可。

例题精讲

例题 1-1 把 $\dfrac{5}{6}$ 拆分成两个单位分数之和的形式，则 $\dfrac{5}{6}=$ _____。

答案：$\dfrac{1}{3}+\dfrac{1}{2}$

【解答】先对 $\dfrac{1}{6}$ 进行拆分，$\dfrac{1}{6}=\dfrac{1}{12}+\dfrac{1}{12}=\dfrac{1}{18}+\dfrac{1}{9}=\dfrac{1}{24}+\dfrac{1}{8}=\dfrac{1}{42}+\dfrac{1}{7}=\dfrac{1}{15}+\dfrac{1}{10}$。然后把 $\dfrac{1}{6}$ 扩大 5 倍，得到 $\dfrac{5}{6}$ 的拆分，只有原来拆分的分母是 5 的倍数才符合条件，所以 $\dfrac{5}{6}=\dfrac{5}{15}+\dfrac{5}{10}=\dfrac{1}{3}+\dfrac{1}{2}$。

另解：采用 n 约数搭配法。6 的约数有 1、2、3、6，取两个（可以相同）约数，它们的和是 5 的倍数的只有 $2+3$。故 $(2,3)\Rightarrow\dfrac{5}{6}=\dfrac{2+3}{6}=\dfrac{1}{3}+\dfrac{1}{2}$。

所以 $\dfrac{5}{6}=\dfrac{1}{3}+\dfrac{1}{2}$。

例题 1-2 已知 a、b 都是正整数,且满足 $\dfrac{7}{36}=\dfrac{1}{a}-\dfrac{1}{b}$,那么 $a+b=$ _____。

答案:22 或 185

【解答】36 的约数有 1、2、3、4、6、9、12、18、36,两者之差是 7 的倍数的有"9−2""18−4""36−1"。$(9,2)\Rightarrow \dfrac{7}{36}=\dfrac{9-2}{36}=\dfrac{1}{4}-\dfrac{1}{18}$,所以 $a+b=4+18=22$。$(18,4)$ 与 $(9,2)$ 拆分相同。

$(36,1)\Rightarrow \dfrac{7}{36}=\dfrac{36-1}{36\times 5}=\dfrac{1}{5}-\dfrac{1}{180}$,所以 $a+b=5+180=185$。

所以所求为 22 或 185。

例题 2 两个两位数乘积的 4 倍,恰好等于它们和的 45 倍,那么满足条件的两位数组合共有 _____ 组。(两位交换位置算一种)

答案:2

【解答】设这两个两位数为 a 和 b,$4ab=45(a+b)$,变形为 $\dfrac{4}{45}=\dfrac{1}{a}+\dfrac{1}{b}$。

45 的约数为 1、3、5、9、15、45,两者之和为 4 的倍数的有 1+3、1+15、3+5(扩倍的情况排除)。

其中,最小两位数与最大两位数的倍数关系小于 10,故再排除 1+15。

$(1,3)\Rightarrow \dfrac{4}{45}=\dfrac{1+3}{45}=\dfrac{1}{45}+\dfrac{1}{15}$

$(3,5)\Rightarrow \dfrac{4}{45}=\dfrac{3+5}{45\times 2}=\dfrac{1}{30}+\dfrac{1}{18}$

所以满足条件的两位数组合共有 2 组。

针对性练习

练习❶ 分数拆分 $\dfrac{2}{15}=\dfrac{1}{a}+\dfrac{1}{b}$,其中 a、b 为不同的正整数,共有 _____ 种不同的拆分方法,给出所有拆分形式。(两位交换位置算一种)

练习❷ 分数拆分 $\dfrac{4}{15}=\dfrac{1}{a}-\dfrac{1}{b}$,其中 a、b 都是正整数,共有 _____ 种不同的拆分方法,给出所有拆分形式。(两位交换位置算一种)

练习❸ 分数拆分 $\frac{7}{30}=\frac{1}{a}+\frac{1}{b}$，其中 a、b 为不同的正整数，那么 $a+b$ 的最小值为_____。

练习❹ 分数拆分 $\frac{7}{30}=\frac{1}{a}-\frac{1}{b}$，其中 a、b 都是正整数，那么 $a+b$ 的最小值为_____。

练习❺ 两个两位数乘积的 8 倍，恰好等于它们的和的 105 倍，那么这两个两位数分别为_____和_____。

练习❻ 已知 $\frac{21}{520}=\frac{1}{a}+\frac{1}{b}$，$a$、$b$ 均为两位数，则 $a+b=$_____。

练习参考答案

练习题号	练习1	练习2	练习3
参考答案	4 $\frac{1}{30}+\frac{1}{10}=\frac{1}{45}+\frac{1}{9}=\frac{1}{120}+\frac{1}{8}=\frac{1}{20}+\frac{1}{12}$	1 $\frac{1}{3}-\frac{1}{15}$	21
解答提示	15 的约数搭配	15 的约数搭配	$\frac{1}{30}+\frac{1}{5}=\frac{1}{15}+\frac{1}{6}$
练习题号	练习4	练习5	练习6
参考答案	13	21 35	105
解答提示	$\frac{1}{4}-\frac{1}{60}=\frac{1}{3}-\frac{1}{10}$	$8\times21\times35=105\times(21+35)$	$\frac{21}{520}=\frac{1}{65}+\frac{1}{40}$

SL-81 多元分数拆分：$\dfrac{1}{n}=\dfrac{1}{a}+\dfrac{1}{b}+\dfrac{1}{c}+\cdots$

神器内容	多元分数拆分：$\dfrac{1}{n}=\dfrac{1}{a}+\dfrac{1}{b}+\dfrac{1}{c}+\cdots$（$n$、$a$、$b$、$c$、$\cdots$都是正整数），可以先拆分成两个单位分数之和，然后逐次拆分。或者把分母n的约数进行组合搭配。
要点与说明	多元拆分怎么办？从小到大连续干。 也可约数来组合，分母分开写几个。 几个拆分几个数，试试搭配别做错。

神器溯源

分数拆分：$\dfrac{1}{n}=\dfrac{1}{a}+\dfrac{1}{b}+\dfrac{1}{c}+\cdots$，即把一个单位分数拆分成多个单位分数之和的形式，一般有两种方法：一种方法是先拆分成两个单位分数之和，然后逐次拆分；另一种方法是把分母n的约数进行组合搭配。

对于分数拆分：$\dfrac{m}{n}=\dfrac{1}{a}+\dfrac{1}{b}+\dfrac{1}{c}+\cdots$，只要找到$n$的约数之和是$m$的倍数即可，后面的方法与分数拆分：$\dfrac{1}{n}=\dfrac{1}{a}+\dfrac{1}{b}+\dfrac{1}{c}+\cdots$相同。

例题精讲

例题 1-1 分数拆分：$\dfrac{1}{2}=\dfrac{1}{a}+\dfrac{1}{b}+\dfrac{1}{c}$（$a<b<c$）。请写出所有拆分形式。

答案：$\dfrac{1}{2}=\dfrac{1}{3}+\dfrac{1}{7}+\dfrac{1}{42}=\dfrac{1}{3}+\dfrac{1}{8}+\dfrac{1}{24}=\dfrac{1}{3}+\dfrac{1}{9}+\dfrac{1}{18}=\dfrac{1}{3}+\dfrac{1}{10}+\dfrac{1}{15}=\dfrac{1}{4}+\dfrac{1}{5}+\dfrac{1}{20}=\dfrac{1}{4}+\dfrac{1}{6}+\dfrac{1}{12}$

【解答】(1)因为$\dfrac{1}{2}=\dfrac{1}{6}+\dfrac{1}{6}+\dfrac{1}{6}$，根据广义抽屉原理，必有大于$\dfrac{1}{6}$的单位分数。故$a$的取值只能是3、4或5，然后分类讨论，进行二元拆分。

(2)当$a=3$时，$\dfrac{1}{2}=\dfrac{1}{3}+\dfrac{1}{b}+\dfrac{1}{c}$，$\dfrac{1}{6}=\dfrac{1}{b}+\dfrac{1}{c}$。共4种拆分形式：$\dfrac{1}{6}=\dfrac{1}{7}+\dfrac{1}{42}=\dfrac{1}{8}+\dfrac{1}{24}=\dfrac{1}{9}+\dfrac{1}{18}=\dfrac{1}{10}+\dfrac{1}{15}$。

(3)当 $a=4$ 时，$\frac{1}{2}=\frac{1}{4}+\frac{1}{b}+\frac{1}{c}$，$\frac{1}{4}=\frac{1}{b}+\frac{1}{c}$。由于 $4^2=1\times16=2\times8$，得到 2 种拆分形式：$\frac{1}{4}=\frac{1}{5}+\frac{1}{20}=\frac{1}{6}+\frac{1}{12}$。

(4)当 $a=5$ 时，$\frac{1}{2}=\frac{1}{5}+\frac{1}{b}+\frac{1}{c}$，$\frac{3}{10}=\frac{1}{b}+\frac{1}{c}$。$\frac{3}{10}=\frac{2+1}{10}=\frac{1}{5}+\frac{1}{10}$ 或 $\frac{3}{10}=\frac{5+1}{10\times2}=\frac{1}{4}+\frac{1}{20}$，均不满足条件 $a<b<c$，舍去。

所以，一共有 6 种不同的拆分形式：

$\frac{1}{2}=\frac{1}{3}+\frac{1}{7}+\frac{1}{42}=\frac{1}{3}+\frac{1}{8}+\frac{1}{24}=\frac{1}{3}+\frac{1}{9}+\frac{1}{18}=\frac{1}{3}+\frac{1}{10}+\frac{1}{15}=\frac{1}{4}+\frac{1}{5}+\frac{1}{20}=\frac{1}{4}+\frac{1}{6}+\frac{1}{12}$。

例题 1-2 几个酒鬼聚在一起喝酒，要比一比酒量。先上 1 瓶白酒，所有人平分这瓶酒。这酒厉害，喝完后立马醉倒了几个。酒兴未尽，于是再来 1 瓶白酒，未醉倒的人平分，结果又有 1 个人倒下。此时能坚持下去的人较少，但一定要决出胜负，不得已又来了 1 瓶白酒，还是平分，结果全都醉倒了。只听见最后倒下的醉鬼中有人喊："我正好喝了 1 瓶"。如果这个醉鬼的这句话符合实际情况，那么开始一共有_____个酒鬼聚会喝酒。

答案：6

【解答】设开始有 x 个人一起喝酒，每瓶酒为 1，平分第一瓶，每人喝 $\frac{1}{x}$，喝完后有几个人醉倒，还有 y 个人在继续喝。第二瓶每人平均喝 $\frac{1}{y}$，喝完后又有 1 个人倒下。此时有 $(y-1)$ 个人再平分第三瓶，平均每人喝 $\frac{1}{y-1}$。最后有人恰好喝 1 瓶，则有 $\frac{1}{x}+\frac{1}{y}+\frac{1}{y-1}=1$ 瓶。$(x>y)$

先考虑三元拆分 $1=\frac{1}{3}+\frac{1}{3}+\frac{1}{3}$，根据广义抽屉原理，$x>y$，$y-1$ 必小于 3。

当 $y-1=2$，即 $y=3$ 时，$1=\frac{1}{x}+\frac{1}{3}+\frac{1}{2}$，$x=6$。$y-1=1$ 时 $y=2$，$y-1=0$ 时，$y=1$，都不合题意。

得到 $1=\frac{1}{6}+\frac{1}{3}+\frac{1}{2}$，所以开始一共有 6 个人参加喝酒。

例题 2-1 分数拆分：$\dfrac{1}{12}=\dfrac{1}{\square}+\dfrac{1}{\square}+\dfrac{1}{\square}+\dfrac{1}{\square}+\dfrac{1}{\square}$。请写出一种拆分形式，$\dfrac{1}{12}=$ _____。

答案：$\dfrac{1}{180}+\dfrac{1}{90}+\dfrac{1}{60}+\dfrac{1}{45}+\dfrac{1}{36}$（答案不唯一）

【解答】找到五个互不相同的数做分子，每个数都能整除它们之和的 12 倍。

$\dfrac{1}{12}=\dfrac{1+2+3+4+5}{12\times 15}=\dfrac{1}{180}+\dfrac{1}{90}+\dfrac{1}{60}+\dfrac{1}{45}+\dfrac{1}{36}$。答案不唯一。

例题 2-2 把 $\dfrac{1}{6}$ 拆分成六个互不相同的单位分数之和的形式，即 $\dfrac{1}{6}=\dfrac{1}{\square}+\dfrac{1}{\square}+\dfrac{1}{\square}+\dfrac{1}{\square}+\dfrac{1}{\square}+\dfrac{1}{\square}$。请写出两种拆分形式。

答案：$\dfrac{1}{6}=\dfrac{1}{144}+\dfrac{1}{72}+\dfrac{1}{48}+\dfrac{1}{36}+\dfrac{1}{24}+\dfrac{1}{18}=\dfrac{1}{24}+\dfrac{1}{72}+\dfrac{1}{27}+\dfrac{1}{54}+\dfrac{1}{30}+\dfrac{1}{45}$（答案不唯一）

【解答】最小的六个正整数之和为 $1+2+3+4+5+6=21$，但是 6×21 不是 4 和 5 的倍数。把 5 调整为 8 得到 $\dfrac{1}{6}=\dfrac{1+2+3+4+6+8}{6\times 24}=\dfrac{1}{144}+\dfrac{1}{72}+\dfrac{1}{48}+\dfrac{1}{36}+\dfrac{1}{24}+\dfrac{1}{18}$。

因为 $\dfrac{1}{6}=\dfrac{1}{18}+\dfrac{1}{18}+\dfrac{1}{18}$，对三个 $\dfrac{1}{18}$ 进行三元拆分，$18^2=1\times 324=2\times 162=3\times 108=4\times 81=6\times 54=9\times 36=12\times 27$，从中任取三组即可。若我们找两数最接近的三组，得到 $\dfrac{1}{6}=\dfrac{1}{24}+\dfrac{1}{72}+\dfrac{1}{27}+\dfrac{1}{54}+\dfrac{1}{30}+\dfrac{1}{45}$。

答案不唯一。

针对性练习

练习❶ 分数拆分：$\dfrac{1}{8}=\dfrac{1}{a}+\dfrac{1}{b}+\dfrac{1}{c}$（$a<b<c$）。请写出一种拆分形式。

练习❷ 分数拆分：$\frac{35}{72}=\frac{1}{a}+\frac{1}{b}+\frac{1}{c}+\frac{1}{d}$ ($a<b<c<d$)。请写出一种拆分形式。

练习❸ 一个长方体，各棱长均为互不相等的整数厘米，已知该长方体的表面积数值与体积数值相等，那么该长方体体积最小为_____立方厘米。

练习❹ 三个非零自然数 $a<b<c$，已知 $a+b+c=[a,b,c]\leqslant 2000$，那么满足条件的整数组有_____组。

练习❺ 把 $\frac{4}{9}$ 拆分成六个互不相同的单位分数之和的形式，请写出一种拆分形式。

练习❻ 把 $\frac{33}{100}$ 拆分成 33 个互不相同的单位分数之和的形式，请写出一种拆分形式。

练习参考答案

练习题号	练习1	练习2	练习3
参考答案	$\frac{1}{8}=\frac{1}{14}+\frac{1}{28}+\frac{1}{56}=\frac{1}{16}+\frac{1}{24}+\frac{1}{48}$	$\frac{35}{72}=\frac{1}{6}+\frac{1}{8}+\frac{1}{9}+\frac{1}{12}$	288
解答提示	15 的约数搭配	接近 8 的四个数之和为 35	$\frac{1}{2}=\frac{1}{a}+\frac{1}{b}+\frac{1}{c}$

练习题号	练习4	练习5	练习6
参考答案	333	$\frac{4}{9}=\frac{1}{8}+\frac{1}{9}+\frac{1}{12}+\frac{1}{18}+\frac{1}{24}+\frac{1}{36}$	$\frac{33}{100}=\frac{1}{1\times 4}+\frac{1}{4\times 7}+\cdots+\frac{1}{97\times 100}$
解答提示	6 的倍数即可	分子凑成 32	分数裂项，分母两数之差为 3

SL-82 邮资问题

神器内容	当 a 与 b 互质时,用 a 和 b 可以凑出一些正整数,但有些正整数无法凑出。 (1)不能凑出的邮资有 $\dfrac{(a-1)(b-1)}{2}$ 种。 (2)不能凑成的邮资最大正整数值为 $ab-a-b$。
要点与说明	原来寄信贴邮票,几分几角先买好。 贴在信封左上角,邮差尽快去送到。 邮票面额已固定,邮资多少先过秤。 使用邮票凑邮资,不能凑成有常识。 要想推导都清晰,神器溯源快学习。

神器溯源

用面值为 a 和 b 的邮票,可以凑出一些邮资。但有些邮资无法凑出,那么不能凑出的邮资有多少种?不能凑出的邮资最大值是多少?诸如此类的问题都被称为邮资问题。

例如,6 元和 8 元的邮票,只有 $(6,8)=2$ 的倍数的金额有可能凑出。但是,2 的倍数也不是都能凑出,金额为 2、4、10 就不能凑出。金额为 1、3、5、…的,显然不能凑出。

当 $(a,b)=1$ 时,用 a 与 b 凑邮资:

(1)不能凑出的最大邮资为 $ab-a-b$。

(2)不能凑出的邮资有 $\dfrac{(a-1)(b-1)}{2}$ 种。

约定:对于面值为 a、b 的邮票,如果存在两个自然数 m、n,使得 $am+bn=N$,则称 N 能被 a 和 b 线性表达。或者说,若不定方程 $ax+by=N$ 有自然数解,则称 N 能被 a 和 b 线性表达。例如,$71=9\times3+11\times4$,所以 71 能被 9 和 11 线性表达。

下面推导这个结论:

首先 a 与 $b(a>b)$ 不能凑的邮资小于 ab。这是因为 0、a、$2a$、$3a$、…、$(b-1)a$ 被 b 除的余数互不相同,且恰好是 $0\sim b-1$ 各一次(即是 b 的完全剩余系)。所以,当 $N\geqslant ab$ 时,一定有 $N\equiv ka(\bmod b)$(k 是 $0\sim b-1$ 中的某个数),所以 $N=ka+mb$

(m 为自然数),即 N 可以用 a、b 线性表达。

证明:$ab-a-b$ 不能被 a、b 线性表达。

假设 $ax+by=ab-a-b$,$by\equiv ab-a-b\pmod{a}$,$y\equiv -1\pmod{a}$。

从而得到不定方程的一个特解 $\begin{cases} x=b-1 \\ y=-1 \end{cases}$,对应的通解为 $\begin{cases} x=b-1-bt \\ y=-1+at \end{cases}$($t$ 为整数)。

又知 $\begin{cases} x=b-1-bt\geq 0 \\ y=-1+at\geq 0 \end{cases}$,$0<\dfrac{1}{a}\leq t\leq \dfrac{b-1}{b}<1$,说明整数 t 不存在,从而找不到 x、y 都为自然数的值,所以 $ab-a-b$ 不能被 a、b 线性表达。

接下来再证明 $ab-a-b+1$ 至 $ab-1$ 都能被线性表达,就能说明 $ab-a-b$ 是不能被 a、b 线性表达的最大值。

这是因为,当 $N=ab$ 时,$\begin{cases} x=b \\ y=0 \end{cases}$ 或 $\begin{cases} x=0 \\ y=a \end{cases}$,故 $N>ab$ 时,N 都可以用 a 和 b 线性表达,则 $ax+by=ab+k(k>0)$ 有非零自然数解 $\begin{cases} x=x_0\geq 1 \\ y=y_0\geq 1 \end{cases}$,所以 $ax+by=ab-a-b+k(k>0)$ 有自然数解 $\begin{cases} x=x_0-1\geq 0 \\ y=y_0-1\geq 0 \end{cases}$,结论正确。

把自然数按 b 的完全剩余系分类如下:

b、$2b$、$3b$、$4b$、$\cdots$。

1、$b+1$、$2b+1$、$3b+1$、$4b+1$、$\cdots$。

2、$b+2$、$2b+2$、$3b+2$、$4b+2$、$\cdots$。

……

$b-1$、$b+(b-1)$、$2b+(b-1)$、$3b+(b-1)$、$4b+(b-1)$、$\cdots$。

由于 $a>b$ 时,在模 b 的剩余类 a、$2a$、$3a$、$\cdots$、$(b-1)a$ 中,可设 $ka\equiv r\pmod{b}$,$(b-k)a\equiv b-r\pmod{b}$,则有 $(k+b-k)a=ba\equiv r+b-r\pmod{b}$。即小于 ab 且在 $bm+r(1\leq r\leq b-1)$ 与 $bm+(b-r)$ 两类数列中,共有 $a-1$ 个数不能被 a 整除,当然也不能被 b 整除,所以,有 $a-1$ 个数不能被 a 和 b 线性表达。一共有 $\dfrac{b-1}{2}\times(a-1)=\dfrac{(a-1)(b-1)}{2}$ 个数不能被 a 和 b 线性表达,也就是不能被 a 和 b 凑出来。

例题精讲

例题 1-1 用 4 元和 11 元的邮票,不能凑出的整数元邮资最大为_____元,不能凑的整数邮资共有_____种。

答案：29   15

【解答】(1)不能凑出的最大邮资为 $4\times 11-4-11=29$。

(2)不能凑的邮资有 $\frac{(4-1)(11-1)}{2}=15$ 种。

另解：按4的完全剩余系分类：

$4k$：4、8、12、16、20、⋯。

$4k+1$：①、⑤、⑨、⑬、⑰、㉑、㉕、㉙、33($=11\times 3$)、37($=11\times 3+4$)、⋯。

$4k+2$：②、⑥、⑩、⑭、⑱、22($=2\times 11$)、26($=2\times 11+4$)、⋯。

$4k+3$：③、⑦、11($=11$)、15($=11+4$)、19($=11+2\times 4$)、⋯。

所以，不能凑的邮资最大为29，一共有 $8+5+2=15$ 种不能凑的邮资。

例题 1-2 某个国家只有两种整数元的纸钞，面值为7元和12元，那么这个国家的纸钞取款机要把最低取款额定为_____元，才能保证等于或高于这个金额的整数取款额都能取出。

答案：66

【解答】不能凑成的最大取款额为 $7\times 12-7-12=65$ 元，所以，最低取款额定为 $65+1=66$ 元。

例题 2-1 有两种不同的巧克力，各买一盒需要19元，且单价都是整数。小明用69元来购买这两种或一种巧克力，结果发现不管怎么买，69元都花不完。如果已知单价金额互质，那么较贵的巧克力的单价为_____元。

答案：11

【解答】不妨设69就是单价不能凑出的最大整数，则单价的乘积为 $69+19=88=8\times 11$，所以较贵的巧克力单价为11元。

例题 2-2 今有三种面值10元、20元、50元的纸币共 n 张，恰有10种组合法能使 n 个硬币的总币值为 $30n$ 元，那么 n 的最小值为_____。

答案：54

【解答】设10元、20元、50元的硬币各有 x、y、z 张，则

$\begin{cases} x+y+z=n \\ 10x+20y+50z=30n \end{cases}$，整理得 $\begin{cases} x+y+z=n \cdots\cdots(1) \\ x+2y+5z=3n \cdots\cdots(2) \end{cases}$

保证总币值 $3n$ 有10种组合，对应着方程组有10组自然数解。

$(2)-(1)$ 得 $y=2n-4z\geq 0$，$z\leq \frac{n}{2}$。

把 $y=2n-4z$ 代入(1)得 $x=3z-n\geqslant 0, z\geqslant \frac{n}{3}$。

所以 $\frac{n}{3}\leqslant z\leqslant \frac{n}{2}$，设 $n=6k$（k 为整数），则 $2k\leqslant z\leqslant 3k$，因为方程组有 10 组解，所以对应的 z 有 10 个自然数取值，$3k-2k+1=10, k=9$。所以，n 的最小值为 $6\times 9=54$。

针对性练习

练习❶ 有 5 角和 9 角的邮票无数张，邮资都是整数，那么不能凑成的邮资最大是_____元，不能凑成的邮资有_____种。

练习❷ 有写着 8 和 11 的卡片足够多，任意取几张，把卡片上的数相加得到一个总和，那么不能得到的总和最大值为_____，不是凑出的总和的正整数有_____个。

练习❸ 现有一架天平，10 克和 7 克的砝码都有足够多。用这些砝码和天平，不能称出的最大整数克重量是_____克。（砝码只能放在天平的一边。）

练习❹ 有 a 角和 b 角两种面值的邮票，且 a 与 b 都是不同的质数，$a>b$。若已知有 30 种邮资是不能支付的，那么 a 的最小值为_____角。

练习❺ 小明玩投飞镖游戏，每局可随意玩若干次，每次的得分是 8、a、0 这三个自然数中的一个，每局各次得分的总和叫作这一局的总积分。在总积分显示牌上，曾经出现过 82 分，但不管怎么获得总积分，总积分牌上不可能出现 83 分，那么 a 是_____。

练习参考答案

练习题号	练习1	练习2	练习3	练习4	练习5
参考答案	3.1 16	69 35	53	11	13
解答提示	基本练习	基本练习	$10\times 7-10-7=53$	公式逆运用	考虑 83 是不能凑的最大值

SL-83　连分数

神器内容	形如 $q_1+\cfrac{1}{q_2+\cfrac{1}{q_3+\cfrac{1}{\ddots \cfrac{\vdots}{q_{n-1}+\cfrac{1}{q_n}}}}}$ 的繁分数叫作连分数。 连分数简记为 $q_1+\cfrac{1}{q_2}+\cfrac{1}{q_3}+\cdots+\cfrac{1}{q_n}$ 或 $[q_1,q_2,\cdots,q_n]$。
要点与说明	连分数，真是繁，出现好多分数线。 整倍首先写前面，分子颠倒继续算。 简记符号较好办，准确计算大考验。

神器溯源

把分数 $\dfrac{a}{b}$ 的分子和分母反复进行辗转相除，列出对应的算式，如图 1 所示。

辗转相除法对应的算式：

$$\dfrac{a}{b}=q_1+\dfrac{r_1}{b}$$

$$\dfrac{b}{r_1}=q_2+\dfrac{r_2}{r_1}$$

$$\dfrac{r_1}{r_2}=q_3+\dfrac{r_3}{r_2}$$

……

$$\dfrac{r_{n-2}}{r_{n-1}}=q_n+\dfrac{r_n}{r_{n-1}}$$

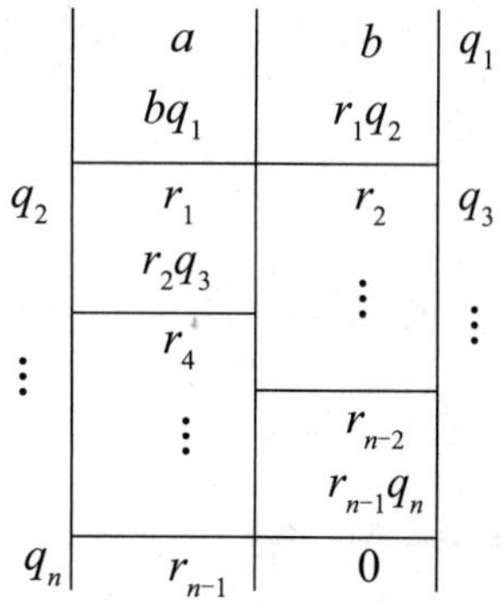

图 1

由于辗转相除得到的余数逐步减少，经过有限次后，必然得到 $r_n=0$，所以 $\dfrac{r_{n-2}}{r_{n-1}}=q_n$。通过上面一系列等式，可把分数 $\dfrac{a}{b}$ 表示为繁分数：

$$\frac{a}{b} = q_1 + \frac{r_1}{b} = q_1 + \frac{1}{\frac{b}{r_1}} = q_1 + \frac{1}{q_2 + \frac{r_2}{r_1}} = q_1 + \frac{1}{q_2 + \frac{1}{\frac{r_1}{r_2}}} = q_1 + \frac{1}{q_2 + \frac{1}{q_3 + \frac{r_3}{r_2}}} = \cdots =$$

$$q_1 + \cfrac{1}{q_2 + \cfrac{1}{q_3 + \cfrac{1}{\ddots + \cfrac{1}{q_{n-1} + \cfrac{1}{q_n}}}}}。$$

此种繁分数就叫作连分数,可以简记为 $\frac{a}{b} = q_1 + \frac{1}{q_2} + \frac{1}{q_3} + \frac{1}{q_4} + \cdots + \frac{1}{q_n}$,或者 $\frac{a}{b} = [q_1, q_2, q_3, \cdots, q_n]$。

例题精讲

例题 1-1 $2 + \cfrac{1}{3 + \cfrac{1}{4 + \cfrac{1}{5 + \cfrac{1}{6}}}} = $ _____。

答案:$2\frac{130}{421}$

【解答】$2 + \cfrac{1}{3 + \cfrac{1}{4 + \cfrac{1}{5 + \frac{1}{6}}}} = 2 + \cfrac{1}{3 + \cfrac{1}{4 + \frac{6}{31}}} = 2 + \cfrac{1}{3 + \frac{31}{130}} = 2 + \frac{130}{421} = 2\frac{130}{421}$。

例题 1-2 把 $\frac{149}{44}$ 化成连分数 $[a_0, a_1, a_2, \cdots, a_n]$ 的形式,则 $\frac{149}{44} = $ _____。

答案:$[3, 2, 1, 1, 2, 3]$

【解答】如图2所示,$\frac{149}{44} = [3, 2, 1, 1, 2, 3]$。

3	44	149	
	34	132	
1	10	17	2
	7	10	
2	3	7	1
	3	6	
	0	1	3

图2

例题 2-1 $\dfrac{1}{2+\dfrac{1}{2+\dfrac{1}{3+\dfrac{1}{4+\dfrac{1}{5+\dfrac{1}{6}}}}}}+\dfrac{1}{1+\dfrac{1}{2+\dfrac{1}{3+\dfrac{1}{4+\dfrac{1}{5+\dfrac{1}{6}}}}}}=$ _____。

答案：1

【解答】设 $x=1+\dfrac{1}{2+\dfrac{1}{3+\dfrac{1}{4+\dfrac{1}{5+\dfrac{1}{6}}}}}$，原式 $=\dfrac{1}{1+x}+\dfrac{1}{1+\dfrac{1}{x}}=\dfrac{1}{1+x}+\dfrac{x}{x+1}=\dfrac{1+x}{x+1}=1$。

例题 2-2 已知 $[0,101,103,105,107,109]+[q_1,q_2,q_3,\cdots,q_n]=1$，则 $[q_1,q_2,q_3,\cdots,q_n]=$ _____。（用连分数表示）

答案：$[0,1,100,103,105,107,109]$

【解答】因为 $\dfrac{1}{1+x}+\dfrac{1}{1+\dfrac{1}{x}}=\dfrac{1}{1+x}+\dfrac{x}{x+1}=1$，

设 $x=100+\dfrac{1}{103+\dfrac{1}{105+\dfrac{1}{107+\dfrac{1}{109}}}}$，

则有 $\dfrac{1}{1+100+\dfrac{1}{103+\dfrac{1}{105+\dfrac{1}{107+\dfrac{1}{109}}}}}+\dfrac{1}{1+\dfrac{1}{100+\dfrac{1}{103+\dfrac{1}{105+\dfrac{1}{107+\dfrac{1}{109}}}}}}=1$

$\dfrac{1}{101+\dfrac{1}{103+\dfrac{1}{105+\dfrac{1}{107+\dfrac{1}{109}}}}}+\dfrac{1}{1+\dfrac{1}{100+\dfrac{1}{103+\dfrac{1}{105+\dfrac{1}{107+\dfrac{1}{109}}}}}}=1$

$[0,101,103,105,107,109]+[0,1,100,103,105,107,109]=1$

所以 $[q_1,q_2,q_3,\cdots,q_n]=[0,1,100,103,105,107,109]$。

针对性练习

练习❶ 把下面的连分数化为最简分数形式。

(1) $3+\cfrac{1}{4+\cfrac{1}{5+\cfrac{1}{6}}}=$ _____

(2) $\cfrac{1}{3+\cfrac{1}{2+\cfrac{1}{1+\cfrac{1}{2+\cfrac{1}{3}}}}}=$ _____

练习❷ 把下面的连分数化为最简分数形式。

(1) $1+\cfrac{1}{2}+\cfrac{1}{3}+\cfrac{1}{3}+\cfrac{1}{2}=$ _____

(2) $2+\cfrac{1}{1}+\cfrac{1}{3}+\cfrac{1}{5}+\cfrac{1}{7}=$ _____

练习❸ 把下面的连分数化为最简分数形式。

(1) $[6,1,2,3]=$ _____

(2) $[0,2,4,5,1,3]=$ _____

练习❹ 把 $\dfrac{52}{149}$ 化成连分数 $[q_0,q_1,q_2,q_3,\cdots,q_n]$ 的形式。

练习❺ 已知 $x=1+\cfrac{1}{2+\cfrac{1}{1+\cfrac{1}{2+\cfrac{1}{1+\cfrac{1}{\ddots}}}}}$,那么 $x^2-x=$ _____。

练习❻ $\cfrac{1}{1+\cfrac{1}{100+\cfrac{1}{102+\cfrac{1}{103+\cfrac{1}{104}}}}}+\cfrac{1}{1-\cfrac{1}{102+\cfrac{1}{102+\cfrac{1}{103+\cfrac{1}{104}}}}}=$ _____。

练习参考答案

练习题号	练习1	练习2	练习3
参考答案	(1)$3\frac{31}{130}$ (2)$\frac{27}{91}$	(1)$1\frac{23}{53}$ (2)$2\frac{115}{151}$	(1)$6\frac{7}{10}$ (2)$\frac{96}{215}$
解答提示	基本练习	基本练习	基本练习
练习题号	练习4	练习5	练习6
参考答案	$[0,2,1,6,2,3]$	$\frac{1}{2}$	2
解答提示	辗转相除法	循环连分数设元	对$[100,102,103,104]$设元

SL-84　渐近分数

神器内容	对应连分数 $\dfrac{a}{b}=q_1+\dfrac{1}{q_2+\dfrac{1}{q_3+\dfrac{1}{\ddots}}}$， 第 1 渐近分数为 $\dfrac{a_1}{b_1}=q_1$，第 2 渐近分数为 $\dfrac{a_2}{b_2}=q_1+\dfrac{1}{q_2}$， 第 3 渐近分数为 $\dfrac{a_3}{b_3}=q_1+\dfrac{1}{q_2+\dfrac{1}{q_3}}$……
要点与说明	分数分子和分母，可以辗转来相除。 把商写成连分数，截段接近误差出。 误差大小把握度，符合条件真舒服。

神器溯源

对于连分数 $\dfrac{a}{b}=q_1+\dfrac{1}{q_2}+\dfrac{1}{q_3}+\dfrac{1}{q_4}+\cdots+\dfrac{1}{q_n}=[q_1,q_2,q_3,\cdots,q_n]=q_1+\dfrac{1}{q_2+\dfrac{1}{q_3+\dfrac{1}{\ddots q_{n-1}+\dfrac{1}{q_n}}}}$。

由辗转相除法可以看出，只需做有限次除法，故这样的连分数叫作有限连分数，它是由分数 $\dfrac{a}{b}$ 变形得到的。反过来，任何一个有限连分数，都能转化为分数。

对于连分数中的 n，既是连分数的项数，又是辗转相除的次数。把连分数截段，得到 $\dfrac{a}{b}$ 的渐近分数。

第 1 渐近分数：$\dfrac{a_1}{b_1}=q_1$。

第 2 渐近分数：$\dfrac{a_2}{b_2}=[q_1,q_2]=q_1+\dfrac{1}{q_2}$。

第 3 渐近分数：$\dfrac{a_3}{b_3}=[q_1,q_2,q_3]=q_1+\dfrac{1}{q_2+}\dfrac{1}{q_3}$。

……

第 n 渐近分数：$\dfrac{a_n}{b_n}=[q_1,q_2,q_3,\cdots,q_n]=q_1+\dfrac{1}{q_2+}\dfrac{1}{q_3+}\dfrac{1}{q_4+}\cdots+\dfrac{1}{q_n}$。

对于渐近分数，作如下说明：

(1)若 $a\geqslant b$，则 $q_1\geqslant 1$。$a=bq_1+r_1$，取 $r_1=0$，$\dfrac{a}{b}\approx\dfrac{a_1}{b_1}=q_1$。若 $a<b$，则 $q_1=0$。$a=b\times 0+a$，$\dfrac{a}{b}\approx\dfrac{a_1}{b_1}=0$。

(2)第 1 渐近分数 $\dfrac{a_1}{b_1}<\dfrac{a}{b}$。因为 $a=bq_1+r_1(r_1>0)$，$\dfrac{a}{b}=q_1+\dfrac{r_1}{b}$，$\dfrac{a}{b}=\dfrac{a_1}{b_1}+\dfrac{r_1}{b}$，所以，$\dfrac{a}{b}>\dfrac{a_1}{b_1}$。

第 2 渐近分数 $\dfrac{a_2}{b_2}>\dfrac{a}{b}$。因为 $\dfrac{b}{r_1}=q_2+\dfrac{r_2}{r_1}$，$q_2<\dfrac{b}{r_1}$，$\dfrac{1}{q_2}>\dfrac{r_1}{b}$，所以，$\dfrac{a_2}{b_2}=q_1+\dfrac{1}{q_2}>q_1+\dfrac{r_1}{b}=\dfrac{bq_1+r_1}{b}=\dfrac{a}{b}$。

第 3 渐近分数 $\dfrac{a_3}{b_3}<\dfrac{a}{b}$。因为 $\dfrac{r_1}{r_2}=q_3+\dfrac{r_3}{r_2}$，$q_3<\dfrac{r_1}{r_2}$，$\dfrac{1}{q_3}>\dfrac{r_2}{r_1}$，所以，$\dfrac{a_3}{b_3}=q_1+\dfrac{1}{q_2+}\dfrac{1}{q_3}=q_1+\dfrac{1}{q_2+\dfrac{1}{q_3}}<q_1+\dfrac{1}{q_2+\dfrac{r_2}{r_1}}=q_1+\dfrac{r_1}{r_1q_2+r_2}=q_1+\dfrac{r_1}{b}=\dfrac{a}{b}$。

……

第奇数个渐近分数都小于原连分数，第偶数个渐近分数都大于原连分数。第 n 个渐近分数就是原连分数，二者完全相等，渐近近似分数已经名存实亡。

(3)第 $2k$ 个渐近分数比第 $(2k-1)$ 个渐近分数更接近原连分数，其误差更小。

$\dfrac{a}{b}-\dfrac{a_{2k-1}}{b_{2k-1}}>\dfrac{a_{2k}}{b_{2k}}-\dfrac{a}{b}$，或者 $\dfrac{a_1}{b_1}<\dfrac{a_3}{b_3}<\dfrac{a_5}{b_5}<\cdots<\dfrac{a}{b}<\cdots<\dfrac{a_6}{b_6}<\dfrac{a_4}{b_4}<\dfrac{a_2}{b_2}$。

(4)渐近分数的分子与分母存在着下面的递推关系式：

$a_m=q_ma_{m-1}+a_{m-2}(m\geqslant 3,a_1=q_1,a_2=a_1q_2+1)$，$b_m=q_mb_{m-1}+b_{m-2}(m\geqslant 3,b_1=1,b_2=q_2)$

(5)任何一个分数的连分数表达方式唯一。

连分数可以拓展到无限连分数，可以参阅有关数论的书籍。

例题精讲

例题 1-1 求连分数 $2+\cfrac{1}{3+\cfrac{1}{4+\cfrac{1}{5+\cfrac{1}{6}}}}$ 的各个渐近分数。则 $\dfrac{a_1}{b_1}=$ _____，$\dfrac{a_2}{b_2}=$ _____，$\dfrac{a_3}{b_3}=$ _____，$\dfrac{a_4}{b_4}=$ _____。

答案：$2\quad \dfrac{7}{3}\quad \dfrac{30}{13}\quad \dfrac{157}{68}$

【解答】$\dfrac{a_1}{b_1}=2$。$\dfrac{a_2}{b_2}=2+\dfrac{1}{3}=\dfrac{7}{3}$。$\dfrac{a_3}{b_3}=2+\cfrac{1}{3+\frac{1}{4}}=2+\dfrac{4}{13}=\dfrac{30}{13}$。

$\dfrac{a_4}{b_4}=2+\cfrac{1}{3+\cfrac{1}{4+\frac{1}{5}}}=2+\cfrac{1}{3+\frac{5}{21}}=2+\dfrac{21}{68}=\dfrac{157}{68}$。

例题 1-2 求 1.314 的第 4 和第 5 渐近分数。则 $\dfrac{a_4}{b_4}=$ _____，$\dfrac{a_5}{b_5}=$ _____。

答案：$1\dfrac{11}{35}\quad 1\dfrac{27}{86}$

【解答】$1.314=1\dfrac{314}{1000}=1\dfrac{157}{500}=1+\cfrac{1}{3+\frac{29}{157}}=1+\cfrac{1}{3+\cfrac{1}{5+\frac{12}{29}}}=$

$1+\cfrac{1}{3+\cfrac{1}{5+\cfrac{1}{2+\frac{5}{12}}}}=1+\cfrac{1}{3+\cfrac{1}{5+\cfrac{1}{2+\frac{2}{5}}}}$。

$\dfrac{a_4}{b_4}=1+\cfrac{1}{3+\cfrac{1}{5+\frac{1}{2}}}=1+\cfrac{1}{3+\frac{2}{11}}=1\dfrac{11}{35}$，$\dfrac{a_5}{b_5}=1+\cfrac{1}{3+\cfrac{1}{5+\cfrac{1}{2+\frac{1}{2}}}}=1+\cfrac{1}{3+\cfrac{1}{5+\frac{2}{5}}}=$

$1+\cfrac{1}{3+\frac{5}{27}}=1\dfrac{27}{86}$。

例题 2-1 一个分数的分母小于 70，且与分数 $\dfrac{9102}{2019}$ 最接近，那么这个分数是 _____。

答案：$\dfrac{275}{61}$

【解答】如图 3 所示，采用辗转相除法。

最接近 $\dfrac{9102}{2019}$ 的分数为 $4+\dfrac{1}{1+\dfrac{1}{1+\dfrac{1}{30}}}=\dfrac{275}{61}$。

4	2019	9102	
	1026	8076	
1	993	1026	1
	990	993	
11	③	33	30
		33	
		0	

图 3

下面证明 $\dfrac{275}{61}$ 最接近 $\dfrac{9102}{2019}$。设最接近的分数为 $\dfrac{a}{b}$，$\dfrac{9102}{2019}=\dfrac{3034}{673}$，则

$\dfrac{a}{b}-\dfrac{3034}{673}=\dfrac{673a-3034b}{673b}\geqslant\dfrac{1}{673b}$，而 $673\times275-3034\times61=1$，误差为 $\dfrac{1}{673\times61}=\dfrac{1}{41053}$。或者 $\dfrac{3034}{673}-\dfrac{a}{b}=\dfrac{3034b-673a}{673b}\geqslant\dfrac{1}{673b}$，而 $3034\times612-673\times2759=1$，得到分数 $\dfrac{2759}{612}$ 分母大于 70。所以，所求分数为 $\dfrac{275}{61}$。

例题 2-2 分子小于 2000，且最接近 $\dfrac{70}{19}$ 的分数是 _____。

答案：$\dfrac{1971}{535}$

【解答】$\dfrac{70}{19}=3+\dfrac{13}{19}=3+\dfrac{1}{1+\dfrac{6}{13}}=3+\dfrac{1}{1+\dfrac{1}{2+\dfrac{1}{6}}}$。

设与 $\dfrac{70}{19}$ 最接近的分数为 $3+\dfrac{1}{1+\dfrac{1}{2+\dfrac{1}{6+\dfrac{a}{b}}}}=\dfrac{70b+11a}{19b+3a}$。$\dfrac{70b+11a}{19b+3a}-\dfrac{70}{19}=\dfrac{-a}{19(19b+3a)}$，当 a 取 ±1 时，差取最小。

当 $a=1$ 时，$70b+11a=70b+11<2000$，得到 $b<28\dfrac{29}{70}$，取 $b=28$，所以，$\dfrac{70\times28+11}{19\times28+3}=\dfrac{1971}{535}$。

当 $a=-1$ 时，$70b+11a=70b-11<2000$，得到 $b<28\frac{51}{70}$，取 $b=28$，所以 $\frac{70\times 28-11}{19\times 28-3}=\frac{1949}{529}$。

分子相差 1，分母越大，两者相差的就越小，所以所求为 $\frac{1971}{535}$。

针对性练习

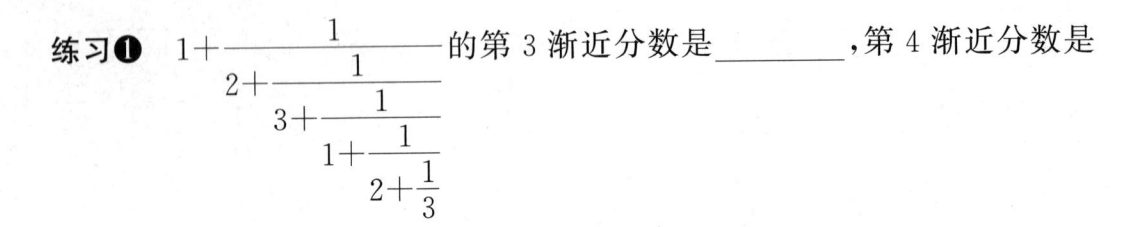

练习❶ $1+\cfrac{1}{2+\cfrac{1}{3+\cfrac{1}{1+\cfrac{1}{2+\cfrac{1}{3}}}}}$ 的第 3 渐近分数是 _____，第 4 渐近分数是 _____。

练习❷ 循环连分数 $[3,\overline{3,2}]$ 的第 5 渐近分数是 _____。

练习❸ 分母小于 30，且与 $\frac{236}{37}$ 最接近的分数为 _____。

练习❹ 分子不大于 200，且与 $\frac{59}{18}$ 最接近的分数为 _____。

练习❺ 我国南北朝时期的数学家祖冲之在"圆的周长与直径的比"——圆周率 π 上做了大量的工作。他得出了两个表达圆周率的分数，一个是 $\frac{22}{7}$，被称为约率。一个是 $\frac{355}{113}$，被称为密率。同时他把圆周率计算到 3.1415926 与 3.1415927 之间，那么圆周率 π≈3.1415926 的第 4 个渐近分数为 _____。

练习参考答案

练习题号	练习 1	练习 2	练习 3	练习 4	练习 5
参考答案	$1\frac{3}{7}$ $1\frac{4}{9}$	$3\frac{16}{55}$	$\frac{51}{8}$	$\frac{200}{61}$	$\frac{355}{113}$
解答提示	基本练习	基本练习	取渐近分数	取渐近分数	先化成分数

· 337 ·

SL-85　高斯取整方程

神器内容	(1)$[x]$表示不大于x的最大整数,即x的整数部分。例如,$[3.14]=3,[6]=6,[0]=0,[-2.6]=-3$。 (2)$\{x\}$表示$x$的小数部分,$0\leqslant\{x\}<1$。例如,$\{3.14\}=0.14$,$\{6\}=0,\{0\}=0,\{-2.6\}=0.4$。 (3)$x=[x]+\{x\},0\leqslant\{x\}<1$。
要点与说明	小数现在要分家,整小两块分开它。 整数部分咋知道,原数带上中括号。 如果带上大括号,小数部分跑不掉。 小数部分有范围,0与1间要学会。

神器溯源

如果题目只与一个数的整体有关,为了便于表达,一般把这个数设成一个整体。如果题目不但涉及某个数的整体,还涉及这个数的组成部分,那么可以把每部分分别设出来。例如,一个四位数,可设为x,也可设为$\overline{abcd}$以具体到每个数字。一个分数,可设为x,也可设为$\dfrac{a}{b}$以具体到分子和分母。对于一个小数,除了可设为x,也可把整数部分与小数部分单独表达出来。

1. 高斯取整符号$[x]$

$[x]$表示不大于x的最大整数,即x的整数部分。例如,$[3.14]=3,[6]=6$,$[0]=0,[-2.6]=-3$,这种符号又叫作高斯取整符号。

$\{x\}$表示x的小数部分,$0\leqslant\{x\}<1$。例如,$\{3.14\}=0.14,\{6\}=0,\{0\}=0$,$\{-2.6\}=0.4$。

2. $[x]$与$\{x\}$的性质

(1)$x=[x]+\{x\},0\leqslant\{x\}<1$。

(2)$[x]\leqslant x<[x]+1,x-1<[x]\leqslant x$。

(3)$[n+x]=n+[x]$(n为整数)。

(4)$[x]+[y]\leqslant[x+y],\{x\}+\{y\}\geqslant\{x+y\}$。

(5)若$[x]=[y]$,$x\geqslant y$,则$0\leqslant x-y<1$。

(6)在$n!$分解质因数中,质数p的次数为$\left[\dfrac{n}{p}\right]+\left[\dfrac{n}{p^2}\right]+\left[\dfrac{n}{p^3}\right]+\left[\dfrac{n}{p^4}\right]+\cdots$。

(7)若n为正整数,则有$\left[\dfrac{[x]}{n}\right]=\left[\dfrac{x}{n}\right]$。

例题精讲

例题 1-1 解方程:$[2x-3]=7$。

答案:$5\leqslant x<5.5$

【解答】$[2x-3]=7,7\leqslant 2x-3<8,10\leqslant 2x<11,5\leqslant x<5.5$。

例题 1-2 解方程:$\left[\dfrac{4x-5}{3}\right]=\dfrac{3x-2}{5}$。

答案:$x=\dfrac{7}{3}$

【解答】设$\dfrac{3x-2}{5}=t$(t为整数),则$x=\dfrac{5t+2}{3}$。原方程化为$\left[\dfrac{4\times\dfrac{5t+2}{3}-5}{3}\right]=t$,

$\left[\dfrac{20t-7}{9}\right]=t$,$t$是$\dfrac{20t-7}{9}$的整数部分,$t\leqslant\dfrac{20t-7}{9}<t+1$,$0\leqslant\dfrac{11t-7}{9}<1$,$7\leqslant 11t<16$,$\dfrac{7}{11}\leqslant t<1\dfrac{5}{11}$,

所以整数$t=1$,$x=\dfrac{5\times 1+2}{3}$,$x=\dfrac{7}{3}$。

例题 2-1 解方程:$5x+4\{x\}-3[x]=10$。

答案:$x=1\dfrac{8}{9}$、$2\dfrac{2}{3}$、$3\dfrac{4}{9}$、$4\dfrac{2}{9}$或5

【解答】$x=[x]+\{x\}$,$0\leqslant\{x\}<1$,$5[x]+5\{x\}+4\{x\}-3[x]=10$,$[x]=5-\dfrac{9}{2}\{x\}$,$0.5<[x]\leqslant 5$,$[x]=1、2、3、4、5$。

(1)当$[x]=1$时,$1=5-\dfrac{9}{2}\{x\}$,$\{x\}=\dfrac{8}{9}$,$x=1\dfrac{8}{9}$。

(2)当$[x]=2$时,$2=5-\dfrac{9}{2}\{x\}$,$\{x\}=\dfrac{2}{3}$,$x=2\dfrac{2}{3}$。

(3)当$[x]=3$时,$3=5-\dfrac{9}{2}\{x\}$,$\{x\}=\dfrac{4}{9}$,$x=3\dfrac{4}{9}$。

(4)当$[x]=4$时,$4=5-\dfrac{9}{2}\{x\}$,$\{x\}=\dfrac{2}{9}$,$x=4\dfrac{2}{9}$。

(5)当$[x]=5$时,$5=5-\dfrac{9}{2}\{x\}$,$\{x\}=0$,$x=5$。

所以此方程的解为$x=1\dfrac{8}{9}$、$2\dfrac{2}{3}$、$3\dfrac{4}{9}$、$4\dfrac{2}{9}$、5。

例题 2-2 解方程:$[2x]+[3x]=8x-3.5$。

答案:$x=\dfrac{13}{16}$或$x=\dfrac{17}{16}$

【解答】设$8x-3.5=t$(t为整数),则$x=\dfrac{t+3.5}{8}$,原方程变为$\left[\dfrac{t+3.5}{4}\right]+\left[\dfrac{3t+10.5}{8}\right]=t$。

下面对t按照模8的剩余类进行分类讨论,其中k为整数:

(1)当$t=8k$时,$2k+3k+1=8k$,$3k=1$,无整数解。

(2)当$t=8k+1$时,$2k+1+3k+1=8k+1$,$3k=1$,无整数解。

(3)当$t=8k+2$时,$2k+1+3k+2=8k+2$,$3k=1$,无整数解。

(4)当$t=8k+3$时,$2k+1+3k+2=8k+3$,$3k=0$,$k=0$,$x=\dfrac{13}{16}$。

(5)当$t=8k+4$时,$2k+1+3k+2=8k+4$,$3k=-1$,无整数解。

(6)当$t=8k+5$时,$2k+2+3k+3=8k+5$,$3k=0$,$k=0$,$x=\dfrac{17}{16}$。

(7)当$t=8k+6$时,$2k+2+3k+3=8k+6$,$3k=-1$,无整数解。

(8)当$t=8k+7$时,$2k+2+3k+3=8k+7$,$3k=-2$,无整数解。

综上所述,$x=\dfrac{13}{16}$或$x=\dfrac{17}{16}$。

针对性练习

练习❶ 解方程。

(1)$[4x+3]=9$

(2)$[2x]=3x-2$

练习❷ 解方程：$3x+4\{x\}-5[x]=0$。

练习❸ 解方程：$2x+3\{x\}+4[x]=100$。

练习❹ 解方程：$\left[\dfrac{x+7}{5}\right]=\dfrac{x+2}{4}$。

练习❺ 一个分数化成小数，它的整数部分的 2 倍再加上原数的 5 倍，得 16.3，那么这个分数是_____。

练习❻ 摄氏温度 C 和华氏温度 F 之间的关系式是 $F=\dfrac{9}{5}C+32$。对某个整数作为摄氏温度初始条件，进行如下操作：将该摄氏温度转化为华氏温度，并将其整数部分作为近似值，再将近似值转化为摄氏温度，并将其整数部分作为近似值。如果摄氏温度的近似值与初始条件相同，那么在不大于 100 的正整数中，有_____个可以作为摄氏温度的初始条件。

练习参考答案

练习题号	练习1(1)	练习1(2)	练习2	练习3	练习4
参考答案	$1.5 \leqslant x < 1.75$	$x=2$、$\dfrac{5}{3}$、$\dfrac{4}{3}$	$x=0$、$1\dfrac{2}{7}$、$2\dfrac{4}{7}$、$3\dfrac{6}{7}$	16.8	$x=2、6、10、14$ 或 18
解答提示	基本练习	换元法	分离整数和小数部分	$6\times16+4=100$	换元法
练习题号	练习5	练习6			
参考答案	$2\dfrac{23}{50}$	20			
解答提示	转化为高斯取整	只有 5 的倍数			

SL-86　阶乘中质因数 p 的个数

神器内容	若 n 为正整数，p 为质数，那么在 $n!$ 中共有多少个质数 p？ 质因数 p 的个数，$p(n!)=\left[\dfrac{n}{p}\right]+\left[\dfrac{n}{p^2}\right]+\left[\dfrac{n}{p^3}\right]+\left[\dfrac{n}{p^4}\right]+\cdots$， 或者 $p(n!)=\dfrac{n-S(n_{(p)})}{p-1}$。[其中 $S(n_{(p)})$ 表示 n 在 p 进制下的数字之和]
要点与说明	阶乘之中多质数，相同质数多少个？ 高斯取整就能做，连续短除不会错。 这里减去进制和，立刻就能出结果。 一般多求末尾 0，用 5 短除可办成。

神器溯源

在 $n!$ 中，质因数 p 共有多少个？质因数 p 的个数记作 $p(n!)$。例如，$2(10!)=8$，$3(10!)=4$。

$$p(n!)=\left[\dfrac{n}{p}\right]+\left[\dfrac{n}{p^2}\right]+\left[\dfrac{n}{p^3}\right]+\left[\dfrac{n}{p^4}\right]+\cdots，或者\ p(n!)=\dfrac{n-S(n_{(p)})}{p-1}。$$

[其中 $S(n_{(p)})$ 表示 n 在 p 进制下的数字之和]

首先，在正整数数列 $1、2、3、\cdots、n$ 中，

当 $m>n$ 时，$1\sim n$ 中 m 的倍数有 0 个。

当 $m\leqslant n$ 时，设 $n=mk+r(0\leqslant r<m)$，$1\sim n$ 中 m 的倍数有 k 个，$\dfrac{n}{m}=k+\dfrac{r}{m}$，$\left[\dfrac{n}{m}\right]=\left[k+\dfrac{r}{m}\right]$，$\left[\dfrac{n}{m}\right]=k+\left[\dfrac{r}{m}\right]=k+0=k$，$k=\left[\dfrac{n}{m}\right]$，得到 $1\sim n$ 中 m 的倍数有 $\left[\dfrac{n}{m}\right]$ 个。

$n!=1\times2\times3\times\cdots\times n$，把其中的 $2、3、4、\cdots、n$ 分别进行标准分解质因数，那么其中质因数 p 的个数就是 $(n-1)$ 个数中质因数个数之和。

在正整数数列 $1、2、3、\cdots、n$ 中，

p 的倍数有 p、$2p$、$3p$、$\cdots$、$\left[\dfrac{n}{p}\right]p$，共有 $\left[\dfrac{n}{p}\right]$ 个 p。

p^2 的倍数有 p^2、$2p^2$、$3p^2$、$\cdots$、$\left[\dfrac{n}{p^2}\right]p^2$，共有 $2\left[\dfrac{n}{p^2}\right]$ 个 p。

p^3 的倍数有 p^3、$2p^3$、$3p^3$、$\cdots$、$\left[\dfrac{n}{p^3}\right]p^3$，共有 $3\left[\dfrac{n}{p^3}\right]$ 个 p。

……

p 的倍数有 $\left[\dfrac{n}{p}\right]$ 个；p^2 的倍数有 $2\left[\dfrac{n}{p^2}\right]$ 个 p，已经在 p 的倍数中统计了 $\left[\dfrac{n}{p^2}\right]$ 个 p，还需再统计 $\left[\dfrac{n}{p^2}\right]$ 个 p；p^3 的倍数有 $3\left[\dfrac{n}{p^3}\right]$ 个 p，已经在 p 的倍数、p^2 的倍数中被统计了 2 次，还需再统计 $\left[\dfrac{n}{p^3}\right]$ 个 p；……

所以在 $n!$ 中，质因数 p 的个数 $p(n!) = \left[\dfrac{n}{p}\right] + \left[\dfrac{n}{p^2}\right] + \left[\dfrac{n}{p^3}\right] + \left[\dfrac{n}{p^4}\right] + \cdots$。

当 $p^k \leqslant n < p^{k+1}$ 时，$\left[\dfrac{n}{p^{k+1}}\right] = \left[\dfrac{n}{p^{k+2}}\right] = \cdots = 0$，所以，此算式只有有限项，

$$p(n!) = \left[\dfrac{n}{p}\right] + \left[\dfrac{n}{p^2}\right] + \left[\dfrac{n}{p^3}\right] + \cdots + \left[\dfrac{n}{p^k}\right]。$$

接下来推导在 $n!$ 中质因数 p 的个数的另一种计算公式。

为了使推导过程更加简便，我们以质数 $p=5$ 为例进行控制变量推导。

设 $n = \overline{a_k a_{k-1} \cdots a_1 a_{0(5)}}$，则根据右边的短除算式可得

$n!$ 中质因数 5 的个数为 $\left[\dfrac{n}{5}\right] + \left[\dfrac{n}{5^2}\right] + \left[\dfrac{n}{5^3}\right] + \cdots + \left[\dfrac{n}{5^k}\right]$

$= \overline{a_k a_{k-1} \cdots a_{1(5)}} + \overline{a_k a_{k-1} \cdots a_{2(5)}} + \cdots + \overline{a_k a_{k-1(5)}} + a_{k\,(5)}$

$= a_k \times (5^{k-1} + 5^{k-2} + \cdots + 5^0) + a_{k-1} \times (5^{k-2} + 5^{k-3} + \cdots + 5^0) + \cdots + a_2 \times (5^1 + 5^0) + a_1 \times 5^0$

$= a_k \times \dfrac{5^k - 1}{4} + a_{k-1} \times \dfrac{5^{k-1} - 1}{4} + \cdots + a_1 \times \dfrac{5^1 - 1}{4} + a_0 \times \dfrac{5^0 - 1}{4}$

$= \dfrac{1}{4} \times (a_k \times 5^k + a_{k-1} \times 5^{k-1} + \cdots + a_1 \times 5^1 + a_0 \times 5^0) - \dfrac{1}{4} \times (a_k + a_{k-1} + \cdots + a_1 + a_0)$

$$\begin{array}{r|l} & n \\ & \| \\ 5 & \overline{a_k a_{k-1} \cdots a_1 a_{0(5)}} \quad \cdots\cdots\, a_0 \\ 5 & \overline{a_k a_{k-1} \cdots a_{1(5)}} \quad \cdots\cdots\, a_1 \\ 5 & \overline{a_k a_{k-1} \cdots a_{2(5)}} \quad \cdots\cdots\, a_2 \\ & \cdots \\ 5 & \overline{a_k a_{k-1(5)}} \quad \cdots\cdots\, a_{k-1} \\ 5 & a_{k(5)} \quad \cdots\cdots\, a_k \\ & 0 \end{array}$$

· 343 ·

$$= \frac{\overline{a_k a_{k-1} \cdots a_1 a_0}_{(5)} - S(n_{(5)})}{4}$$

$$= \frac{n - S(n_{(5)})}{4}$$

所以，$p(n!) = \frac{n - S(n_{(p)})}{p-1}$。[其中 $S(n_{(p)})$ 表示 n 在 p 进制下的数字之和]

例题精讲

例题 1-1 计算：$7(98) = $ _____，$7(1001) = $ _____，$7(100!) = $ _____。

答案：2 1 16

【解答】$7(98) = 7(2 \times 7^2) = 2$。

$7(1001) = 7(7 \times 11 \times 13) = 1$。

$7(100!) = \left[\frac{100}{7}\right] + \left[\frac{100}{7^2}\right] = 14 + 2 = 16$。或者 $7(100!) = \frac{100 - S(100_{(5)})}{7-1} = \frac{100-4}{6} = 16$。

例题 1-2 如果 $7^k \mid \frac{500!}{100!}$，那么 k 的最大值为 _____。

答案：66

【解答】$500!$ 中质因数 7 的个数 $7(500!) = \left[\frac{500}{7}\right] + \left[\frac{500}{7^2}\right] + \left[\frac{500}{7^3}\right] = 71 + 10 + 1 = 82$，$7(100!) = \left[\frac{100}{7}\right] + \left[\frac{100}{7^2}\right] = 14 + 2 = 16$，所以 k 的最大值为 $82 - 16 = 66$。

例题 2-1 $4321!$ 的末尾共有 _____ 个连续的"0"。

答案：1077

【解答】因为质因数 2 的个数多于质因数 5 的个数，故由质因数 5 的个数决定 $4321!$ 末尾"0"的个数。

$5(4321!) = \left[\frac{4321}{5}\right] + \left[\frac{4321}{5^2}\right] + \left[\frac{4321}{5^3}\right] + \left[\frac{4321}{5^4}\right] + \left[\frac{4321}{5^5}\right] = 864 + 172 + 34 + 6 + 1 = 1077$。

所以 $4321!$ 的末尾有 1077 个连续的"0"。

另解：已知 $4321 = 114241_{(5)}$，所以 $4321!$ 的末尾共有 $\frac{4321 - (1+1+4+2+4+1)}{5-1} = \frac{4308}{4} = 1077$ 个连续的"0"。

例题 2-2 已知 $200! = 12^n \times N$，那么当 N 最小时，$n=$ _____ 。

答案：97

【解答】因为 $12 = 2^2 \times 3$，所以两个质因数 2 与一个质因数 3 搭配，就可以出现一个因数 12。为了让 N 最小，就让 n 尽量大。
$2(200!) = 100 + 50 + 25 + 12 + 6 + 3 + 1 = 197$，$3(200!) = 66 + 22 + 7 + 2 = 97$。
$2 \times 97 = 194 < 197$，所以，n 的最大值为 97。

针对性练习

练习❶ $5(100) =$ _____，$5(101) =$ _____，$5(101!) =$ _____。

练习❷ 100! 的末尾有 _____ 个连续的"0"，520! 的末尾有 _____ 个连续的"0"。

练习❸ 已知 $2030! = 189^n \times N$，当 N 为整数时，n 最大为 _____。

练习❹ 设 $n!$ 的末尾连续"0"的个数为 $f(n!)$。如 $f(6!) = 1$，$f(10!) = 2$，$f(18!) = 3$，$f(21!) = 4$，$f(n!) \neq 5$，$f(25!) = 6$，那么在 1~100 中，$f(n!)$ 取不到的正整数值共有 _____ 个。

练习参考答案

练习题号	练习1	练习2	练习3	练习4
参考答案	2　0　24	24　128	336	19
解答提示	基本练习	质因数2的个数多于质因数5的个数	三个3与一个7搭配	$\left[\dfrac{405}{5^2}\right] + \left[\dfrac{405}{5^3}\right]$

SL-87　厄米特恒等式

神器内容	厄米特恒等式，n 为正整数，则有 $[x]+\left[x+\dfrac{1}{n}\right]+\left[x+\dfrac{2}{n}\right]+\left[x+\dfrac{3}{n}\right]+\cdots+\left[x+\dfrac{n-1}{n}\right]=[nx]$。
要点与说明	分母为 n 真分数，n 分之 0 很特殊。 每个加上爱克斯，取整之和是啥值？ 这个问问厄米特，两者之积取整了。

神器溯源

查尔斯·厄米特是法国 19 世纪著名的数学家之一，他在数学的多个领域中都作出了杰出贡献。他是一位天生跛足、性格乐观的法国科学院院士。

厄米特恒等式：若 n 为正整数，则有

$$[x]+\left[x+\dfrac{1}{n}\right]+\left[x+\dfrac{2}{n}\right]+\left[x+\dfrac{3}{n}\right]+\cdots+\left[x+\dfrac{n-1}{n}\right]=[nx].$$

厄米特（Charles Hermite, 1822－1901 年），法国著名数学家

证明：若 n 为正整数，则有 $[n+x]=n+[x]$。

(1) 当 x 为整数时，

$$[x]+\left[x+\dfrac{1}{n}\right]+\left[x+\dfrac{2}{n}\right]+\left[x+\dfrac{3}{n}\right]+\cdots+\left[x+\dfrac{n-1}{n}\right]=\underbrace{x+x+x+\cdots+x}_{n \text{个} x}=nx=[nx],$$

结论成立。

(2) 当 x 不是整数时，设 $x=[x]+\{x\}$，且 $\dfrac{k}{n}\leqslant\{x\}<\dfrac{k+1}{n}$，则有

$$\text{左边}=\underbrace{[x]+[x]+\cdots+[x]}_{(n-k)\text{个}[x]}+\underbrace{([x]+1)+([x]+1)+\cdots+([x]+1)}_{k\text{个}([x]+1)}=n\times[x]+k$$

$$=\left[n\times\left([x]+\dfrac{k}{n}\right)\right]=[n\times([x]+\{x\})]=[nx]=\text{右边}。\text{结论也成立}。$$

例题精讲

例题 1-1 $[12.34] + \left[12.34+\dfrac{1}{80}\right] + \left[12.34+\dfrac{2}{80}\right] + \cdots + \left[12.34+\dfrac{79}{80}\right] = $ _____ 。

答案： 987

【解答】当 $0.34+\dfrac{n}{80} \geqslant 1$ 时，$n \geqslant 52.8$。

在 $n=0、1、2、\cdots、52$ 时，$[12.34] + \left[12.34+\dfrac{1}{80}\right] + \left[12.34+\dfrac{2}{80}\right] + \cdots + \left[12.34+\dfrac{52}{80}\right] = 12 \times 53 = 636$。

在 $n=53、54、55、\cdots、79$ 时，$\left[12.34+\dfrac{53}{80}\right] + \left[12.34+\dfrac{54}{80}\right] + \left[12.34+\dfrac{55}{80}\right] + \cdots + \left[12.34+\dfrac{79}{80}\right] = 13 \times 27 = 351$。

所以原式 $=636+351=987$。

另解：根据厄米特恒等式，原式 $=[12.34 \times 80]=987$。

例题 1-2 $\left[12.3 \times \dfrac{1}{80}\right] + \left[12.3 \times \dfrac{2}{80}\right] + \left[12.3 \times \dfrac{3}{80}\right] + \cdots + \left[12.3 \times \dfrac{799}{80}\right] = $ _____ 。

答案： 48739

【解答】为了能用厄米特恒等式，12.3 扩大 10 倍变为 123，分母 80 扩大 10 倍变为 800。当 $1 \leqslant n \leqslant 799$，$0 \leqslant \left\{123 \times \dfrac{n}{800}\right\} + \left\{123 \times \dfrac{800-n}{800}\right\} < 2$，即小数部分两两相加为 1。

原式 $= \left[123 \times \dfrac{1}{800}\right] + \left[123 \times \dfrac{2}{800}\right] + \left[123 \times \dfrac{3}{800}\right] + \cdots + \left[123 \times \dfrac{799}{800}\right]$

$= 123 \times \dfrac{1}{800} + 123 \times \dfrac{2}{800} + \cdots + 123 \times \dfrac{799}{800} - \left\{123 \times \dfrac{1}{800}\right\} + \left\{123 \times \dfrac{2}{800}\right\} + \cdots + \left\{123 \times \dfrac{799}{800}\right\}$

$= 123 \times \dfrac{799 \times 800 \div 2}{800} - 399.5$

$= 48739$

· 347 ·

例题 2-1 证明:若 n 为正整数,则有 $\left[\dfrac{[x]}{n}\right]=\left[\dfrac{x}{n}\right]$。

答案:见证明。

【证明】设 $\left[\dfrac{x}{n}\right]=t$($t$ 为整数),则 $t \leqslant \dfrac{x}{n} < t+1$,$nt \leqslant x < n(t+1)$。

又知 nt 与 $n(t+1)$ 都是正整数,$[nt] \leqslant [x] < [n(t+1)]$,$nt \leqslant [x] < n(t+1)$,$t \leqslant \dfrac{[x]}{n} < t+1$,$\left[\dfrac{[x]}{n}\right]=t$。

所以 $\left[\dfrac{x}{n}\right]=t=\left[\dfrac{[x]}{n}\right]$,$\left[\dfrac{[x]}{n}\right]=\left[\dfrac{x}{n}\right]$。

例题 2-2 $\left[\dfrac{1^2}{10}\right]+\left[\dfrac{2^2}{10}\right]+\left[\dfrac{3^2}{10}\right]+\left[\dfrac{4^2}{10}\right]+\cdots+\left[\dfrac{100^2}{10}\right]=$ _____。

答案:33790

【解答】(1) 当 $n=10k$(k 为整数),$\left\{\dfrac{n^2}{10}\right\}=\left\{\dfrac{(10k)^2}{10}\right\}=0$。

当 $n=10k+1$(k 为整数),$\left\{\dfrac{n^2}{10}\right\}=\left\{\dfrac{(10k+1)^2}{10}\right\}=0.1$。

当 $n=10k+2$(k 为整数),$\left\{\dfrac{n^2}{10}\right\}=\left\{\dfrac{(10k+2)^2}{10}\right\}=0.4$。

……

当 $n=10k+9$(k 为整数),$\left\{\dfrac{n^2}{10}\right\}=\left\{\dfrac{(10k+9)^2}{10}\right\}=0.1$。

小数部分 10 个为一周期,具体规律为 0.1、0.4、0.9、0.6、0.5、0.6、0.9、0.4、0.1、0。

(2) $\left[\dfrac{1^2}{10}\right]+\left[\dfrac{2^2}{10}\right]+\left[\dfrac{3^2}{10}\right]+\left[\dfrac{4^2}{10}\right]+\cdots+\left[\dfrac{100^2}{10}\right]$

$=\dfrac{1^2}{10}+\dfrac{2^2}{10}+\dfrac{3^2}{10}+\dfrac{4^2}{10}+\cdots+\dfrac{100^2}{10}-\left\{\left\{\dfrac{1^2}{10}\right\}+\left\{\dfrac{2^2}{10}\right\}+\left\{\dfrac{3^2}{10}\right\}+\left\{\dfrac{4^2}{10}\right\}+\cdots+\left\{\dfrac{100^2}{10}\right\}\right\}$

$=\dfrac{100 \times 101 \times 201}{10 \times 6}-(0.1+0.4+0.9+0.6+0.5+0.6+0.9+0.4+0.1+0) \times 10$

$=33835-4.5 \times 10$

$=33790$

例题 2-3 $[x]$ 表示不大于 x 的最大整数,那么在整数列 $\left[\dfrac{2000}{1}\right]$、$\left[\dfrac{1999}{2}\right]$、$\left[\dfrac{1998}{3}\right]$、…、$\left[\dfrac{2}{1999}\right]$、$\left[\dfrac{1}{2000}\right]$ 中,共有 _____ 个值是 8,共出现了 _____ 个互不相同的

整数。

答案: 22 88

【解答】(1) 设 $\left[\dfrac{2001-n}{n}\right]=8, 8\leqslant \dfrac{2001-n}{n}<9, 9\leqslant \dfrac{2001}{n}<10, 200\dfrac{1}{10}<n\leqslant 222\dfrac{1}{3}$,所以取整数列中共有 $222-200=22$ 个值是 8。

(2) $\dfrac{2001-n}{n}-\dfrac{2000-(n+1)}{n+1}>1, \dfrac{1}{n}-\dfrac{1}{n+1}>\dfrac{1}{2001}, n(n+1)<2001, n\leqslant 44$。

$\left[\dfrac{2001-45}{45}\right]=43, \left[\dfrac{2001-44}{44}\right]=44, \left[\dfrac{2001-43}{43}\right]=45,\cdots$

当 $45\leqslant n\leqslant 2000$ 时,数列中的整数 $0\sim 43$ 都出现过(且有些不仅仅出现 1 次),当 $1\leqslant n\leqslant 44$ 时,数列中的每项都是不同的正整数。所以,一共出现过 $44+44=88$ 个不同的整数。

练习❶ $[3.58]+\left[3.58+\dfrac{1}{58}\right]+\left[3.58+\dfrac{2}{58}\right]+\cdots+\left[3.58+\dfrac{57}{58}\right]=$ _____。

练习❷ $\left[6.18+\dfrac{1}{40}\right]+\left[6.18+\dfrac{2}{40}\right]+\left[6.18+\dfrac{3}{40}\right]+\cdots+\left[6.18+\dfrac{79}{40}\right]=$ _____。

练习❸ $\left[12\times\dfrac{1}{34}\right]+\left[12\times\dfrac{2}{34}\right]+\left[12\times\dfrac{3}{34}\right]+\cdots+\left[12\times\dfrac{67}{34}\right]=$ _____。

练习❹ $\left[\dfrac{1^2}{9}\right]+\left[\dfrac{3^2}{9}\right]+\left[\dfrac{5^2}{9}\right]+\left[\dfrac{7^2}{9}\right]+\cdots+\left[\dfrac{79^2}{9}\right]=$ _____。

练习❺ 在整数列 $\left[\dfrac{999}{1}\right]$、$\left[\dfrac{998}{2}\right]$、$\left[\dfrac{997}{3}\right]$、$\cdots$、$\left[\dfrac{2}{998}\right]$、$\left[\dfrac{1}{999}\right]$ 中,共有 _____ 个值是 5,共出现了 _____ 个互不相同的整数。

练习❻ 数列 $\left[\dfrac{200+1}{1}\right]$、$\left[\dfrac{200+2}{2}\right]$、$\left[\dfrac{200+3}{3}\right]$、$\cdots$、$\left[\dfrac{200+n}{n}\right]$ 中,共有 20 个不同的整数,那么 n 的最小值为 _____。

练习参考答案

练习题号	练习1	练习2	练习3
参考答案	207	528	772
解答提示	基本练习	[6.18×40]+[7.18×40]−6=528	小数部分两两结合,不是0就是1
练习题号	练习4	练习5	练习6
参考答案	9468	24　62	23
解答提示	小数部分9个为一周期	两个数差大于1,整数部分不相同	找到相邻两项差1的地方